中國通史

A General History of China

From the Earliest Ages to the Han Dynasty

鄧廣銘　田餘慶　戴逸　等著

從上古傳說到漢代

開明書店

中國通史

從上古傳說到漢代

鄧廣銘　田餘慶　戴　逸　等著

責任編輯　王春永　徐嘉雷
裝幀設計　鄭喆儀
排　　版　賴艷萍　劉葉青
印　　務　林佳年

出　版　開明書店
　　　　香港北角英皇道 499 號北角工業大廈一樓 B
　　　　電話：（852）2137 2338　傳真：（852）2713 8202
　　　　電子郵件：info@chunghwabook.com.hk
　　　　網址：http://www.chunghwabook.com.hk

發　行　香港聯合書刊物流有限公司
　　　　香港新界荃灣德士古道 220-248 號
　　　　荃灣工業中心 16 樓
　　　　電話：（852）2150 2100　傳真：（852）2407 3062
　　　　電子郵件：info@suplogistics.com.hk

印　刷　美雅印刷製本有限公司
　　　　香港觀塘榮業街 6 號海濱工業大廈 4 樓 A 室

版　次　2021 年 7 月初版
　　　　© 2021 開明書店

規　格　32 開（210mm×145mm）

ISBN　　978-962-459-089-0

作 者

（排序不分先後）

———

王曾瑜　鄧廣銘　盧開萬　田餘慶　朱瑞熙

劉起釪　安金槐　許大齡　李宗一　李學勤

吳天墀　吳榮曾　邱樹森　張澤咸　陳　振

陳得芝　周一良　胡如雷　胡厚宣　姚大力

唐長孺　黃惠賢　韓儒林　蔡美彪　漆　俠

戴　逸

出版說明

　　《中國大百科全書》（第一版）是按學科分卷出版的大型綜合性工具書，是人類已有知識的總匯，體現了中國各學科領域著名專家學者的智慧成果。其中眾多的由名家撰寫的學科概述條目和長條目，本身即是對某一學科體系和知識主題的權威總結和描述。本書各節內容篇幅簡潔，文字精練，均為專家學者們研究成果的精華，是傳播和普及某一門類知識的經典之作。為便於讀者從浩繁的海量信息中，快捷獲取某一門類或主題系統化的知識，中國大百科全書出版社特將這些名家撰寫的條目按知識體系匯編，形成可隨手捧讀的大眾圖書。在此指導思想之下，我們推出了本版《中國通史》。

　　本版《中國通史》源自《中國大百科全書・中國歷史》，由中國各斷代史研究領域頗有建樹的 26 位著名專家學者撰寫，包括周一良、唐長孺、戴逸等。時限起自傳說時期，截至 1949 年中華人民共和國成立。基本反映了中國自古代至近現代各個歷史時期的政治、經濟、社會、軍事、科技、文化、民族、對外交往等方面的基本史實和主要脈絡，系統全面，且知識準確，文字嚴謹，表述精當，充分反映

了名家學者的治學風範，許多文字如今已成為留給後輩的彌足珍貴的紀念。

　　本書根據讀者的閱讀習慣，改變了原有百科條目式的排版形式，重新設計了版面，適當選配了一些反映歷史風貌的圖片並輔以較為詳細的圖註信息，增加了可拓展知識面的內容鏈接，還將一些小的知識點以腳註的形式呈現。此外，本書根據《中國大百科全書》（第二版）的有關內容，以及新公佈的權威的歷史研究成果，如夏商周斷代工程等，在不影響原文原貌的基礎上進行了知識更新，並根據現今的行政區劃重新核實和修訂了括註的今地名等。

目錄

―

中國古代夏以前的歷史時期。中國猿人（較早期為一百七十萬年前，較晚期為四五十萬年前）只在地下留下原始的舊石器文化，不可能有當時的神話傳說留傳下來。到大約六七千年以前，各地以不同形式走向母系氏族公社的繁榮時期，又留下了新石器文化。這時各族有自己的圖騰崇拜及頗幼稚的宗教和神話，但往往是些朦朧的記憶或結合後來的宗教思想所作的描述。到大約五六千年前，各地先後進入了父系氏族社會，有了內容較豐富的神話傳說。

　　最早的神話故事和歷史傳說，總是關於某氏族或某部落的來源及其祖先的神話故事。這樣的神話傳說靠歷史文獻記載下來，並逐步發生由較簡樸到較複雜、由缺乏系統到有系統、由神性很濃到具有人性、由純神話變成歷史故事的演進變化。從西周到戰國，是中國古史神話傳說演進變化的時期，漢代則把它歷史化、定型化。

傳說時期

西周文獻中的古史神話傳說

今存反映古代各族神話傳說的最早文獻，是《詩》和《書》中屬於西周的一些篇章（包括西周加工的夏商文獻遺篇）。還有《易》的卦爻辭，但其錄事隱約，不如《詩》《書》那樣明確反映了有史實作為背景的一些商周兩族的古代神話傳說。

這些文獻中所見的古史神話傳說，只說商和周兩族是由上帝生下來的，都住在一位天神禹敷布的土地上。商前有夏，夏、商、周三代前後相承，活動在「禹績」之域，夏和周是西土先後相承之族，殷商是東方的部族。根據《詩‧大雅》，周自遠祖以來婚姻氏族是姜族。根據《書‧呂刑》，這一時期同時存在有苗族及重黎之族。

《天問》所載的古史神話傳說

《天問》是一篇內容截至春秋末年的神話史詩，所敘歷史範圍與《詩》《書》相近，但遠不及《國語》《左傳》。據顧頡剛先生考證，《天問》並非屈原所作，大約與《尚書》《詩經》同時。

《天問》全文以三百六十九句提了一百七十八個問題，其中

涉及天地開闢、洪水傳說、大地情狀、夏古史傳說、商古史傳說、周古史傳說、古史逸聞和吳楚史事傳說等八方面內容。在《天問》中，1.仍以夏、商、周為中國古史體系。夏之前是天地開闢及洪水故事等；天地開闢後最早的神是鯀、禹，也有了共工、舜等神話人物，並出現了一次堯的名字。2.敘商代歷史從舜開始，以舜為商祖。3.《天問》的古史神話傳說中沒有《國語》《左傳》中顯赫古史人物，如炎帝、黃帝、太皞、少皞、顓頊、高陽、高辛、帝鴻、金天及秦祖伯翳、楚祖祝融等，可知《天問》所記還在這些傳說出現之前。

春秋戰國前期的古史傳說

春秋到戰國前期的主要文獻《國語》《左傳》中，敘古帝古神名增多，古史傳說繁備。最要者開始說虞、夏、商、周四代相承，其始祖神是虞幕、夏禹、商契、周棄，以及每代必祭的幾名宗祖神；齊、楚、秦的宗祖神亦提出；排出黃帝、炎帝、共工、太皞（昊）、少皞、顓頊前後相承的古帝名次，以及他們的一些遺墟所在；又有與堯、舜族相聯合的高陽氏、高辛氏後裔十六族，以及與堯、舜族作鬥爭的帝鴻氏、少昊氏、顓頊氏、縉雲氏後裔四個族。其中高辛為商、唐二族的共祖，顓頊為舜及楚的共祖。而禹的事績亦增多，他除敷土地治洪水外，還劃分九州，成為社神。

此期古史傳說中的始祖、宗神系統更加繁備。商、周、姜、

黃帝

黃帝像

　　中國古史傳說時代的古帝。原為一個古族的名祖、華夏集團的代表人物，後被尊為中華民族的「人文初祖」。相傳黃帝姬姓，名軒轅，因居軒轅之丘或謂作軒冕之服而得名，又以為號，所以漢以後文獻中多留下「黃帝軒轅氏」的稱謂。相傳軒轅修德振兵，發展農業，改革軍隊，團結周圍古族氏，與炎帝戰於阪泉之野，與蚩尤戰於涿鹿之野，又進行了一系列的征戰，建立了新秩序，結束了「無制令而民從」（《淮南子‧氾論訓》）的神農氏時代。《周易‧繫辭》《世本‧作篇》等不少文獻都盛稱黃帝時代有許多發明創造，這些創造發明加速了邁向文明的進程，所以後世將黃帝尊為「人文初祖」。一般認為黃帝時代為距今五千多年前，所以又有中國「五千年文明」之說。黃帝和炎帝兩個古氏族世代互通婚姻，雖曾有過爭雄的戰爭，但最終結為聯盟，共同構成華夏集團的核心。到戰國時期，形成了以華夏、東夷、苗蠻三大部族集團中的一些古族為核心的華夏族。隨着古族的融合，《世本》及《大戴禮記》的《帝系》將各族的宗神和祖先合併成黃帝一系的分支，構成大一統的譜系，為黃帝成為中華民族共祖奠定了基礎。

嬴、羋、苗等實有其族者，祖先全出自本族始祖系統；而傳說中
的虞代，除奉東方諸宗神外，又以西方黃帝為始祖，然後組合成
其祖先體系。夏代雖自始至終以西方宗神為祖先體系，但因東進
建立王朝後與東方部族融合，遂將東方的宗神顓頊迎入自己的祖
先體系中，作為本族始祖黃帝的後代。此外在東方另出現了幾個
顯族的世系。又此時的東方的堯的地位比《天問》時已有提高，
但仍不突出，尚未成為宗神。

　　戰國時的一部神話故事全集《山海經》，把流傳到當時的古
代神話全都匯集在書裏，在書的後半部出現了許多神的世系。該
書分《山經》《海經》兩部分。《山經》當寫成於戰國前期，《海
經》當寫定於秦或秦漢之際。書中敘神話人物世系在《海經》，
《山經》則只零星舉到一些神名和他們一些活動，可知諸神世系
的排成在秦漢之際，只是神話的內容沿自古代傳說。在《山海
經》中，不僅包括其他典籍中的大部分古史神話人物，而且新的
神也多至不可勝數，如各地、各山皆有司守之神或居住之神，
有名的西王母也首見於此書。但帝堯仍未入諸神世系，其地位
較低。

戰國中後期加工編成的古史傳說

　　戰國諸子為宣揚自己學說，競相稱說古史。儒、墨、道、
法、兵、雜各家及縱橫辯士、詩賦家，都多少不等談到古史人
物。除道、法、兵家曾提出過新的古帝外，其餘各家大都據原有

的傳說人物編成自己學說。

　　1. 儒、墨推崇堯、舜、禹的「二帝（堯、舜）三王（禹、湯、周文王）」歷史系統，盛稱堯、舜。儒家說堯和天一樣大，堯、舜、禹是取法天道的道德最高的聖王；墨家說他們是各以其賢能被舉遞相禪讓的聖王。儒家搜集材料編《堯典》《皋陶謨》，並加工《禹貢》，塑造堯、舜、禹的盛德大業，編成「二帝三王」歷史系統。原地位頗低的堯頓成聖王，湯、文王也尊不可言。故儒家出於政治目的編排的二帝三王系統，與古史記載自不相同。

　　2. 出現了兩種「五帝」說。「二帝三王」歷史系統流傳之後，到戰國後期增益成「五帝三王」的歷史系統。在堯、舜之前增加三帝，提出第一種「五帝」說的是《五帝德》，係摘《帝系》中的黃帝、顓頊、帝嚳、堯、舜為五帝。第二種「五帝」說由《易‧繫辭》和《國策‧趙策》提出，為包犧（伏羲）、神農、黃帝、堯、舜。

　　3. 道、法、兵家等提出眾多古帝名。《管子》說有「七十九代之君」。《封禪》說「古者封泰山禪梁父者七十二家」。《莊子》列舉一個十二人古帝系統：容成、大庭、伯皇、中央、栗陸、驪畜、軒轅、赫胥、尊盧、祝融、伏羲、神農，所列伏羲、神農遠在軒轅之後，居古帝系之末。《六韜》列舉柏皇、栗陸、黎連、軒轅、共工、宗盧、祝融、庸成、混沌、昊英、有巢、朱襄、葛天、陰康、無懷，共十五氏。而時代不確切的《逸周書》列古帝二十六氏，其名多稀見者，似為戰國晚期所增加。

4. 雜家《呂氏春秋》第三種五帝說及其餘古帝。《呂氏春秋》匯集眾說，故有不同古帝說法。《十二紀》提出第三種五帝說，為太昊、炎帝、黃帝、少昊、顓頊。《古樂篇》列古帝名次為：朱襄氏、葛天氏、陶唐氏、黃帝、顓頊、帝嚳、堯、舜、禹、湯、周文王、周武王、成王。《應同篇》把戰國末陰陽家鄒衍所提按五德轉移的古帝循環系統實定為：黃帝（土）—夏（木）—商（金）—周（火）—（水），在夏、商、周前只有一古帝，和《詩》、《書》歷史系統相同，只是改從眾說以禹為夏祖，改以黃帝為三代共祖，回到了最早所傳較可靠的古史系統。

5.《楚辭》中的古帝。南方《楚辭》中，有楚始祖高陽，還有高辛、堯、舜、鯀、禹、咎繇（皋陶）及夏、商、周一些歷史人物與神話人物，全都出自中原傳說。可見當時南北各族融合程度之深，已確認同出於華夏共同祖先。

6. 有巢、燧人等氏的提出。戰國後期諸子，提出有巢、燧人、伏羲、神農田氏，均在黃帝前。這四位具有象徵性名號的神，代表着中國祖先所經歷的人類早期文明發展的蒙昧時代三個階段和野蠻時代低級階段。

戰國末期，作為民族大融合的反映，出現了一篇《帝系》，把所有主要神話人物和古代各族祖先神靈，都加以歷史化，編排成一個統一的有血緣關係的古史世系。這一世系體現了當時要求大一統的客觀需要。

這一世系原是儒、墨「二帝三王」，即唐、虞、夏、商、周五代古史說的反映，但因民族融合，把五代各族分別歸到顓頊、

帝嚳兩系，使其具有共同血緣，都成為共祖黃帝的直系子孫，於是變為「五帝三王」的歷史系統。它反映統一的華夏族已經完全形成。

至於西周以來周族姻親姜姓，春秋以來所傳東方重要的太皞、少皞和西方重要的炎帝，在戰國後期都已退出歷史舞台，因而在此世系表中消失。這也正是民族融合的結果。

漢代後起的古史神話傳說

漢代繼續有古史傳說的編造，已不是原來傳說時期史料內容。如《春秋繁露》提出三統說，謂古帝世代依黑、白、赤三統遞嬗，本代和上二代為「三王」，三王前為「五帝」，五帝前為「九皇」。除以三統循環外，還配以「夏、商、質、文」四法，十二代始完成一次大循環，這比鄒衍五德終始說更加複雜，實為無根之談。

《淮南子》與《論衡》《說文》《風俗通》等書記有女媧補天、化萬物、造人類的故事（故事雛形已見於《山海經》，漢代始定為女媧）；又創造了女媧和伏羲兄妹為夫婦誕育人類的故事。這些故事往往見於漢代石刻和絹畫。

《漢書·律曆志》所載《世經》，有一中國古史最完備的按五德相生順序編排的帝王系統：太昊炮犧氏→共工→炎帝神農氏→黃帝軒轅氏→少昊金天氏→顓頊高陽氏→帝嚳高辛氏→帝摯→帝堯陶唐氏→帝舜有虞氏→伯禹夏后氏→商湯→周文王、武王→秦

伯→漢高祖皇帝。這一系統從此為封建帝統一脈相承，自魏、晉
至於清代一直遵奉不違。其中自伯禹以上皆屬傳說時期。漢代緯
書又提出許多古史妄說，如據秦末指天神的「三皇」一詞提出三
種歷史上的「三皇」說；又編造古史有十紀（為九頭紀至疏仡紀），
每紀二十七萬餘年，各有十幾個或二十幾個氏。至東晉偽《古文
尚書・序》又承緯書《稽命徵》之說將前面三名定為「三皇」，
接着的五名定為「五帝」，既提出第四種「五帝」說，又使「三
皇五帝」說明確成為中國傳說時期，亦即最早的古史體系。但實
際這都是後起偽史，非原有古史傳說。

　　漢末三國時，徐整《三王曆紀》提出盤古說，成為所有古史
傳說前最古的天地開闢的神話。「自從盤古開天地，三皇五帝到
如今」遂成了中國古史的定型。此說可能來自少數民族神話而非
古代原有。

近世對傳說時期的認識

　　唐宋一些學者提出了對近世學者探索古代傳說時期深有影響
的說法，如唐劉知幾的《史通》，對許多古事提出質疑，宋劉恕
以至清人崔述，都對三皇、五帝、十紀之說予以澄清。近世承此
疑辨精神及西方史學知識，遂對古史傳說提出新的認識。如康有
為《孔子改制考》第一篇為《上古茫昧無稽考》，以為戰國諸子
借託古改制，臆造古史；夏曾佑的《中國古代史》的第一章把三
皇五帝稱為「由上古神話構成的傳疑時代」，故對三王、五帝、

九皇及盤古、三皇、十紀等說，一律目為牴牾不足信；其後繆鳳林《中國通史綱要》第一冊將唐虞以前也標為「傳疑時代」，謂「三皇之說蓋起於道家理想之世之具體化」；又以《三皇五帝說探源》暢其說，與繆氏討論的蒙文通以為，三皇五帝本神而非人，三皇說本於「三一」，五帝說由於「五運」，出戰國及秦世。

顧頡剛先生《古史辨》提出「層累地造成的古史說」，以為「時代愈後，傳說的古史期愈長……傳說的中心人物愈放愈大」。如西周所知最早的神是禹，以後層累地於前遞增堯、舜、黃帝、神農、伏羲、天皇、地皇、秦皇，至三國徐整而有最前的盤古。對戰國末期整理編定的那套古帝世系，則以為商、周原只認本族出於上帝，與他族無關，太皞、顓頊等亦為不同各族宗祖神；到戰國時小國被併吞，逐漸歸於統一，有人起而把各國祖先神靈「橫的系統」改成「縱的系統」，「地圖變成年表」，編為黃帝一系子孫，於是原來各不相干的各族傳說的祖先群神，匯集而成統一的古史體系。

接着有人根據民族分佈地域不同來區分古史傳說的幾個大系統。如傅斯年《夷夏東西說》分西方之夏、東方之夷，另有南方之苗；蒙文通《古史甄微》則分為海岱民族、河洛民族、江漢民族，表現為鄒魯、晉、楚三方各本於民情而傳說各異；楊寬《中國上古史導論》則分東系民族、西系民族，各產生神話傳說，稱美本族神而詆毀對方神；徐旭生《中國古史的傳說時代》分為華夏集團、東夷集團、苗蠻集團，三者交互關係構成古史的進展。

亦有試圖用社會發展觀點比照考古文化知識進行認識者，於是在 20 世紀 30 年代，歷史唯物主義者與冒牌者之間展開了中國社會史論戰。當時出現下列諸異說：盤古及有巢、燧人、女媧等為舊石器時代，五帝為新石器時代；神農以上為原始共產社會，神農至陶唐為村落共產社會；五帝為初期封建國家，唐、虞為次期封建國家；黃帝為圖騰社會，唐、虞為原始共產主義的生產方法時代，夏為亞細亞生產方法時代；唐、虞到夏由新石器時代進至銅器時代，夏為封建制的開始等。此諸說企圖論證中國不適用社會發展史，否認中國有奴隸制，從而歪曲中國當時的社會性質。

郭沫若於 1929 年撰《中國古代社會研究》一書，正確地論證了中國古代社會不能外於社會發展通則，確存在着由原始公社制轉化而來的奴隸社會，認為「商代和商代以前都是原始共產社會」。即「黃帝以來和三代祖先誕生傳說……是一個野合雜交時代……保存着一些氏族社會的影子」。反對「據古代神話傳說以為正史」。1930 年寫《夏禹的問題》，以為「禹當是夏族傳說中的神人」。到 1952 年寫《奴隸制時代》，改定「夏、殷、周三代的生產方式只能是奴隸制度」，而夏以前原始社會為傳說時代。

呂振羽則直接迎擊 20 世紀 30 年代社會史論戰中托派、新生命派謬說，於 1933 年撰《史前期中國社會研究》，闡明了人類社會發展法則的共同性；論定堯、舜、禹時代為中國母系氏族社會發展的完成時期，啟的時代為由父系代替母系一大變革時期；進入國家以前的夏、商兩大部落聯盟的地理分佈情況和發展

過程，大致與仰韶文化、龍山文化遺址的分佈地區和發展線索基本相近。

周谷城 1940 年撰《中國政治史》，闡述了古代氏族的概況，指出「自傳說的黃帝、堯、舜、禹以至商湯及周文王、武王，其間的經過，都可說是氏族聯合之過程……黃帝……聯合氏族首長而進行氏族的聯合……其次唐堯據說曾以文德聯合氏族」。

范文瀾 1941 年撰《中國通史簡編》，認為傳說時期始於黃帝時。黃帝族自西土來，聯合羌炎族對抗蠻族；堯、舜、禹組織黃帝族為主、羌炎族為輔的部落大聯盟，時當氏族公社末期。1954 年修訂本增述了有關黃帝、顓頊、帝嚳諸族成立大部落事。

翦伯贊 1943 年成《中國史論集》，以為甘肅史前文化是夏族的文化，夏族分東西二部，東夏有仰韶時期以前遺存，仰韶後其族中許多氏族為新石器時代中原文化主人，其新石器晚期當夏桀時代。並說伏羲、神農以至堯、舜，為中國歷史上的蒙昧時期以至野蠻中期時代，而黃帝、顓頊、帝嚳、摯、禹、皋、陶、益等，依次兩兩成對，遞相為母系氏族社會的二頭軍事酋長。

郭沫若主編的《中國史稿》則說：「唐堯、虞舜和夏禹全是中國父系氏族社會末期的有名人物……他們已接近文明時代的邊緣、階級社會的邊緣了……部落不再由選舉產生，世襲的國王出現了，禹在這方面是個關鍵性人物。」

各家體會理解不同，對傳說時期所得認識亦不同，正說明它尚在探索中。研究傳說時期主要應按不同時期的不同傳說材料，

區別其初期、後期，辨析其真偽，在歷史唯物主義觀點指導下，
正確運用民族學、考古學研究成果，來稽考其遞嬗增益演變之
跡，才可對傳說時期得到較近真的認識。

（劉起釪）

夏是中國古代的第一個朝代。根據文獻記載和古代傳說，隨着中國原始氏族社會組織的逐漸解體，聚居在中原地區黃河中下游兩岸的夏部族，通過與周圍地區其他部族聯盟的形式，首先建立了中國歷史上第一代王朝，史稱夏。其統治時間約從公元前 2070 年至公元前 1600 年，近五百年左右。夏代的世系，從夏禹建國到夏桀被商湯所滅，共傳十四世，十七王。

夏

夏代的主要活動區域及其遺跡

　　夏部族處於原始氏族社會階段的主要活動區域和夏王朝的統治中心地帶，大致西起今河南省西部（豫西）與山西省南部（晉南），東至河南省與山東省交界處，北入河北省，南接湖北省。這一區域的中心是中嶽嵩山及其周圍的伊、洛水流域，濟水流域，以及潁水與汝水上游地區。嵩山古名崇山。先秦與漢代及以後的人們，在考證和追述夏人的活動區域時，多將其與崇山及周圍地區相聯繫，如稱夏禹為「崇禹」；稱禹的父親鯀為「崇伯鯀」。在現今河南豫西地區還有一些關於夏代都城遺址或其他遺址所在地望的文獻記載與傳說。如有「禹都陽城」（今登封告成鎮附近），「啟都陽翟」（今禹州境內），太康、羿、桀所居之斟鄩（今鞏義境內），「帝杼居原」（今濟源境內）等等。其中多數是可信的。故有關夏代地望的文獻記載與傳說，應是研究夏代的重要依據之一。

　　為探索夏文化，在河南豫西地區進行了一些考古調查與發掘工作。在東周和漢代陽城之西約半千米處的「王城崗」（今登封告成鎮附近），發掘出兩座東西並列的龍山文化中晚期夯土城垣遺址。在城內已發掘出和城牆同時期的大型房屋夯土基礎，基礎

下面填埋有殉人的奠基坑、窖穴與城門等遺
跡。根據兩個城垣的部分城牆曾被龍山文化
晚期窖穴挖破的地層關係，證明這兩個城的
修築時代，應是龍山文化中晚期；另從城內
奠基坑和窖穴中出土木炭的碳 14 測定年代
看，約在公元前 23 至前 20 世紀之間，為
夏代早期紀年之內。而且登封王城崗龍山文
化中晚期城址所處的地理位置，也正與文獻
記載及傳說中的夏代陽城所在地望吻合。此
外，凡是與夏代都城遺址所在地望有關的地
方，都發現有豫西龍山文化中期、晚期和二
里頭文化早期遺址，恐非偶然巧合。河南境
內的龍山文化中、晚期遺址和二里頭文化早
期遺址，很可能與夏文化有關。

　　另據文獻記載和傳說，山西晉南的汾、
澮水流域，也是夏族祖先活動過的重要區域
之一。夏王朝建國後也曾遷都於此。因而後
人在考證中，多把汾水以東的今翼城附近稱
為「夏墟」。據《世本》，「夏都陽城避商均
也，又都平陽，或在安邑，或在晉陽」。近
年來文物考古工作者，在晉南與夏代傳說有
關的地方，也調查發現和發掘了許多處龍山
文化中晚期和二里頭文化的遺址。因此，山

夏代嵌綠松石饕餮紋銅
牌飾

河南偃師二里頭遺址
出土。

西南部地區的龍山文化中晚期遺址，也應與夏文化密切相關。

夏代王權的變革

　　據文獻記載與傳說，在夏王朝建立之前，曾頻繁出現過夏部族與周圍其他部族之間爭奪聯盟首領的戰爭。由於禹治水有功和發展農業生產，夏部族勢力增強，博得了各部族首領的支持，從而順利地得到了部族聯盟首領的地位。禹對三苗的戰爭又取得勝利，將其驅趕到今湖北西北與河南交界處的丹江與漢水流域，進一步鞏固了王權。夷、夏諸族首領完全臣服於夏王朝的統治，成為維護王權的世襲貴族。所謂「禹合諸侯於塗山，執玉帛者萬國」，正是後人追述夏王朝建立統治地位的情景。

　　夏禹死，其子啟繼王位。這種廢「禪讓」而實行父傳子的王位繼承方式，引起了夏朝爭奪王位的激烈鬥爭。東方偃姓集團首領伯益，首先起而反對夏啟佔居王位，結果伯益被殺。西方的同姓邦國有扈氏（傳說在今陝西戶縣一帶）也曾起兵，啟親率大軍進行討伐。啟與有扈氏戰於甘，有扈氏戰敗而被「剿絕」。夏啟經過鞏固王位的激烈鬥爭，確立了王位世襲制。於是眾多邦國首領都到陽翟朝會，啟在鈞台（今河南禹州境內）舉行宴會。這就是歷史上有名的「鈞台之享」。但啟居王位後，對本部族和邦國進行階級壓迫與剝削，過着奢侈腐化的生活。《墨子》稱啟「好酒耽樂」，《楚辭·離騷》也說啟「娛以自縱」。

　　夏啟死後，子太康繼立。太康更加追求奢侈淫樂的生活，於

是在夏王朝的統治集團內部，先發生太康兄弟五人爭奪王位的鬥爭，後出現武觀叛亂，雖均被平息，但夏王朝統治力量已經有所削弱。

太康死後，子仲康立。仲康死後，子相立。這時東夷族中勢力比較強大的有窮氏首領后羿，趁夏王朝內部的王權之爭，攻入夏都，「因夏民以代夏政」，奪取了王位。但善射的后羿恃其武力而不修民事，終日以田獵為樂。不久后羿被他的親信東夷族伯明氏成員寒浞所殺。寒浞又命其子澆滅夏的同姓斟灌與斟鄩，殺掉了夏后相。夏后相妻逃回母家有仍氏（今山東金鄉境），生下遺腹子少康。少康長大後做了有虞氏（今河南虞城）庖正。有虞君主虞思以二女為少康妻，並封之以綸。當時少康「有田一成，眾一旅」，積極爭取夏眾與夏民，志在復國。他在斟灌與斟鄩餘眾的協助下，滅掉了寒浞及其子澆。少康又命其子杼滅掉了豷，從而結束了后羿與寒浞四十年左右的統治，恢復了夏王朝的政權。

少康死後，子杼立。他重視發展武裝和製造兵甲。杼執政後曾「征於東海」，東夷諸族都臣服於夏，受其爵命。夏代中興局面得以形成。夏人對杼十分尊崇，他死後，曾舉行隆重的「報祭」。

夏王朝經過較長一段時間的中興穩定局面，到十四王孔甲時，內部矛盾日趨激化。《史記‧夏本紀》說：「帝孔甲立，好方鬼神，事淫亂。夏后氏德衰，諸侯畔之。」《國語‧周語》也說：「孔甲亂夏，四世而隕。」所以從孔甲經皋與發，直到履癸（即夏桀）內亂不止。夏桀是一個暴君，不用賢良，不憂恤於民，「百

姓弗堪」。後商湯在伐桀誓詞中，提到當時人民咒罵夏桀的話為「時日曷喪，予及汝偕亡」，表明人民對夏桀之痛恨。故湯起兵伐桀時，桀眾叛親離，身死而國亡。

夏王朝的統治與剝削

夏王朝為了加強和鞏固統治，除建立了由六卿統領的國家統治機構和軍隊外，還修築城郭以保衞王室貴族。同時制定刑法，修築監獄，以鎮壓奴隸和平民的反抗鬥爭。即所謂「夏有亂政，而作禹刑」。禹刑是中國歷史上最早的刑法。另據《尚書‧呂刑》，「苗民弗用靈，制以刑」，是說夏禹在征伐三苗時，由於苗民的反抗而制定了殘酷鎮壓的刑法。

夏代奴隸數量較多，奴隸來源有二，一是戰俘，二是破產或罪沒的平民。時奴隸或稱牧豎，或稱臣妾。如夏啟擊敗有扈氏後，就罰他作「牧豎」（即放牧奴隸）。但也有人認為當時的嗇夫、庶人、眾亦為奴隸，尚有待進一步研究。

夏代的王室貴族不僅強迫奴隸勞動，而且還任意殺戮他們。奴隸往往用於人殉人祭。如在登封王城崗龍山文化中晚期城址內，就曾發現有用奴隸「奠基」的情況，在城堡內中部和西南的夯土基址下面，已發掘出十餘個「奠基坑」。坑內的夯土層之間，皆填埋有一些成年人和兒童的骨架，其中一個坑內填埋的人骨架，少者二三具，多者六七具。另在河南臨汝縣（今汝州）煤山龍山文化中晚期遺址中，也發現有一些擲埋的人骨，其中有的身

首異處，有的全軀肢解，有的棄置於灰坑之中，這些非正常埋葬現象與階級壓迫和奴隸制不無關係。

夏代王室貴族對一般平民亦加盤剝。如《孟子·滕文公篇》說「夏后氏五十而貢」，可能指的是平民向貴族納貢。此外，其他各部族也要定期向夏王納貢，即《左傳》所說的「禹貢九州」和「昔夏之方有德也，遠方圖物，貢金九枚，鑄鼎象物，百物而為之備」。

農業

從很早的古代起，聚居在黃河兩岸的夏部族，就已經以農業生產作為生活資料的主要來源之一。到了夏代，農業有了明顯的進步。水利是農業的基礎。鯀和禹曾相繼治水，其治水區域大致在當時夏部族聚居的中原地區，即今河南省和山西省南部。有人認為主要在今伊、洛河流域，濟水流域和穎、汝河上游，以及山西省晉南的汾水和澮水流域。禹治水以導為主，依據地勢高低排除積水和疏浚清淤，使原來的沼澤「渥地」改變成「桑土」良田。結合河南豫西地區的考古發掘材料看，原始氏族社會末期的仰韶文化和龍山文化早期的聚落遺址，還多分佈在淺山區和丘陵地區河谷兩岸的台地上，而龍山文化中期與晚期的聚落遺址，不但數量較前顯著增多，而且在靠近河岸兩側地勢比較低的地帶，特別是在河南豫東大平原地區，也多有分佈。這很可能和禹治理水患，使農業生產發展有關。《論語·太伯》說禹「盡力乎溝

夏代青銅斝

河南偃師二里頭遺址
出土。

「洫」，《國語・周語下》「嘉祉殷富生物」和「養物豐民人」，都是追述夏禹的治水，不僅減少了洪水泛濫的災害，而且又引水灌溉農田，使夏代的農業有了很大的發展。農業的發展，為鞏固夏王朝的統治，奠定了物質基礎。

夏代農業生產工具以木石工具為主，兼有一部分骨器與蚌器。出土的石製農業生產工具中，石鏟和石刀的數量為多。石鏟皆為扁長方形，多在中部鑽有一個或兩個圓孔。這種帶孔石鏟安上直柄可作掘地翻土的石錛，綁在前端帶有鉤狀的木柄上，就可作為鬆地鋤草的石鋤。鋤耕用於農業生產，無疑是提高農業生產水平的重大變革與改進。用於收割農作物使用的工具中，以石刀數量最多，石刀較以前的改進之處也是在石刀中部鑽出一個或兩個繫綁木柄用的圓孔。工具的改進，使夏代的農業生產得到明顯的提高。

河南豫西龍山文化中晚期出土的陶器中，有較多製作精緻的斝、鬶、盉、觚、杯、小壺等酒器。文獻中也多有貴族飲酒成風的記載。酒在中國古代向來都是用穀物釀造的。只有在農業生產不斷發展與提高的基礎上，才能用剩餘的穀物進行釀酒。

在二里頭文化早期遺址中，還發現有些草拌泥中夾雜有黍殼和稻殼的遺存，說明夏代已有黍和稻等糧食作物。

手工業

　　隨着夏代農業生產的發展和生產部門的分工,燒製陶器,
琢磨石器,製作骨器、蚌器,冶鑄青銅器和製作木器等各種手工
業,也有了新的發展和分工。

　　在燒製陶器方面,當時不僅廣泛使用了快輪製造技術,而且
在燒造方法上,又多採用陶器出窰前的施水法,使陶器多呈灰黑
色、灰色或黑色,且又質地堅硬。陶器表面除多施用籃紋、方格
紋與繩紋等裝飾外,還有精美而細緻的指甲紋、羽毛紋、劃紋、
圓圈紋和鏤刻等裝飾。器形品種如炊器、飲器、食器和盛儲器等
達三十多種。特別是有些造型美觀、製作精湛、胎質細膩、薄如
蛋殼、器表漆黑發亮的磨光黑陶器,只有具備燒陶豐富經驗和高
超技術的人才能燒製出來,故製陶業大概已成為獨立的手工業生
產部門。

　　在石器製造方面,以鑽孔石鏟與石刀為主。各種石器磨製精
緻,幾乎沒有鑽孔損毀或重鑽的現象,表明製作石器的技術已相
當成熟。少數靠近山區的遺址中,有較多的石器成品出土。而在
遠離山區的地方,半成品和打下來的石片則不多見。說明這些地
方出土的石器都是由製造石器的地方交換而來,還說明當時石器
的專門加工和交換已經出現。

　　在文獻中,有夏代冶鑄青銅器記載。如「禹鑄九鼎」和夏
后啟命人在昆吾鑄鼎,出土的鑄造銅器的遺存可以為證。如在臨
汝縣(今汝州)煤山龍山文化中晚期遺址中,出土了煉銅坩堝殘

塊，其中最大的一塊長 5.3 厘米、寬 4.1 厘米、厚 2 厘米，上面保存有六層冶銅痕跡。鄭州牛寨龍山文化晚期遺址中，也出土過一塊煉銅坩堝殘塊，殘塊上還粘附有銅渣與銅鏽，經化驗是屬於銅錫合金的青銅遺存。特別是 1980 年在登封王城崗的發掘中，出土了一件青銅殘片，殘寬約 6.5 厘米，殘高約 5.7 厘米，壁厚約 0.2 厘米，經化驗是包含有錫、鉛、銅合金的青銅。其器型有可能是青銅鬶，有些學者認為，夏代已經鑄造銅器，並進入了青銅時代。

此外，製造木器、玉器、骨器和蚌器，以及紡織和釀酒等，在夏代都可能已成為獨立的手工業生產部門。

文化藝術

夏代在承襲前人積累的知識的基礎上，天文曆法有了新的發展與提高。如《左傳》所引《夏書》中的「辰不集於房」，就是記錄當時發生在房宿位置上的一次日食。這是世界上最早的日食記錄。又如《竹書紀年》中記載夏桀時「夜中星隕如雨」，也是世界上最早流星雨的記錄。當時已經使用傳統的干支紀日法。如在夏王朝後期的諸王中，胤甲（厪）、孔甲和履癸（桀）等都是用日干為名。夏代的曆法，依據北斗星的旋轉確定月份，並把斗柄的正月定為歲首，比較正確地反映了天象。孔子說「行夏之時」，《大戴禮記》保存的《夏小正》等，就是流傳下來的「夏時」。

　　夏代的文字在目前的發掘材料中尚不多見。只是在部分陶器或陶片上，發現有刻劃的陶文記號。在偃師二里頭和偃師商城的發掘中，都還沒有發現甲骨文，所以目前尚無可靠材料證明夏代就有甲骨文。

夏代蛋殼黑陶杯

山東濰坊姚官莊龍山文化遺址出土。

　　夏代的有些陶器具有較高的藝術價值。胎薄似「蛋殼」的磨光黑陶器，不但造型秀麗、製作精湛和器表黑亮，而且在器表還刻有精細美觀的劃紋與鏤孔。禹縣（今河南禹州）瓦店遺址出土的一件紅陶盉，盉蓋有展翅的鳳，鳳頭昂起、雙目前視、羽毛密集、刻劃精細而逼真。登封程窰龍山文化中晚期遺址出土的一件黑陶殘甕，在甕的磨光肩部，用小圓狀物飾印出類似獸面紋的圖案裝飾。登封王城崗出土的一件殘陶甕，在黑亮的肩部，用朱紅繪製出很醒目的成排圓點，有人認為是太陽紋，均為罕見的藝術珍品。

　　近年來在河南禹縣（今禹州）閻寨和山西翼城陶寺的龍山文化遺址中，都發現有製作精緻、作折角形的石磬，折角處有懸掛的圓孔。樂器的出現，說明夏代文化藝術已進至較高水平。

（安金槐）

中國歷史上繼夏之後存在時間較長的一個王朝。從公元前 1600 年商湯滅夏後建立國家，至公元前 1300 年盤庚遷都殷，及公元前 1046 年商王紂被周武王帶同西南各族攻滅，共傳十七世，三十一王，歷時五百五十年。

　　商代已進入有文字記載的歷史時期，其農業比較發達，已用多種穀類釀酒。手工業已能鑄造精美的青銅器和白陶、釉陶，交換也逐漸擴大，並出現了規模較大的早期城市。其強盛時期的疆域東到大海，西到今陝西東部，北達今河北北部，南至長江，為當時世界上的文明大國。

商

起源和發展

　　商族早在滅夏之前，就有了相當長時期的發展。它最早活動於東方的渤海沿岸及河南河北，同山東半島、遼東半島的古代土著民族有許多共同之處；有以玄鳥為始祖的神話，還有用獸骨占卜、殺人殉葬、衣着尚白等習慣。《尚書序》記載：「自契至於成湯八遷。」據王國維稱，契居番，昭明遷砥石又遷於商，相土東遷泰山下又遷商丘，上甲微遷於殷又遷至商丘，成湯滅夏定都亳，是為八遷。後來又有過五次遷徙，所謂「殷人屢遷，前八後五」，即仲丁遷於隞，河亶甲遷於相，祖乙遷於邢，南庚遷於奄，到盤庚時最後定都於殷（今河南安陽），是為五遷。從此，「至紂之滅，二百七十三年更不徙都」，故商又可稱為殷或殷商。商人的屢次遷徙，或許由於受異族的壓迫，或許由於水旱之災，或許由於擴張土地到更肥沃的地區，並不一定表示商族早期是遊牧民族。遷徙的範圍大概在今河南、河北、山西、山東一帶。

　　商代自湯開始，至紂滅亡，共傳十七世，三十一王。商王世系，據《史記·殷本紀》載，結合甲骨文考察，除去個別有誤，基本可信。在成湯以前，凡傳十四世。《國語·周語》說：「玄王

勤商，十有四世而興」，即所謂商族的「先公」時期。這在《史記・殷本紀》和甲骨文中也有記載。商族先公世系是：

契→昭明→相土→昌若→曹圉 ┐
└→ 冥 →王亥→上甲微→報乙→報丙→報丁→主壬→主癸
    └→王恆

　　商自成湯建國、盤庚遷殷，至武丁時期，經過對周圍方國的頻繁戰爭，疆域及勢力影響空前擴大。殷都經科學發掘證實，在今河南安陽西北的小屯村一帶及洹水沿岸周圍的後岡、高樓莊、薛家莊、花園莊、小莊、四盤磨、孝民屯、大司空村、小司空村、武官村、侯家莊、秋口及同樂寨等二十幾個村莊方圓二十四平方千米或更大的範圍內。商代統治區域為黃河中下游的中原地區，即今河南北部及河北南部。但其勢力所及之地，已東起山東半島，西至陝西西部，南及江漢流域，北達河北北部。至於其文化對各地的影響，則大大超越了這一範圍。據考古資料看，東南和華南地區分佈於長江下游兩岸的「湖熟文化」、江西北部的「吳城文化」、西南地區四川境內的「巴蜀文化」，以及北方內蒙古、遼寧的「夏家店下層文化」等，都不同程度地受到了商文化的影響。

社會生產

農業

　　商代農業生產已成為社會生產的主要部門。甲骨文大量記載了商人的農事活動，幾乎包括與農業有關的各個方面。甲骨卜辭中有大量「受年」「受黍年」「受稻年」等類辭句。卜辭的田字作「囲」、「囲」等，即為田間的阡陌和溝洫之形。由卜辭可知，商代的主要農作物有禾、黍、稻、麥等。耕作的方法採用合力耕種及「焚田」（即火耕），並已使用糞肥肥田。商王除親自視察田作外，還常命臣下監督農耕。當時農業已能提供較多剩餘產品，卜辭中常見在收割後把糧食放入廩中貯藏的記載。

　　農業生產中使用的工具有木、石、骨蚌，亦有青銅農具。耕具有耒、耜。耒為木製有歧頭的木杈，用作翻地；耜為木製無分歧的工具，用作插地起土。耨具有辰。收割工具有鐮、銍，卜辭有「剢」字，從采從刀，象以刀割采之形。

　　商代農作物的再生產品有酒、醴、鬯。酒為黍或稻所釀，醴為稻所釀，鬯為黑黍及香草所釀。商代出土的酒器種類繁多，《尚書・酒誥》記載，人民嗜酒，田逸，以致亡國，可見嗜酒風氣之盛。釀酒業的發展，側面反映了商代農業生產的發達程度。

　　園藝和蠶桑業亦有發展。卜辭中有「圃」字，即苗圃；有「囿」字，即苑囿。果樹有杏、栗等。卜辭中又有「蠶、桑、絲、帛」等字。商代遺址中還出土有玉蠶及銅針、陶紡輪等物。在出土的

青銅器上有用絲織物包紮過的痕跡,從出土的玉人像上也可看到其衣服上的花紋。可見商代的蠶桑業及絲織業已較發達。

畜牧業和漁獵

商代畜牧業也很發達,後世所稱的「六畜」,都已全備。卜辭中的「為」字,象以手牽象之形,所謂「商人服象」。卜辭中又有牢窂、寪、圂等字,即飼養牛羊馬豬的欄圈。商人愛馬,卜辭中的「驪、騽、駁、駓、騂、驛、獂、犏、馬、騜」等,即是指馬。對於牛、羊、犬、豕等的毛色,商人已能加以區別,還注意到牲畜的牝牡,並使用了去勢術的技術。商代的六畜也為人所食用,食品中的「羞」字從羊,「豚」字從豕,「鑊」字從隹即禽,證明羊豕禽等已作為商人普遍的食物。商代六畜還用於祭祀,有「太牢」(即牛羊豕)、「少牢」(即牛羊或豕犬)之稱。商人祭祀,一次用牲可多達數百頭,而且往往牛、羊、犬、豕合用,沒有高度發展的畜牧業是不可想象的。

商代時期的黃河下游中原地區,氣候溫和,雨量充沛,並有廣大的森林、草原、沼澤、湖泊,故作為農業、畜牧業補充的漁獵也很發達。卜辭中有「王魚」「獲魚」的記載,商代遺址中也出土過許多魚類、蚌類的遺骸。捕魚的方法主要有網罟、鈎釣、矢射等。卜辭中又有「王田」「王狩」「獲鹿」「獲麋」「獲虎」「獲兕」及「獲象」的記載。狩獵方法主要有犬逐、車攻、矢射、佈網設陷甚至焚山等,獵獲野獸的種類和數量相當驚人。商王一次

田獵獲鹿可多達三百四十八頭，獲麋最多的是四百五十一頭，足見其規模之大。

手工業

商代的手工業分工較細，有鑄銅、製陶、製骨、琢玉、漆器等門類，各種手工業都已有了顯著發展和突出成就，而其中最能反映時代特點和工藝技術水平的是青銅鑄造業。

商代是青銅器的全盛時代，其品種繁多。主要類別有禮器、兵器、生產工具及車馬器，其中最重要的是禮器。禮器中數量最多的是酒器，有爵、角、斝、觚、觶、尊、盉、卣、彝、觥、壺、罍、瓿、禁、勺等；另有食器，鼎、鬲、甗、殷等；樂器，鐃、鼓、鉦、鈴等；兵器，戈、矛、鉞、矢鏃等；工具，刀、斧、錛、鑿、針、錐等。

商代青銅器的製作為範鑄。商代遺址中已發現鑄銅作坊遺址，出土了大量的陶範、坩堝塊、木炭、小件銅器的銅錠、銅渣等。熔銅的工具除有草拌泥製的坩堝外，還有外敷草泥的缸或大口尊。通過對青銅器中銅、錫、鉛合金成分的研究，可知其與《考工記》所載之「六分其金而錫居一」的「鐘鼎之齊」大體相近。商代晚期的后母戊方鼎重達 875 千克，鼎身和四足為整體鑄造，鼎耳則是在鼎身鑄成後，再在其上澆鑄而成。從銅工作坊規模之宏大、煉銅技術之高超、器物製作之精美、種類之繁多、花紋之複雜、製範技術之純熟，都可看出商代生產技術及青銅鑄造的水平。

　　出土的商代青銅器中還有鐵刃銅鉞，現已於河北藁城及北京平谷兩處商遺址中各發現一件。經檢驗，其刃部是利用天然隕鐵鍛打而成的，證明商代已知道用鐵。此外商代遺址中還曾出土金塊及小片金片，可知當時已有黃金並有熟練的冶金技術。

　　陶器是商代社會的主要生活用具，製陶是商代重要的手工業部門。陶器的種類有灰色、紅色的泥質陶和夾砂陶，還有更高級的硬陶、白陶和原始瓷器。器型有炊器，鼎、鬲、甗，食器，簋、豆、盂，酒器，盉、觚、爵等，儲盛器，罐、盆、甕、缸、大口尊等。其中最能代表商代製陶工藝水平的是白陶和釉陶（原始瓷器）。白陶以瓷土、高嶺土為原料，經 1000℃ 高溫燒成，胎質純淨潔白，表面有雕刻精美的花紋。釉陶以瓷土為原料，器表敷釉呈青綠色，經 1200℃ 高溫燒成，胎骨細膩緻密，無吸水性或吸水性很弱，是敷釉技術的最早發明，在中國陶瓷發展史上佔有重要位置。

　　骨器在商代使用範圍很廣，種類包括生產工具，鏟、錐、刀、針和魚鉤，兵器鏃及生活用具，簪、梳、匕、叉等。牙器有雕刻的梳、筒、杯，象牙杯上刻有精細的花紋並鑲嵌有綠松石。骨器作坊遺址中還發現大量的骨料及半成品，其原料多為牛、馬、羊、豬骨及鹿角，甚至還有人骨，並發現製骨用的青銅刀、鋸、鑿、礪石等。製成一件骨牙器，大致需經過選材、鋸材、加工成形、打磨及雕刻、鑲嵌等工序。骨簪的頂端還刻有不同形狀的鳥頭。玉器均為軟玉，產量很大。顏色有綠、褐、白等。種類主要有禮器，琮、璧、圭、璋、璜、琥及其他用於禮儀的尊、

殷、磬、矛、戈等，實用器有杯、盤、臼、杵、梳，工藝裝飾品有頭飾、玉環、玉珠，以及各種不同形狀的佩玉、玉人、玉象、玉虎、玉鳥、玉龍、玉鳳、玉魚、玉蟬、玉鼊等。商代玉器切割整齊、琢磨光潤，動物姿態生動活潑，表現出強烈的藝術效果。漆器易腐朽，故現今所見商代漆器僅為一些殘片及顏料痕跡，但從中亦能了解其顏色、花紋等情況，證明當時的漆器工藝已具一定水平。

建築

殷墟已發現宮殿基址五十多座，一般建築在夯土台基上，柱下用礫石作基礎，有的柱礎間還墊有銅片，房架用木柱支撐，牆用版築。最大的基址南北約長 85 米，東西約寬 14.5 米；最小的僅長 2.3 米，寬 1.85 米。基址方向多面向南北，亦有面向東西的。很多基址排列成行，遙相呼應，開創了後世廳堂建築之獨特風格。卜辭中所記宮室有大室、小室、東室、南室、祠室、血室、皿宮、公宮、東寢等。由於年代遠久，這些宮室的營建已不可考，但從卜辭有關字形構造，如：「亞」「壘」「京」「高」等，還能知其形狀。商代的建築遺址中尚未發現磚瓦，建築結構仍為「茅茨土階」。但僅從基址的規模，即知商代建築之宏偉，建築技術水平之高超。

除宮殿外，還有較為簡單的單室房屋及半地下式房屋，有些遺址中還發現有建築用的土坯。商人已知在土坯間用草拌泥粘

砌，它可看成中國建築技術史上的一個重大進步。

商業和交通

　　商代的交換由於農業、手工業的發展而日漸增多，部分商人「肇牽車牛遠服賈」。商代遺址中出土有海貝、海蚌、鯨魚骨、大龜骨等海產物品，其來源除贈送、進貢及徵集外，也有商人長途販運而來的。除以物易物的交換外，當時已開始使用貨幣。商代貨幣的主要形態是玉和貝，殷墟墓葬中出土有大量的貝，最多的達千枚。除天然貝外，還有石貝、骨貝、蚌貝、玉貝及銅貝等仿製貝。卜辭中有「賜多女有貝一朋」，金文中亦有「王賞戌嗣子貝廿朋」的記載，證明貝在當時已用作貨幣，並以「朋」為計算單位，以十枚貝為一朋。

　　交通工具主要是陸路的車和水路的船。卜辭中有「車」字和「舟」字。商代遺址中發現車馬坑多座，出土的馬車有二馬一車和四馬一車，車為木製，有銅車飾，單轅、一軸、一輿、一軸、兩輪。車用於田獵、作戰等。商代的舟，尚無實物證據，但知其用於渡涉。

階級關係

王權

　　商代的最高統治者是商王，商王自稱「余一人」「一人」，

享有絕對權力。商代王位的繼承法為父死子繼與兄終弟及兩制並用，凡子即王位者其父即為直系。周祭中，直系先王及配偶有資格列入祀典，而無旁系先王的配偶。到商代後期更有「大示」（直系先王的廟主）及「小示」（旁系先王的廟主）之分別，祭祀「大示」的宗廟為「大宗」，祭祀「小示」的宗廟為「小宗」。這種家族中祭祀上的差別，正是商代宗法制度的表現。

卜辭中商王親屬稱謂有「祖、妣、父、母、兄、弟」，且有「多祖」「多妣」「多父」「多母」之稱。先王的配偶稱「妻、妾、母、奭」，與商王有血緣親族關係的有「王族」「多子族」。這些宗族同商王形成親疏不同的宗法關係，他們構成「百姓」的主體，而為首的是商王自己。

司母戊鼎

商代晚期青銅器，因腹內壁鑄有「司母戊」三字而得名。1939 年出土於河南安陽殷墟王陵區商代大墓。為現知中國古代最大的青銅禮器。亦有學者稱之為「后母戊鼎」。

官制

　　商王以下的統治機構，分「內服」「外服」，即王畿內與畿外之地方兩種。《尚書·酒誥》中有「越在內服，百僚庶尹，惟亞、惟服、宗工，越百姓、里君」，「越在外服，侯、甸、男、衞、邦伯」。結合卜辭的記載，商代的官制在畿內大致有：負責政務的尹、多尹、臣。臣又有王臣、小臣、小眾人臣，管理耕籍的小籍臣、管理山林的小丘臣、管理車馬的馬小臣等；武官有多馬、多亞、多籲、多射、多犬、五族戍等；史官有作冊、多卜、多工、巫、祝、吏等。王畿外為商代之「四土」，這些地區散佈着許多「服王事」的方國及部落，為商代的侯、伯。卜辭及文獻中有「攸侯、杞侯、周侯、犬侯、先侯、侯虎、侯告、宋伯、泟伯、易伯」等，他們不僅要臣服於商王，還向商納貢，負擔勞役及奉命征伐。有關商代官制的材料不多，尚需進一步探討。

軍隊

　　商代軍隊以師為單位，卜辭有「王作三師，右、中、左」。「三師」為軍隊的基本組織形式，大概相當於後世的三軍。雖然每師的具體人數尚未見有記載，但從商代的征伐戰爭規模可知一二。徵招兵員有時幾百人，有時甚至上千人。戰爭時間有的長達幾個月，殺敵亦有千百人。另外，商王的大規模田獵活動也相當於一次出征，並通過狩獵訓練軍隊。

　　商代軍隊包括車兵及步兵，作戰方式普遍使用車戰。考古發掘中發現不少商代車馬坑，殷墟小屯 C20 號墓中出有一車四馬三人以及三人使用的三套兵器，可知一兵車載三人。小屯宗廟遺址前的祭祀坑中還發現象徵軍隊陣式的葬坑，包括兩個方陣。一陣為步兵，有三百人左右；另一陣有兵車五輛。部分列左、中、右三組，與卜辭記載相符。車戰中，射手以弓箭為武器，墓葬裏還有大批青銅兵器，如戈、矛、鏃、鉞及胄等。

平民和奴隸

　　商代的平民和奴隸由眾、芻、羌、僕、奚、妾等不同身份的人組成。卜辭有「眾、眾人」，是商代的自由平民。他們從事農業生產勞動，有戰事時會被徵，參加作戰。商代奴隸的來源是俘虜，卜辭中有「獲羌」，即從羌方俘獲來的奴隸。又說「王令多羌墾田」及「多羌獲鹿」，可知羌人用於農田勞動及狩獵活動。奚、妾大概為女奴隸。奴隸的另一個來源是罪犯，《說文》中之「象罪人之在屋下執事者」，即為來自罪犯的奴隸。

人殉和人祭

　　商代的奴隸，不僅要從事各種勞役，而且可以被任意殺戮，甚至用以殉葬或祭祀祖先，其數量很大。殷墟侯家莊大墓中的殉葬者，約四百人，僅武官村大墓中就有殉葬者近百人。其中有被

反綁及砍下頭的殉人。殷墟還發現有很多人祭的遺跡，在一批排葬坑及散葬坑中，有被殺的無頭人骨架及人頭骨。此外，宮殿建築、宗廟以至一般居室的基址中，也都發現有人祭遺址。卜辭中亦有大量殺人祭祀的記載，其中最多一次殺祭者達五百人。人祭的手段包括砍頭、肢解、焚燒等。被殺者多為俘虜，其中又以羌的數量最多，此外還有僕及少數的妾等。

刑罰

商代的刑罰有伐（砍頭）、撲、墨（即黥刑）、劓（用刀割鼻）、宮（宮刑）、刖（用刀或鋸割去腿）等，後世的五刑在商代即已有之。卜辭中有不少關於刖刑的記載，一次受刑者從數十人至百人。殷墟曾發掘出戴桎的男女陶俑，男俑雙手桎在背後，女俑雙手桎在胸前。卜辭中的「㚔」字，就是刑具的象形字；「執」字，即人跪地手戴桎形；「圉」字，即方框中之人跪地戴桎，意為牢獄；還有王命小臣「作圉」，即建造監獄。

方國各族

在商王朝的周圍，還聚居着許多民族，即「多方」、「多邦方」。其方國首領稱「白（伯）」。方國有土方、井方、羌方、召方、巴方、舌方、亙方、人方、印方、尸方、危方、林方、馬方、龍方、虎方、箕方、鬼方、𢾗方、繐方、盂方等。商代自武

丁時期起，曾長期大規模對外族外邦作戰，先後征服了多方及其他小國。征服後的各方國除對商王表示臣服外，還需負擔諸如防邊、進貢、納稅、征伐等義務。

商王為抵禦外族外邦的侵擾，擴大自己的領土，亦為掠奪奴隸和財物，經常向外族征伐，尤以武丁、帝乙及帝辛時為盛。武丁對羌方、土方、𠭯方、鬼方等的征伐，卜辭中均有記載。對方國的征伐要徵集眾多的兵員，時間也相當長。如武丁伐鬼方，三年克之；帝乙征人方，往返一次幾乎歷時一年。商王朝經過一系列對外用兵，使疆域進一步擴大，成為「邦畿千里，維民所止，肇域彼四海」的強大國家。

文字和宗教

文字

《尚書》稱：「惟殷先人有冊有典。」商代的文字主要有刻在甲骨上的甲骨文，鑄在銅器上的金文以及刻在陶器、玉石上的文字。其中發現數量最多的是甲骨文與金文。甲骨文是商代晚期，商王利用龜甲、獸骨進行占卜的記事文字，迄今已發現約十五萬片。雖然它的內容以占卜為主，所反映的事物受到一定限制，但也包含了從武丁至帝乙、帝辛年間，祭祀、征伐、田獵、農業、畜牧、地理、方國等方面，是研究商代歷史的重要文字資料。

由於行文有一定款式，甲骨卜辭一般都很簡短，一二字到數

十字不等。甲骨文單字約五千左右，其中可識的約一千五百字左右。甲骨文並不是最早的漢字，卻是中國已發現的古代文字中時代最早、體系比較完整的文字。從字形結構來看，它已具備《說文》中的六書，即象形、指事、會意、形聲、假借、轉注等造字方法。從語法上來看，其詞類已有名詞、代名詞、動詞、助動詞、形容詞、數詞等。其句子形式、結構序位也已與後世語法一致。甲骨卜辭在文字結構和語法上已有今日文字和語言的基本形式，它已經歷了長期的歷史演變，是一種相當進步的文字。

宗教

《禮記‧表記》稱：「殷人尊神，率民以事神，先鬼而後禮。」商代的宗教觀念，是上帝崇拜和祖先崇拜，且兩者緊密結合。商王受命於天，死後又回到上帝左右，因而請命的對象也包括上帝與祖先。商代盛行占卜，大自祭祀、征伐、天時、年成、田獵，小至私人疾病、生育，無一不求神問卜，以定吉凶與行止。人同鬼神之間的交往已成為一項專職，掌管占卜事宜的卜官為巫、史及卜辭中的貞人。

占卜所用的材料為龜甲與獸骨。先將甲骨整治好，用時在其背面鑽鑿、灼燒，並依據正面裂出的兆紋來定凶吉，然後由卜官將占卜的過程及內容事項刻寫在甲骨上，這種卜辭即是甲骨文。

科學和文化

曆法

　　商代的曆法是迄今已知較為完整的最早的曆法。商代曆法為陰陽曆，陽曆以地球繞太陽一周，即 $365\frac{1}{4}$ 日為一回歸年，故又稱「四分曆」。陰曆以月亮繞地球一周，即二十九或三十日為一朔望月。商代用干支記日，數字記月；月有大小之分，大月三十日，小月二十九日。十二個朔望月為一個民用曆年，它與回歸年有差數，所以陰陽曆在若干年內置閏，閏月置於年終，稱為十三月。季節與月份有大體固定的關係。

　　商代每月分為三旬，每旬為十日，卜辭中常有卜旬的記載，又有「春」「秋」之稱。一天之內，分為若干段時刻，天明時為明，以後有大采、大食；中午為中日，以後有昃、小食、小采。旦為日初出之時，朝與大采相當，暮為日將落之時。對於年歲除稱「歲」「祀」之外，也稱作「年」。

天文學

　　商代天文學中許多天象在卜辭中均有記載，如「日月有食」「月有食」，在日食時並有「大星」等現象出現，可見對日、月食的觀察之精細。卜辭還記載了觀察到的「大星」「鳥星」「大火」等，不僅有恆星，還有行星，後世的二十八宿中的一些星座名亦

河南商丘閼伯台

閼伯在商代主辰星之祀，其後許多朝代也在這裏研究天文，觀察火星（即商星）行徑。
中國天文台和南京紫金山天文台均認為這裏是中國最早的觀星台遺址。

見於卜辭，卜辭中「有新大星並火」，即是說接近火星有一顆新
的大星。當時已有立表測影以定季節、方向、時刻的方法，卜辭
的「至日」「立中」等，就是這方面的記載。

氣象學

　　商代觀測天象與觀察氣象是相聯繫的。由於農業、畜牧業以
及田獵等活動的需要，對氣候的變化特別予以重視。卜辭中記有
許多自然現象，「啟」「易日」為天晴，「阴」為陰天及濃雲密佈，
「暈」為出現日暈。記錄自然界變化的有風、雲、雨、雪、雷、

虹、霖、雹，風有大風、小風、驟風。卜辭中還有祭東南西北四方風神的名稱，如砉（和風）、岊（微風）、彝（厲風）。記錄雨量的有大雨、小雨、多雨、雨少、雨疾、從雨、絲雨、延雨、緝雨。商人不只對一日之內，還對一旬、數旬及至數月的氣象變化進行了連續的記錄。

醫學

卜辭中記有「疾首、疾目、疾耳、疾口、疾舌、疾齒、疾言（喉）、疾自（鼻）、疾腹、疾胸、疾手、疾肘、疾脛、疾止（趾）、疾骨」等多種疾病，包括了後世的內、外、腦、眼、耳鼻喉、牙、泌尿、婦產、小兒、傳染等科。對一些疾病，還有更細的分類，如「疾齒」中就有「齲齒」的記載。

商代已設有專司醫藥疾病事務的官職「小疾臣」。商人對於疾病，除祭祀鬼神以求福祐之外，治療的方法見於卜辭的有針刺、艾灸以及按摩。最早的針刺是用砭石，《說文》中有「砭，以石刺病也」。河北藁城的商代遺址中就出土有用於醫療的砭鐮，還發現有桃仁及鬱李仁等種子。

數學

在數學方面，商代已採取了十進位計算，卜辭中分別有個、十、百、千、萬，最大的數字已有「三萬」。

總之，商代歷史資料豐富，商史研究對古代歷史有着極為重要的意義。

（胡厚宣）

西周約始於公元前 1046 年，時周武王伐紂滅
商，終於公元前 771 年，周幽王覆亡。在這一時期
內，全國大小諸侯均向王朝負擔一定義務，周朝維持
着統一局面。由於周王的都城宗周居於西方，故稱
西周。

西周

西周的興亡

周人的興起

周人是古老的農業部落，興起於今陝甘一帶。傳說其始祖名棄，為姜姓有邰氏女姜嫄所生，在堯、舜時任農師之職，受封於邰（今陝西武功西），號后稷。

棄死後，子孫世代為夏朝農官。傳至不窋，因夏政衰，失官而奔於戎、狄之間。其孫公劉率族人定居於豳（今陝西旬邑西南），發展農耕，勢力漸興。後又傳九世，到古公亶父時，因受薰鬻、戎狄的進攻，從豳遷徙到岐山之下的周原（今陝西扶風、岐山間）。周原土地肥美，宜於農作。商代晚期，古公在那裏興建城郭房屋，劃分邑落，設立了官吏機構，國號為周。古公後被周人追稱太王。

古公卒，少子季曆繼位，是為公季，後周人追稱王季。周國勢發展，季曆同商朝屬下的任姓摯氏通婚，加強了與商朝的關係。商王武乙末年，季曆入朝，武乙賜以土地及玉、馬等物品。隨後季曆征伐西落鬼戎，俘獲「十二翟（狄）王」。商王文丁時，季曆進一步對諸戎作戰，除伐燕京之戎受挫外，伐余無之戎、始

周文王像

周文王，姬姓，名昌。商紂時為西伯，即西部諸侯
之長，亦稱西伯昌。相傳他在位五十年，為滅商做
了充分準備，但未及出師便死去，諡號為文王。他
是很有作為的創業主，重視發展農業生產和廣羅
人才，傳說其被商王囚禁期間在獄中將八卦演為
六十四卦。

呼之戎、翳徒之戎都得勝利，使周的勢力深入今山西境內。文丁
（一說帝乙）封季曆為牧師（即方伯）。可能是由於周的強大，引
起同商朝的矛盾，季曆終為商王所殺。

　　季曆之子昌繼位，即周人追稱的周文王。文王曾與九侯（一
作鬼侯）、鄂侯（一作邘侯）一起為商王紂的朝臣，九侯、鄂侯
遭紂殺害，文王也被囚禁。他得釋後向紂獻洛河以西土地，請除
炮烙酷刑，為紂所許，封為西伯。諸侯多叛商歸周。文王連續征
伐犬戎、密須（在今甘肅靈台西）、黎（在今山西長治西南）、
邘（在今河南沁陽西北），最後攻滅崇國（在今陝西西安長安區
西北），在其地灃水西岸興造豐邑，遷都到那裏。文王時期，周
已相當強大，但在名義上仍是商朝屬下的一個諸侯國。

武王伐紂

　　文王長子伯邑考被紂所殺。文王死後，由後立的太子發繼

位，即周武王。武王即位的第二年，興師東至孟津伐商，但因時機不夠成熟，只得暫時還師。後來商王紂更加暴虐，殺比干，囚箕子，商朝矛盾急劇激化。周武王又率軍東征，渡孟津，與諸侯相會，作誓聲討紂的罪行。在甲子日清晨，周軍進至商郊，與紂兵於牧野決戰。牧野之戰，周軍全勝。紂被迫自焚而死，商朝亡。

武王進入商都，分商的畿內為邶、鄘、衛三國，以邶封紂子祿父（即武庚），鄘、衛則由武王之弟管叔鮮、蔡叔度分別管理，合稱三監（一說管叔監衛、蔡叔監鄘、霍叔監邶）。隨後派兵征伐尚未臣服的商朝諸侯，據記載被征服者有九十九國之多。

克商後，武王還師西歸，在他新遷的都邑鎬京（即宗周，今陝西西安長安區西北）舉行盛大典禮，正式宣告周朝的建立。

周公東征

武王死後，太子誦繼立，是為成王。成王年幼，曾輔佐克商的武王之弟周公旦攝政。管叔、蔡叔懷疑周公將篡取王位，故傳播流言，武庚也謀劃復國，與管、蔡結合叛周，糾集徐（在今江蘇泗洪）、奄（在今山東曲阜）、薄姑（在今山東博興東南）、熊和盈等方國部落作亂。周公奉成王命東征，經過三年戰爭，終於平定叛亂。武庚和管叔被誅，蔡叔被流放。

為了消弭殷商殘餘勢力叛周的隱患，周朝首先命令諸侯在伊洛地區合力營建新邑，即周朝的東都洛邑（成周）。東都既成，

遂遷曾反對周朝的「殷頑民」於此，加以控制。同時，封降商貴
族微子於商朝故都宋（今河南商丘）地，以代殷商之後；封武王
少弟康叔於紂都，成立衞國，賜以殷民七族；封周公長子伯禽
以奄國舊地，成立魯國，賜以殷民六族。這樣，殷商餘民遂被分
割，逐漸服從於周朝的統治。

成康之治

　　東都成周建成，周公還政成王，周朝進入鞏固的時期。傳說
周公制禮作樂，即指王朝各種制度的創立和推行。其中以周初分
封最具深遠影響。

　　周的分封諸侯，在武王時即已開始，但大規模分封是在成
王及其子康王（名釗）的時期。據傳周初所封有七十一國，其中
與周王同為姬姓的佔四十國。王季之兄太伯和仲雍的後人封於吳
（今江蘇蘇州）；文王之弟虢仲、虢叔，分別封於東虢（今河南滎
陽東北）、西虢（今陝西寶雞東）；文王之子分別封於管（今河南
鄭州，早滅）、蔡（今河南上蔡西南）、郕（今山東汶上西北）、
霍（今山西霍州西南）、衞（今河南淇縣）、毛（今地未詳）、
聃（今湖北荊門東南）、郜（今山東成武東南）、雍（今河南修
武西）、曹（今山東定陶西）、滕（今山東滕州西南）、畢（今陝
西咸陽西北）、原（今河南濟源西北）、酆（今陝西西安西北）、
郇（今山西臨猗西南）；武王之子分別封於邢、晉（始封在今山
西翼城西）、應（今河南平頂山）、韓（今山西河津東北）；周公

之子分別封於魯（今山東曲阜）、凡（今河南輝縣西南）、蔣（今河南固始西北）、邢（今河北邢台）、茅（今山東金鄉西北）、胙（今河南延津北）、祭（今河南鄭州東北）；召公之子則封於燕（今北京）。此外，還有許多異姓諸侯國，如姜姓之齊（今山東臨淄北）、子姓之宋等。

西周分封，以宗法血緣關係為紐帶，建立起周天子統轄下的地方行政系統，從而在一定時期內起到了加強周王朝統治的作用。分封制還是「天子、諸侯、卿、大夫、士」這一等級序列的產生的重要前提。

周初所封諸侯，均由中央控制。成王之時，周公、召公是朝中最重要的大臣。自陝（今河南陝縣）以西諸侯由召公管理，以東諸侯由周公管理（周公死於成王在位時，召公則活到康王的時代）。康王之世，周曾命諸侯對邊遠方國進行戰爭，如小盂鼎銘文所記對鬼方的征討，斬獲眾多，僅俘人即數以萬計。成康時期，周朝最為強盛。

昭王南征與穆王遊行

康王死後，子昭王瑕繼位。昭王十六年（前980），他欲繼承成康事業，繼續擴大周的疆域，親率大軍南征楚荊，經由唐（今湖北隨州西北）、厲（今湖北隨州北）、曾（今湖北隨州）、夔（今湖北秭歸東），直至江漢地區。南征共經三年，昭王還師渡過漢水時，相傳當地人用以膠黏結的船乘載昭王，到中流

船體分解，昭王溺死，軍隊也遭覆沒，使周朝蒙受前所未有的挫折。

繼昭王而立的是其子穆王滿，在位長達五十五年。他好大喜功，仍想向四方發展。曾因遊牧民族戎狄不向周朝進貢，西征犬戎，獲其五王，並把戎人遷到太原（今甘肅鎮原一帶）。穆王好遊行，致使朝政鬆弛。東方的徐國率九夷侵周，甚至西至河上。穆王南征，通過聯合楚國的力量，才得以平定。後世流行穆王西征的故事，如晉代汲塚出土戰國竹簡《穆天子傳》所載，雖多不真實，但反映了當時穆王意欲周遊天下，以及與西北各方國部落往來的情形。

西周中期列王

周穆王卒後，依次即位的是共王緊（或作伊）扈、懿王囏（或作堅）、孝王辟方、夷王燮。經過昭穆時代，周朝實力漸弱，中期四王僅能守成。但共王曾滅姬姓的密國（在今甘肅靈台），夷王初年曾招致諸侯，把齊哀公置於鼎內烹死，可知王朝還有較大的權威。

這一時期，西北地區的戎狄逐漸興盛。懿王時，出現「戎狄交侵，暴虐中國」的局面，周人深為所苦。夷王命虢公率師征伐太原之戎，獲馬千匹，但這一勝利未能挽回王室的頹勢，戎狄繼續成為周朝的嚴重威脅。

國人起義與共和行政

　　夷王卒，子厲王胡立。厲王在位期間，西周各種社會矛盾激化，終於達到爆發的境地。西北戎狄，特別是玁狁，進一步加強對周朝的壓力，不時入侵；曾臣服於周的東南淮夷不堪承受沉重壓榨，奮起反抗。厲王命虢仲征伐，結果失敗。連年戰亂，給民間帶來深重的疾苦。與此同時，厲王任用榮夷公為卿士，實行「專利」，將社會財富和資源壟斷起來。為壓制國人的不滿，厲王命衛巫監視，有「謗王」者即加殺戮。結果人人自危，終於釀成國人起義。

　　公元前 841 年，國人大規模暴動，厲王被迫出奔到彘（今山西霍州）。朝中由召公（召穆公虎）、周公（周定公）兩大臣行政，號為「共和」。

宣王中興

　　國人起義時，厲王太子靜藏在召穆公家中，召公以自己的兒子代之，得以脫險。共和十四年（前 828），厲王死於彘。次

號季子白盤

西周宣王時期青銅禮器，清道光年間出土於陝西寶雞，現藏中國國家博物館。上有銘文一百一十一字，是西周金文的絕品。

年，太子靜即位，是為周宣王，在位共四十六年。宣王在召穆公
等大臣輔佐下，勵精圖治，朝政有明顯起色。在國人支持下，宣
王着手防禦西北玁狁，討東南淮夷。

宣王初期，因國力不足，曾依靠服屬周朝的秦人抵禦西戎
（即玁狁）。宣王以秦仲為大夫，命其進攻西戎。宣王四年（前
824），秦仲被西戎所殺。宣王又召見其子秦莊公等五人，給
七千兵士攻伐西戎，取得勝利，封秦莊公為西垂大夫。次年三
月，宣王還曾親自率軍在彭衙（今陝西澄城西北）同玁狁交戰，
有所斬獲。之後，宣王轉而經營東南。他命尹吉甫（金文中名
兮甲、兮伯吉父）管理四方入貢財物，包括淮夷的貢納，要求
淮夷依照王朝規定入貢布帛、糧草和服役的人眾，限制淮夷商
賈必須在指定市場與周朝方面貿易，以便為日後大舉進攻玁狁作
準備。

在積蓄一定力量之後，宣王命尹吉甫、南仲等出軍征伐玁
狁。這次征討歷時較長，得到顯著成功。宣王十二年所作虢季子
白盤銘文中載，虢季子白率兵在洛河北岸同玁狁戰鬥，一次就斬
首五百，俘敵五十，周軍一直深入到太原，迫使玁狁遠去。

可能是因周朝的榨取，淮夷叛周而犯江漢地區。宣王命穆公
前往平定，又命南仲、皇父、程伯休父等率軍沿淮東下，征伐徐
國，終於迫使徐國服從周朝。為鞏固南土，宣王將王舅申伯徙封
於謝（今河南南陽）。

宣王時期的這些勝利，並未解決西周社會的根本矛盾，所
謂中興只能是暫時的。宣王晚年，周王朝重新出現了衰象。宣王

三十一年，宣王派軍征伐太原之戎，未能獲勝。次年，宣王干涉
魯國的君位繼承，用武力強立魯孝公，引起諸侯不睦。三十六
年，征伐條戎、奔戎，慘遭敗績。三十九年，與西戎別支姜氏之
戎戰於千畝（今山西介休南），遭到嚴重失敗，喪失了隨同作戰
的南國之師。為了繼續防禦玁狁，宣王不得不在太原統計民數，
加以整編控制。這表明周朝的國力已趨於空虛。

西周的覆滅

公元前 781 年，幽王宮湦（或作生、涅）繼位，任用好利
的虢石父執政，朝政腐敗激起國人怨恨；幽王三年（前 779），
伐六濟之戎失敗；同時天災頻仍，周朝統治內外交困。

引致西周滅亡的導火線是幽王廢掉正后申侯之女及太子宜
臼，改以嬖寵美人褒姒為后，其子伯服（一作伯盤）為太子。宜
臼逃奔申國，申侯聯合繒國和西方的犬戎進攻幽王。幽王與伯服
均被犬戎殺死於戲（今陝西西安臨潼東）。公元前 771 年，西周
覆亡。

幽王死後，申侯、魯侯、許文公等共立原太子宜臼於申，虢
公翰又另立王子余臣於攜（今地不詳），形成兩王並立。宜臼為
避犬戎，遷都到洛邑，是為周平王。余臣在公元前 760 年被晉
文侯所殺。

典章制度

宗法與分封

西周實行分封制。即古書中所說的「封建」，而分封制的基礎則是宗法。

宗法是中國古代社會血緣關係的基本原則，其主要內容是嫡長繼承制。商代已有嫡長繼承的雛形。西周時期，宗法發展成為系統制度。

嚴格意義的宗法，只在卿、大夫、士的範圍內施行。這些階層各家族的始祖，一般是國君的別子。國君的嫡長子立為太子，繼承君位，其他各子即為別子。因為別子也是國君之子，故又稱公子。別子不能與繼承國君的太子同祖，必須分出去自立家族，成為這個家族中嫡長繼承系統的始祖，不再改變，稱為大宗。別子的長子以外各子，長孫以外各孫……都是庶子，對大宗而言，稱為小宗。其間血緣關係超過五代，就不再宗原來的小宗。由大小宗構成的整個家族中，大宗居於族長地位，稱為宗子。始立這個家族的別子一般有卿、大夫爵位，爵位即由宗子承襲。

廣義說來，宗法也適用於周王室。周王的嫡長子立為太子。其他王子多分封為王畿內外的諸侯，其間血緣關係原則頗與卿、大夫、士的宗法相似。周初分封同姓，就體現了這樣的原則。康王之後，周朝疆域大體固定，分封的機會減少，太子以外各子多留在朝中為卿、大夫，但分封並未絕跡。直到周宣王二十二年

（前806），宣王還把其弟友分封在鄭（今陝西華縣東）。

小宗圍繞大宗，卿、大夫拱衛國君，諸侯藩屏周王，再加上與異姓間的婚姻聯繫，由此構成龐大的血緣關係網。西周統治者希望用這種關係維護他們的地位和特權。

畿服

西周時期，周王直接治理的地區稱為王畿；以王畿為中心，直至周朝勢力所及的遠方，按照地理的遠近和王朝關係的疏密，劃分若干服，合稱畿服。據《國語・周語上》，畿服共分五服。即甸服（王畿）、侯服（王朝所封諸侯）、賓服（方國服屬周朝者）、要服及荒服（皆為邊遠的少數民族）。關於畿服，其他文獻尚有不同說法。

五服對王朝負有不等的義務，史稱職貢。甸服隨時有貢，侯服每月一貢，賓服每三月一貢，要服每年一貢，荒服則其君終身只朝貢一次。這種規定固然有理想化色彩，但在一定程度上反映了周朝與其疆域內遠近地區的關係。

諸侯

西周的諸侯有同姓、異姓之別。同姓即姬姓的諸侯，在盟會時居於異姓的前面。異姓不少是曾與周王室發生婚姻關係的，如姜姓、任姓、媯姓、姒姓等。周初還注意褒封前朝的後裔，如

西周大盂鼎金文銘文拓本（局部）

金文，商、西周、春秋、戰國時期銅器上銘
文字體的總稱。據現有知識，青銅器上有銘
文始於商代的二里岡期，殷墟期數量增多，
至西周而大盛。一般說金文多限於先秦，也
有把秦漢包括在內的。魏晉以後的銅器物，
有的仍有文字，但不在金文範疇之內。

封堯之後於薊（今北京，後併入燕），封舜之後於陳（今河南淮
陽），封禹之後於杞（今河南杞縣），封商朝之後於宋。諸侯有
的是商諸侯國，周予以承認；有的則是新封。

　　建立諸侯國，要賜以土地山川和人民，同時分予寶器，並有
等級差別。傳統說法認為公、侯、伯、子、男五等爵，而從土地
看，公、侯均方百里，伯七十里，子、男均五十里，實際是三個
等級。至於土地不足五十里的，則附屬於諸侯，叫作附庸。根據
西周金文的研究，五種爵稱是存在的，而且確有一定制度，但未
必有那樣固定和規整。

官制

　　據記載西周職官最詳細的《周禮》，周王朝設有統轄若干官
員的六卿。其中「冢宰」，掌邦治，其諸官分司王的宮寢、飲食、
皮裘、府藏以及貢賦等事；「司徒」，掌邦教，其諸官分司土地人
民、鄉遂、山林川澤等事；「宗伯」，掌邦禮，其諸官分司宗廟祭
祀、塚墓、禮樂、卜祝巫史、車旗等事；「司馬」，掌邦政，其諸

官分司軍旅、田役、車馬、封疆道路等事；「司寇」，掌邦禁，其諸官分司刑罰獄訟、盟誓、約劑、盜賊、賓客等事；「司空」，因《周禮》原文殘缺，詳情不明。

學者多認為《周禮》所記過於詳密，西周不可能有這樣整齊劃一的官制。但與已發現金文對比，《周禮》與其很多地方相同或相似。據統計，《周禮》現存官名三百五十六官，和金文相同或類似的有九十六官。可見《周禮》有相當成分還是反映西周官制的實際的。

《尚書·顧命》記周成王臨終時召見「大保奭、芮伯、彤伯、畢公、衛侯、毛公、師氏、虎臣、百尹、御事」。大保奭即召公，其以下六人就是六卿。康王時金文小盂鼎有「三左三右」，也指在王左右的六卿。六卿的設立，是王朝官制的中心，諸侯國的官制與王朝相似，但規模較小，官名多同於王朝。

國野和鄉遂

西周時期，周王直接統治地區和各諸侯國都有國、野。王或諸侯所居都城及其近郊稱為國，郊以外稱為野。居住在國中的是國人，其餘則是野人。國與野各方面制度均有所不同。這種差別的產生可能是由於周朝對各地的征服，佔統治地位的周人處於國中，被統治的土著則居於野外。

國中分割為鄉。周有六鄉，諸侯國大的有三鄉。據《周禮·大司徒》，其組織形式為：五家為比，五比為閭，四里為族，五族為

黨,五黨為州,五州為鄉。鄉有鄉大夫,以下各級有長。國人的多數是與貴族有宗法血緣關係的士階層,他們有議政的權利,當國家遭到大的變故時,王或諸侯要徵詢他們的意見;他們之中的才能優秀者,會得到選拔推薦。其丁壯日常有義務參加國家組織的田獵、力役;遇有戰爭,則參加軍隊,或出征,或戍守。

野一部分分劃為遂,其餘封予卿大夫作為采邑。周有六遂,諸侯國大的有三遂。據《周禮・遂人》,其組織形式為:五家為鄰,五鄰為里,四里為酇,五酇為鄙,五鄙為縣,五縣為遂。遂有遂大夫,以下各級有長。野人屬於庶人,戰爭時期只在軍中從事配合性的雜務。

兵制

西周的兵制和國、野的劃分及其組織有密切聯繫。周王朝設六軍,或稱六師,即由六鄉的丁壯組成。《周禮・夏官司馬》記載當時的兵制為:五人為伍,二十五人為兩,百人為卒,五百人為旅,二千五百人為師,一萬二千五百人為軍。當時實際情況未必如此規整,但可看出六鄉與六軍組織的彼此對應。

六師人員在發生戰爭時徵調組合,但在平時也要定期訓練,其方式是在農閒時節舉行田獵,每年四次,春季稱為蒐,夏季稱為苗,秋季稱為獮,冬季稱為狩。田獵完全按軍事組織集合丁壯,具有檢閱操練的作用。

周的六鄉在宗周時位於西土,所以六師在金文中稱「西六

師」。金文另有「成周八師」、「殷八師」，可能是成周地區的周人所組成，因位於殷商之地，故有殷八師之稱。

周王朝還有一種軍事力量，即師氏虎臣（一種虎賁），是常設的軍隊，由國中貴族子弟中精選的勇士所組成。師氏虎臣侍衞國王，護守王宮，從屬者有少數民族的奴隸。

西周時期的戰爭主要是車戰，與車配合的有徒兵。兵器種類比商代顯著增多，出現了多種多樣的戈、戟類兵器。據《詩·皇矣》，早在周文王伐崇時，已使用了鈎援、臨衝等攻城工具。戰爭規模日趨擴大，不僅周及其諸侯，一些少數民族也有較強的軍力。如西周晚期多友鼎所載，周派軍與玁狁交戰，一個戰役俘獲兵車超過一百二十七輛，可見玁狁有着龐大的車戰隊伍。

法制

《尚書·康誥》、《立政》等篇記周公語，追述文王能夠「明德慎罰」，強調處理刑獄必須謹慎，表明周朝注意法律的作用。相傳西周法律名為《九刑》，或說是「刑書九篇」。

《尚書·呂刑》作於周穆王時，記述當時有墨、劓、荆（即刖刑）、宮、大辟（即死刑）五刑。適用五刑的罪行有三千條之多，並規定了五刑如有疑赦時，改判罰金的數量。西周晚期金文𤼈匜記錄了管理獄訟的伯揚父對牧牛一案的判決，所敍述的法律程序和刑罰，大體和《呂刑》一致。

西周法律有明顯的階級性質。據《周禮·小司寇》，貴族犯

罪可受特殊處理，即所謂八議：議親、議故、議賢、議能、議功、議貴、議勤、議賓。即使死刑，也要特別交由甸人執行。只要是有官爵的命夫、命婦，獄訟時不必親自出庭，「不躬坐獄訟」。西周中期的曶鼎，記載曶與效父間的訟事，曶就派遣其下屬代表出庭，取得勝訴，是很好的實例。同一鼎銘還記述：在一個荒年，匡氏家眾與奴隸二十人盜取了曶的穀物十秭，曶提出訴訟，匡季以七田、五人作為賠償，五人成為曶的奴隸。這一案例表明，當時的法律目的在於維護奴隸制的所有關係。

社會經濟

奴隸制

西周社會中，奴隸制十分盛行。奴隸的來源，出於賞賜或買賣的常稱為臣妾，來自罪人或戰俘的常稱為「隸」。

「臣妾」一詞，周初已經存在。《尚書·費誓》魯公誓辭中，將臣妾（男女奴隸）與馬牛相提並論，均為特定主人的財產，逃跑了要捉住歸還原主，加以隱藏或誘拐的要科以刑罰。約為康王時的復尊銘云：「燕侯賞復門衣、臣妾、貝」，也說明臣妾和財物一樣為奴隸主所佔有。

奴隸可在市場上買賣。《周禮·質人》說：「掌成市之貨賄、人民、牛馬、兵器、珍異。」其中「人民」，註云：「奴婢也。」在同書《大宰》中即稱為「臣妾」。臣妾為私家所有，如曶鼎銘

所示，臣妾又可作為賠償來轉讓。而自由人作為賠償，則轉化為臣妾，他們主要是從事家內勞動，但也不排除被主人驅使去從事生產勞動。

「隸」，據《周禮》，有「罪隸」與「四翟之隸」兩種。罪隸是由於男女本人被判罪，或者家人犯罪而從坐的，也稱為「奴」。據《周禮·司厲》，罪隸中男的由罪隸之官管理，在各官府中服種種使役；女的則交給舂人、槀人之官，做舂米之類沉重勞動。四翟之隸據說有蠻、閩、夷、貉的分別，從事畜養牛馬禽獸以及把守宮舍。這些奴隸都屬於官府。

主要承擔生產勞動的，是在田野耕耘的庶人。庶人的身份表面雖與臣妾和隸不同，但如《詩·七月》所描述，他們過着貧困苦難的生活，終身為貴族所使役，地位幾與奴隸無異。

井田

西周的國家將土地分授給耕種者，有井田之制。周代用耜進行耕作，耜是翻土工具，頭部寬度約為當時五寸。周人流行耦耕，即兩人各執一耜，並肩而耕，所成的耕溝稱為畎，寬度是一尺。耕田一畝，長百步，寬一步，一步是六尺，正好容三畎三壟。授給一伕的土地是百畝，即長百步，寬百步，稱為一田。西周金文常見賞賜土地以田為單位，即百畝的田。《周禮·小司徒》說：「九伕為井」，即以九田組合為一井。按照理想的規劃，九田排成「井」字形，周圍八田分由八家耕種，為私田；中央一田則

大家合耕，收穫歸國家所有，為公田。根據地形的差異和土質的區別，又有固定的分配和折算方法。為了調節土地好壞的不均，還規定要定期重新分配。

井田制實質是一種農村公社，和行政組織、軍事組織都有不可分的關係。井田制下受田的伏，也就是戰爭時服兵役的丁壯。作戰所用器械、糧食、草料、牲畜，也由國家規定的井數來承擔，是為軍賦。

農業生產

周人從其始祖時起，便非常重視農業。整個西周時期，農業是最重要的生產部門。

這一時期的農業工具，據考古所見，仍多為木、石、蚌、骨所造。青銅工具也有在農業中使用的，如《詩‧臣工》所說：「庤乃錢鎛，奄觀銍艾。」其中，錢是鏟，用來掘土；鎛是鋤，用來鋤草；銍是短鐮，用以收穫。陝西西安臨潼區零口一處西周窖藏中，一次出土銅鏟四件，可見青銅工具不是太罕見。

農作物種類較商代有所增加。《詩‧七月》：「九月築場圃，十月納禾稼，黍稷重穋，禾麻菽麥。」反映了作物的多樣性。《周禮‧大宰》有「九穀」，註家認為指黍、稷、稻、麻、大豆、小豆、麥、粱、菰，可知古代主要作物在周代業已出現。《周禮‧稻人》中，還對種植技術有較詳細的記述。

《詩‧采芑》和《臣工》兩篇中有「菑、新、畬」的名稱，

分別指墾種一年、二年、三年的田。《周禮‧大司徒》有類似記載，把較薄的田休閒一二年再行種植。這種休耕制，對促進農業生產有一定作用。

工商

在國中居住的，還有百工和商賈。當時的百工多在司空所屬的官府手工業中工作，商賈也從屬於官府。百工身份卑微，在西周金文中往往與臣妾奴隸並列。商賈地位則較百工為高，但其交易受到官府的嚴格控制。據金文兮甲盤，淮夷與周的諸侯百姓貿易，都必須到指定的市場進行，要遵守官吏的管理，否則即屬非法。至於周人內部的交易，據《周禮》，有特設的市場，貨賄、人民、牛馬、兵器、珍異都在市上交易；商賈有自己的組織，受管理市場的官吏控制，這些都可和兮甲盤等金文相參照。

貨幣

西周繼續商代的傳統，使用貝幣，單位為朋。金文常記用貝作為賞賜，最高數額為百朋，只出現四次。這和《詩‧菁菁者莪》中「錫我百朋」的記載相同。朋數比商代所見為多。

金（銅）作為貨幣，也較商代更為流行。金文常見以金為賞賜，其單位為鋝；還有罰金，數額多的達到三百鋝；曶鼎記，贖五人，用百鋝。鋝是重量單位，相當於六兩，另一說相當於十一

又二十五分之十三銖。

土地轉讓

　　西周中期以下的金文，出現有土地轉讓的事例，有的是交易或互換，有的是賠償。前者如衛盉所記，矩伯以田為代價，兩次從裘衛那裏交換禮玉和皮幣，交換以貝朋為價值尺度，田價分別為八朋一田和六朋多一田。或如五祀衛鼎所載，裘衛以五田換取邦君厲的四田。所謂「田」，均指百畝的一伕之田；後者如散氏盤所述，矢王因為攻擊了散氏，被迫割讓一部分土地給散。

　　為了取得土地轉讓的法律效力，交易者有時要向執政大臣報告，如裘衛的兩次交易，都得到大臣們的允可；有時採取契券的形式；有時採取立誓的形式。土地轉讓時必須由雙方人員到場。丈量有關土地，稱為「履」。確定了的地界，用封樹的方法作出標識，加以記錄，有時還要繪成地圖。轉讓的契券，雙方分別保存，並將副本上交官府收藏，以備查考。這種土地轉讓，尚未具備完全自由買賣的性質，但可視為後世買賣的濫觴。

文化思想

禮樂

　　西周禮制繼承商代而有所變革。周初，力求扭轉商末流行的

奢靡風氣，曾反覆告誡禁止酗酒。從成王時的《尚書‧酒誥》，到康王時的大盂鼎銘文，都講到必須遵奉周文王的告誡，不得縱酒。反映到青銅製造的禮器上，則為許多商朝常見的酒器，到西周時逐漸消失。

周禮非常繁縟，據《周禮》，有吉、凶、軍、賓、嘉五禮。吉禮，指對先祖與各種神祇的祭祀；凶禮，指喪葬，還包括對天災人禍的哀弔；軍禮，指戰爭，以及田獵、築城等動員大量人力的活動；賓禮，指諸侯對王朝的朝見、諸侯間的聘問和會盟等；嘉禮，指婚、冠、饗燕、慶賀、賓射等。所有禮制都和法律一樣，體現出貴賤等級的區分。

樂在西周很受重視，有專門職官管理。金文中也記有樂官。例如，師嫠簋「命汝司乃祖考舊官小輔（鑄）䚱鼓鐘」，即相當於《周禮》的鑄師和鐘師。

周代有的樂舞起源很早，如《大武》為周武王克商所作，曾在武工凱旋告於周廟時表演。這一樂舞的歌詞還保存在《詩》中，即《周頌》的《武》《酌》《桓》《賚》等篇。

何尊

西周成王時期，何姓宗族所鑄的青銅器。陝西寶雞出土。何尊內底銘文記載，周成王五年（前1038）四月開始在成周營建都城，對武王進行祭祀的事件。

宗教

周人的宗教觀念,與商代有較大的不同。商代那種尚鬼的神秘色彩,到西周已經淡薄。周代的祭祀對象分為天神、地祇、人鬼三類。天神有昊天上帝、日月星辰、司中、司命、風師、雨師;地祇有社稷、五祀、五嶽、山林川澤、四方百物;人鬼則指祖先。

人殉現象在西周不像商代那樣普遍。由於沒有發現像殷墟西北岡、武官村那樣規模的大墓,西周人殉數量尚難判定。用人作為祭祀的犧牲,在西周時期亦無明文記載。

宗教思想的變化也表現在青銅禮器的紋飾上。商代流行的帶神秘意味的花紋,只在周初延續了一段時期。到西周中期,大多數禮器的紋飾都圖案化了,除裝飾作用,很少再有宗教或神話的意義。

祝宗卜史

周初,封周公長子伯禽於魯,曾分為祝、宗、卜、史四種負責宗教事務的官員。當時這種人的地位較高,如太史可稱為公。後來他們的重要性逐漸降低,以至在社會中不再有顯赫的身份。

祝管禱祝,宗管理祭祀,卜職司卜筮,史職司文書記事。由於他們的專業需要特殊訓練,因此常在家族中世襲。例如,陝西扶風莊白一號窖藏青銅器銘文,見有史牆一家,其從商末到西

周中期代代都任史職，說明其職業的封閉性。

殷商時期使用甲骨的卜法繼續流行。已發現的周人甲骨最早有周文王時代的，其形制與殷墟出土的商代甲骨相近，足見商周卜法間有一定的聯繫。西周甲骨上也有刻卜辭的，曾在山西洪洞坊堆、陝西長安（今屬西安）豐鎬遺址、北京昌平白浮等地發現，而以陝西周原所出最多。

這一時期，使用著草的筮法與卜法並用。筮書就是《周易》。當時常先筮後卜，特別在占問國家大事時更要如此。在周人心目中，卜法比筮法更為重要，所問的事越重要，越要採用卜法。這叫作「筮輕龜重」或「筮短龜長」。

學校

西周的教育制度已較有發展。在國人鄉里中設立的學校，稱為庠（一說稱序），教授知識技藝。貴族子弟的教育更為完備，專設有小學、大學。貴族子弟滿八歲入小學，到十五歲成童時入大學。《周禮》有師氏、保氏兩官，從他們的職掌看，教育的內容包括德行、技藝和儀容等方面。技藝兼及文武，有禮、樂、射（射箭）、御（駕車）、書（文字）、數（算術），稱為六藝。

典籍

西周時期的文獻流傳至今的不多。《尚書》中出於西周的篇

目，有《牧誓》《洪範》《金縢》《大誥》《康誥》《酒誥》《梓材》《召
誥》《洛誥》《多士》《無逸》《君奭》《多方》《立政》《顧命》《康
王之誥》《呂刑》《費誓》等，內容所記時代自武王到穆王，而以
成王時佔大多數。這十幾篇，記述了周初史事和政治情況，有重
要歷史價值。

《逸周書》中也有一些篇章屬於西周。例如《克殷》《世俘》
《商誓》《度邑》《作雒》《祭公》《芮良夫》等篇，都是關於西周
的重要史料。

有重大文學價值的《詩經》中，有很多西周時期的作品。有
的是採自民間的民歌，如《豳風‧七月》；有的則用於朝廷廟堂，
收入《雅》《頌》。一些篇有準確作者，例如《大雅‧烝民》，為
周宣王時尹吉甫作。這些詩歌或反映當時社會狀況，或描寫歷史
事跡，或對朝政進行頌揚、諷刺。

《周易》本為占筮用書，其經文主要成於西周時期。卦辭、
爻辭中有些內容與周人歷史有關，如康侯用錫馬蕃庶等。由於占
筮必須由卦象推類，故逐漸被賦予抽象的意義。有的卦、爻辭，
如《泰‧九三》：「無平不陂，無往不復」，即使從字面上也可看
出其哲學意味。

天道觀

從西周文獻和金文看，周人的天道觀較之商代有相當大的發
展。西周統治者強調天命和德的觀念，認為文王有德，故受天之

大命，武王有德，故能克商。德的內涵包括敬天、孝祖、保民，既有宗教意義，也有倫理性質。《尚書》所載周公的許多言辭，都反覆闡述天命與德的聯繫，告誡王和貴族官吏要效法先王，不要失德，否則天命即將失墜，商朝的覆亡是為鑒戒。穆王時，大臣祭公謀父繼承了他的先祖周公的見解。據《逸周書·祭公》，他曾以天命與德的觀點勸誡穆王及其他朝臣。類似思想在某些金文中也有所表現。

這種天道觀到西周晚年遭到動搖。由於當時社會動亂，災禍頻仍，人們對天和祖先的神聖產生了懷疑。這個時代創作的一些詩篇，充滿了對「浩浩昊天」怨恨不滿的情緒，一時形成思潮，為懷疑以至否定神權的進步思想提供了基礎。有樸素唯物主義性質的陰陽五行說，開始形成體系。周幽王時，臣伯陽父以陰陽之氣解釋地震，史伯也曾提出五行雜和作為比喻，都表明了這樣的趨勢。

科學技術

自然科學知識在西周時期有不少增長。比如，在天文曆法方面，《詩經》若干章裏出現有星宿名稱，而且以星宿在天空的位置來確定季節和農作。傳統的二十八宿體系，很可能在這時已經構成。周人非常注意月相，稱月的有光部分為霸（魄）。周人記年月日常提到「初吉」（另有「既吉」）、「既生霸」「既望」「既死霸」，與商代不同。有學者認為這是依月相把一月分割作四個

段落。《詩·十月之交》還詳記了周幽王六年（前 776）的一次日食的月日干支，並涉及在其之前半個月的一次月食。

地理知識在西周也有發展。如《尚書·洛誥》記載，成王時建洛邑，曾繪有地圖；康王時宜侯夨簋金文，提到王觀看「武王、成王伐商圖」和「東國圖」，可知不僅有一般地圖，還有軍事歷史地圖存在。

《詩經》中有許多草木蟲魚的名稱，分類繁細，表明人們對動植物的認識不斷進步。

西周青銅器的冶鑄繼承了商代的傳統。西周青銅器龐大者，如周初的龍紋五耳鼎（陝西淳化史家塬出土），高一百二十二厘米，晚期的胡簋，高五十九厘米，在同類器物中都很突出。

商代出現的嵌鑄隕鐵的青銅器，西周也有實例。在河南浚縣辛村發現一鉞、一戈，屬西周早期，都有隕鐵製成的刃部，鐵刃的基部都特製成一定形狀，以確保固定在青銅部分的裏面。這說明當時對隕鐵的性質有了進一步的了解。

《詩經》中有不少篇描述了西周蠶桑生產的情況。當時絲織品在考古工作中已有發現，並證明《周禮》及金文所謂「黹」，即刺繡的存在。陝西寶雞茹家莊的西周中期墓葬，發現絲織品上有刺繡，帶有鮮明的紅、黃顏色，據研究，色彩係用硃砂、石黃塗畫而成。

（李學勤）

春秋是指公元前 770 年周平王東遷洛邑，到公元前 476 年（《史記·十二諸侯年表》為公元前 477 年，《史記·周本紀》為公元前 478 年）周敬王卒的中國歷史時期，因魯史《春秋》記錄了這一階段的歷史而得名。由於周的東遷，前人也稱這一時期為東周。

　　周東遷後，實力大為削弱。全國處於分裂割據的狀態。見於《左傳》的大小國家約有一百二十多個。其中以姬姓者為最多，有晉（在今山西侯馬）、魯（在今山東曲阜）、曹（在今山東定陶）、衛（先在今河南淇縣，後遷至今河南濮陽）、鄭（在今河南新鄭）、燕（在今北京）、滕（在今山東滕州）、虞（在今山西平陸）、虢（在今河南陝縣）、邢（初在今河北邢台，後遷山東聊城）等國；姜姓國有齊（在今山東淄博臨淄區）、許（原在今河南許昌）、申（在今河南南陽）、紀（在今山東壽光）；嬴姓國有秦（在今陝西鳳翔）、江（在今河南羅山西北）、黃（在今河南潢川）、徐（在今江蘇泗洪）；羋姓國有楚（在今湖北江陵）；子姓國有宋（在今河南商丘）、戴（在今河南蘭考）；姒姓國有杞（原在今河南杞縣，後遷到今山東濰坊）；媯姓國有陳（在今河南淮陽）；曹姓國有邾（在今山東鄒城）、小邾（在今山東滕州）；任姓國有薛（在今山東滕州）；曼姓國有鄧（在今湖北襄陽）。另外還有屬於風姓、己姓、姞姓、偃姓等小國。各國之中最強大者為晉、楚，其次為齊、秦，再次則為鄭、宋、魯、衛、曹、邾等國。春秋末崛起者為吳、越兩國。除以華夏族為主的大大小小國家之外，還有不少的戎、狄、蠻、夷交錯其間。在長期的相互混戰之中，不少小國被強國吞併。見於《左傳》的一百二十餘國，到春秋末，只剩下原來的三分之一了。

春秋

經濟

井田制和農業耕作狀況

　　春秋時各國都普遍實行井田制。據《左傳》，楚人「井衍沃」，鄭「都鄙有章」，「田有封洫，廬井有伍」。所謂井田，是指田地被分劃成整齊的小塊，田間的土埂和溝洫成為田與田之間的一種界限。《國語》說，齊桓公時，管仲以為「井田疇均則民不憾」。這是為了消除農民之間的不滿情緒。所以強調把田地一定要劃分成等量的面積。另方面則出於對農民徵收賦役的需要。與此同時，農民也被組織起來。如《國語‧齊語》說，齊國是「制都三十家為邑，邑有司，十邑為卒，卒有卒帥，十卒為鄉，鄉有鄉帥，三鄉為縣，縣有縣帥，十縣為屬，屬有大夫，五屬故立五大夫」。把許多分散的農戶，納入這類村社組織之中，再派官吏去管理，可起到鞏固統治的作用。後來郡縣制下的鄉里制，就由此演化而來。

　　井田的最高所有權屬於國家或貴族，農民僅有使用權而已。井田中有公田和私田之分。小塊的私田由每戶農民去耕種，收穫歸己。公田則由大家通力合作，收成歸國家或貴族。但隨着經濟

的發展，農民種公田的積極性日益衰退，從而影響了國家的收入。於是各國對稅收方式也作了相應的改變。齊在桓公時，就已實行按地畝徵租稅，魯則在宣公十五年（前594）也宣佈「初稅畝」，長期以來的力役租被履畝而稅的實物稅所取代。

除田稅外，農民還要在有戰爭時向國家交納軍賦。軍賦按井徵收糧食、草料和牲畜。由於戰爭頻繁，國家不斷加賦，如鄭，作丘賦，魯季孫「用田賦」，都是違反舊制而加重農民負擔的一種新措施。

除劃分為井田的用地之外，還有不劃井的零散土地。如《周禮》中說，在國都附近有官田、士田、賈田、賞田等。官田、賈田是分給供職於官府的小吏、工商的祿田，士田是授予士家屬的份田，《孟子》所說的「士有圭田」，即指這類形狀不規則的田。這些田的最高所有權也屬於國家。當時，卿大夫之間雖可以轉移土地，但在小貴族和平民中，缺乏土地所有權，特別是買賣土地的現象還未曾出現。《禮記》說：「田里不鬻」，與當時實際狀況相符。

耕作狀況

春秋時，農業工具仍以木、石製品為主，耕作工具多為木製的耒耜。青銅農具甚少，僅在春秋末，今長江下游一帶才有過較多的銅農具。由於工具、技術都和西周相差不遠，故耕作時仍需共同合作，耦耕到春秋末年還未絕跡。

　　由於農業受工具、施肥等條件的限制，土地仍需輪休。《周禮》說：「不易之田家百畝，一易之地家二百畝，再易之地家三百畝。」即田地休閒的時間不等，長的兩年，短的一年，也有不需休閒者，不過數量較少。《左傳》中所說的「爰田」，和《周禮》中的「一易」「再易」之田相似，說明休閒田的普遍存在。

手工業和商業

　　手工業分民間的和官府的兩種。紡織在民間不過是家庭的一種副業。官府工業則具有較大規模，《周禮·考工記》提到的工種有攻木、攻金、攻皮、刮磨和搏埴等項，冶鐵業大約出現於春秋末，但很快就獲得了較大的發展。

　　商業和手工業的相似之處，是有官府經營或控制的工商業。《國語》中的「工商食官」，正反映出手工業、商業都以官營為主的這一特點。在各國中，可能出於地理位置的原因，鄭國的商業較為發達。從文獻記載來看，有關鄭國商人的情況頗多，其足跡

鳥形銅盉

山西太原金勝村附近晉國正卿趙氏墓出土。是一種酒器，為先秦時期青銅器的精品。

遍於周、晉、楚等國。商人在出賣貴重物品時，必須取得官府的許可，說明此時商人尚缺乏獨立的經濟地位。

在大的都邑中，都有專為交易所設的市，如《左傳》提到鄭、魯、齊、晉諸國的市。當時民間交易仍以以物易物為主，但布、帛之類已作為一般等價物，起到貨幣的作用。而使用金屬鑄幣則較晚，《國語》記周景王鑄大錢是在公元前 524 年，現在所見到的銅鑄空首布，其中有一部分應為春秋末年所做。

庶人、工商和奴隸

庶人，或稱眾，是靠農耕而自食其力的人數眾多的平民階層，也稱小人，以區別於貴族身份的君子。《國語》說：「君子勞心小人勞力。」庶人多居於野中，故又稱為野人，或稱為甿。庶人不同於貴族之處是，只有小家庭而無家族組織，故無氏，時人稱庶人為匹夫匹婦。

庶人勞動所得，其中一部分要上交，成為國家或貴族財政收入的主要來源。除租稅外，庶人擔負沉重的徭役，他們要為國家或貴族築路、修城和建造宮室。庶人一般都被束縛於土地上面，缺乏遷徙的自由。儘管庶人社會地位低下，但他們也能擁有一點財產，其中包括少量的牲畜。

庶人以農穡為其職業，有時也可在官府充當秩位卑微的府史，有軍功者有進仕之權利。在天下無道時，庶人可以議政。《左傳》說：「國將興，聽於民」，即認為君主能聽於民，才能使

國家走向興盛和發達。由於民在一國之中具有重要的地位，故各國的賢明君主和政治家都對庶民十分重視，提出了利民之類的政治主張。

工、商與庶人的社會身份比較接近。當時所謂的工商主要是指為官府服務的手工業者和商人，與後來具有獨立經濟地位的工商業者是有所不同的。工商本人有官府之廩給，其家屬則仍需耕種官府頒發的「賈田」方能生活。

工商都居於國中，身份世襲，不能隨意改變職業。但與庶人一樣，享有一定的政治權利。當官府苛求不已時，工商往往起而反抗，其中以衛國最為突出。春秋晚期，由於經濟的發展，工商漸從官府的羈絆中解脫出來，因走向獨立經營而致富。如春秋末，晉國絳地之富商，可以「金玉其車，文錯其服」。越的范蠡最後棄官從商，「十九年之中三致千金」。孔子弟子子貢，經商於曹、魯之間，成為孔門弟子中最富裕者。這種前所未有的現象，為以後戰國進入發達的商品貨幣關係階段奠定了基礎。

奴隸名稱不一，一般稱為臣妾，也有稱為僕、豎、牧或圉者。卿大夫家中都擁有較多的奴隸，奴隸往往來自於賞賜，如晉景公曾賞給克狄有功的魏桓子「狄臣千室」。除私家外，官府也有不少的奴隸，尤以罪犯奴隸為多。所謂的奚、罪隸、胥靡就是指這一類的奴隸。《國語》說：「皂隸食職」，即罪隸因有職事而受到官府的供養。

臣妾、僕和豎一般多從事家內服役，而牧、圉則是專管牧放牛馬的奴隸。官府還有一批具有手藝的奴隸，如《左傳》中有魯

的孟孫曾賄賂給楚人「執斤、執針、執紝皆百人」的記載，這裏
所說的是木工、縫衣工和織工。《國語》說當時有所謂隸農者，
即使獲得肥沃的土地，但收成多少都和自己無關，是從事於農耕
的官奴隸。由於農業勞動中以庶人勞力為主，故奴隸勞動在生產
中起不到支配的地位。

政治制度

國與野

春秋和西周相似，在王國或侯國之內，分成國、野兩個部
分。國是都城及其四郊，是君主直接統治的區域；在郊以外到邊
境為野，或稱野鄙，君主把野的一部分分封給卿大夫，由卿大夫
去統治。

國中所居者為國人，其中包括士、工、商和其他一些平民。
如齊國把國中分為二十一鄉，即士鄉十五和工商之鄉六。士是貴
族中地位最低者，他們世代服兵役，出征時充當甲士；也可以仕
進，國家授予他們小塊土地以作為俸祿，故《國語》說：「士食
田」。士在國人中屬於主體部分，具有重要的政治地位。包括士
在內的國人，在發生暴亂或政變時，往往成為舉足輕重的力量。
因此，君主或貴族經常「禮國人」，或是對國人「餼粟」。如他
們能贏得國人的支持，將是政權能夠鞏固的重要保證。

在野鄙中，有大片的井田和一些都邑。如齊在野鄙中設王

屬，每屬之下有十縣，每縣之下有三鄉，鄉下有十卒，卒下有十邑，每邑之下有三十家。《周禮》說野中有六遂。「屬」或「遂」中的土地劃成井田，由農民去耕種，其收成歸國家，成為國家財政的主要來源。都、縣是貴族的封邑，晉國稱封邑為縣，魯國則稱為都。卿大夫從封邑所得的收入，其中一小部分要以貢的形式交納給國君。

　　野中的居民，稱野人、庶人或野甿者。春秋前期，野人的社會地位較低，不服兵役，僅承擔交稅和服徭役等義務。到春秋晚期，野人也當兵，地位有所改變。但無論何時，野人也仍屬具有自由民身份的平民階層。

世族與政治

　　春秋時各國的統治集團由國君的宗親或少數異姓貴族所組成。《左傳》說：「天子建國，諸侯立家，卿置側室，大夫有貳宗。」從天子到卿大夫都是實行嫡長子繼承制，次子則分封。各諸侯國之中，長子繼位後，次子或庶子為公子，公子之子為公孫，公子、公孫的家族稱公族。由於其貴族身份世代相傳，又稱之為世族。同姓或異姓貴族都有自己的氏名，並享有封邑和田地。邑或田地的多少、大小，各國不盡相同。如衛國的卿可以擁有百邑，大夫為六十，而晉人以為大國之卿有一旅之田，上大夫有一卒之田。當時官祿與土地是相應的，有官則有土，亦享有祿。擁有大片的田地，是卿大夫在政治上具有強大實力的物質

基礎。

卿大夫在其封邑上建立起一套較為完整的統治機構。卿在封邑上修建起號稱為都的城堡，有的規模甚至可和國都相埒；還設置有治事的內朝和官屬。治理都邑的有邑宰。分管其他具體事務的有馬正、司馬、工師、賈師等官職。貴族還有權誅戮或懲罰有罪的族眾或臣僚。為了封邑的安全，一般都設有私人武裝的甲卒（或稱私屬），國君出征時，貴族往往以其甲卒相從。可見在卿大夫都邑中，不僅有農民為貴族提供租稅和力役，而且還有軍隊、法庭和官屬。因而這類都邑實際上是侯國的一個縮影。

當時稱這種實力強大的卿大夫家族為強家。各國都有若干在侯國統治集團中佔據舉足輕重地位的強家（公族）。君主如得不到公族的支持，其統治就很難維持下去。但公族勢力過於強大，又會削弱公室的力量。特別到春秋晚期，同姓或異姓的強家，其實力越來越大，如晉的郤氏，「其富半公室，家半三軍」，魯國的季氏，「富於周公」，君主已有名無實。這種「末大必折，尾大不掉」的現象在當時非常普遍，造成權去公室、政在家門的結局。所以不久之後，便出現了三家分晉和田氏代齊。

官制和兵制

王室或侯國中職位最重要者為卿士，是君主之輔佐，當時簡稱為卿。一般高級官吏皆由大夫充任，而大夫中能秉國政者則號為卿。在卿位者多為公子、公孫。晉國情況略異，卿常由異姓大

夫擔任。

卿除主政外，作戰時或充當將帥。春秋早期，周王室之左、右卿士及齊之國、高二氏，分別擔任左、右軍之軍帥。此後卿人數漸漸增多，如鄭、宋有六卿，晉最多時可達十二卿，而掌實權者仍是其中的一二人，他們被稱為正卿、冢卿，鄭則稱為「為政」或「當國」，以區別於其他的卿。在卿位者仍有具體官職，如魯的三桓，分別擔任司徒、司馬和司空；宋的正卿任右師、大司馬、左師、太宰等職；楚之二卿為令尹、司馬。卿的官位常是世襲的，故當時稱之為「世卿」。

各國管具體事務的官職有司徒、司馬、司空、司寇等，這四種官職名稱之前或有加上一「大」者。宰也是常見的官名，或稱太宰，在有的國家其地位頗為重要。屬於師傅之官的有太師、少師、太傅。以上幾種官職常由卿來擔任。此外還有祝、宗、卜、史之類的官職。再有是掌管來往貴賓的行人，管理刑獄的理、大士和尉氏，管理市場和手工業的褚師、工正和工師，管理山林川澤的衡、麓和虞人，管理地方的封人、縣師和隧正。楚的官名較特殊，最高執政官的卿為令尹，其他管理各種具體事務者也多以尹為名，如有箴尹、沈尹、連尹、清尹等十幾種名稱。秦國也有庶長、不更等他國所不見的官名。

作戰時以車戰為主，故各國都有數量甚多的兵車。春秋晚期，晉有兵車四五千乘，其他如楚、齊也有幾千乘。出師作戰時，軍隊分為中、左、右三軍。中軍一般由君主統率，左、右軍則歸卿率領。晉於春秋早期即由卿主三軍，中軍帥稱元帥或將

軍，同時又是晉之執政。軍隊士兵主要由小貴族士所組成，庶人或牧、圉也有隨軍出征者，但非軍中主要力量。中軍是王卒或公卒，即君主之族眾，當時稱之為國士，是三軍中精銳部分。左、右軍由卿大夫的族眾所組成。晉在軍師之下，有軍大夫、軍尉、司馬、侯等官職。

除戰車外，也有步卒。如晉國為了和戎、狄作戰，曾經「毀車為行」，「行」就是步兵，鄭國稱步兵為徒兵。但終春秋之世，車戰仍比步戰更重要。吳、越兩國設有舟師，是一支重要的水上攻戰力量。

春秋時的刑罰以五刑為主，即墨、劓、宮、刖、殺五種。殺為死刑，其餘皆為毀傷犯人身體某部的肉刑。特別是刖刑，是當時經常使用的一種懲罰手段。《左傳》說齊國於春秋末曾經「履賤踴貴」，表明被刖足者之多。有些貴族因犯罪也受此刑，齊的鮑牽即被刖足。較輕的刑罰有鞭刑，官吏有過者即遭鞭打。犯人也可用甲、盾或銅塊來贖罪。還有將犯人或其家屬罰作奴隸者，《周禮》說：「丈夫入於罪隸，婦人入於舂槁。」

到春秋晚期，由於社會經濟發生了變化，在刑法方面也要求作相應的變革。公元前536年，鄭國「鑄刑書」，即把刑法條文鑄於鼎上。公元前513年，晉國鑄刑鼎，以公佈范鞅所作的刑書。公元前501年，鄭國殺鄧析而用其竹刑。在此以前，所謂「議事以制」，就是判決者往往臨事作出懲罰標準，缺乏成文性材料的依據。而在刑法條文公佈之後，官吏和貴族的專橫獨斷受到抑制。這在歷史上具有一定的進步意義，並對以後戰國時期刑法條文的完善有深遠的影響。

強國的爭霸活動

周東遷和諸侯的強大

西周末年，關中因受戰爭和自然災荒的破壞而變得十分蕭條，力量微弱的周王室已無法再在鎬京一帶立足。公元前 770 年，平王依靠晉、鄭諸侯的幫助而東遷洛邑。

東遷後的周，起初尚佔有今陝西東部和豫中一帶的地方，後來這些領土漸被秦、虢等國所佔據，周所能控制的範圍，僅限於洛邑四周。疆域的縮小，使周失去了號令諸侯的能力，各諸侯不再定期向天子述職和納貢，周王室的收入因此而減少。周經常向諸侯求車、求賻、求金，失去了昔日的尊嚴，已和一般小國無別。

與周相鄰的鄭，也是西周末從關中遷到今河南新鄭一帶的，但在春秋初中原的小國中，堪稱佼佼者。特別到莊公時，鄭的武力較強，不僅戰敗戎人，而且還滅掉了許國。公元前 707 年，周桓王伐鄭，結果被鄭打得大敗。此後，周王再也不敢用武力來制服諸侯，而野心勃勃的鄭莊公則頗有稱霸中原之意。除鄭以外，宋、魯等國都很強盛。西周「禮樂征伐自天子出」的局面為「禮樂征伐自諸侯出」所替代。

齊桓公的霸業

齊在經濟、文化上都較為先進，是春秋時東方的泱泱大國。

春秋初年，齊內亂迭起，無暇對外。桓公繼位後，任用管仲為輔佐，穩定了國內的局勢，同時又注意發展經濟，國力大為充實。於是桓公積極開展對外活動，首先拉攏宋、魯兩國，接着把鄭也爭取過來。當時北方戎、狄勢力強大，華夏小國深受其害。公元前661年，狄伐邢（今河北邢台）；次年，狄又破衛（今河南淇縣），衛只剩下遺民五千餘人。齊乃出兵救邢存衛，遷邢於夷儀（今山東聊城），遷衛於楚丘（今河南滑縣）。史稱「邢遷如歸」「衛國忘亡」。由於齊聯合其他諸侯摧折狄人南下的鋒芒，使邢、衛兩國轉危為安並受到保護，齊桓公在中原國家中樹立了起很高的威信。

南方的楚國，在春秋初年還並不強。但經過武王到文王的苦心經營，楚開始強大，先後滅掉了鄧、申、息等國，並漸向北發展其勢力。到成王時，楚打算更進一步向中原逼近，但正逢齊桓公的崛起，一向服屬於楚的江、黃等小國都轉向齊。這使楚大為不滿，於是連年進攻鄭，以此作為報復。公元前656年，齊桓公也採取相應的舉動，率領魯、宋、陳、衛諸國之師，討伐追隨於楚的蔡國。蔡不堪一擊而潰敗，齊遂進而伐楚。楚不甘示弱，派人責問齊師。最後兩國無法壓倒對方，故在召陵（今河南漯河郾城區）會盟。這次齊雖未勝楚，但楚北進的計劃受到了阻礙。

公元前651年，齊桓公大會諸侯於葵丘（今河南蘭考），參加盟會者有魯、宋、鄭、衛等國的代表，周天子也派人前往。盟會上規定：凡同盟之國，互不侵犯，還須共同對敵。通過這次盟會，齊桓公成為霸主。霸主就是代替天子而成為諸侯中的主宰力量。

　　桓公死，諸子爭立，內亂不息。齊失去其霸主地位。齊稱霸時間雖不長，但對阻止戎、狄入侵和遏止楚的北上起到一定的作用。

　　武力強而好戰的宋國，在宋襄公時期，也躍躍欲試，想乘齊中衰而成為霸主，但不久就被楚所摧敗。

晉的崛起和文公的霸業

　　晉在春秋初年比較弱小。其疆域僅包括今晉南和汾、澮流域，都城在翼（今山西翼城）。《國語》說晉國是「景、霍以為城，而汾、河、涑、澮以為渠」。《左傳》說：「晉居深山，戎狄之與鄰。」雖然晉國是「表裏山河」，有難攻易守的好處，但這樣的地理環境對於晉和中原的交往則頗為不利。

　　公元前745年，晉昭侯封其弟桓叔於曲沃（今山西聞喜）。桓叔實力超過晉君，雙方展開了不斷的激烈鬥爭。到公元前679年，桓叔之孫取勝而成為晉君，是為武公。到其子獻公時，晉改一軍為二軍，以擴大兵力，隨後滅耿（在今山西河津）、霍（在今山西霍州）、魏（在今山西芮城）三個小國，接着又滅虢（在今河南陝縣）、虞（在今山西平陸）兩國。晉國疆土從黃河北岸延伸到黃河以南。這對晉以後的發展具有重要的意義。

　　獻公時晉開始強大。獻公死，諸子因爭位而釀成內亂。相繼在位的是碌碌無能的惠公和懷公，故一直受制於秦。晉長期處於動蕩不安的狀態。

公元前 636 年，流亡在外達十九年之久的公子重耳，在秦的援助下回國繼位，是有名的晉文公。他備嘗「險阻艱難」，所以即位後能奮發圖強，任用有才幹的趙衰、狐偃等人，並注意發展農業、手工業生產。經過文公的治理，晉政權不僅鞏固起來，而且還出現「政平民阜，財用不匱」的局面。

同年，周王室發生內亂，周襄王出居鄭以避難。公元前 635 年，文公利用這一機會，出兵平亂，護送襄王歸國。襄王為了酬謝文公，把陽樊、溫、原和攢茅之田（今河南濟源、武陟一帶）賜給晉文公。文公通過興兵勤王，不僅得到土地，還提高了晉在中原諸侯中的威望。

自齊霸中衰，楚又乘虛而入，中原的一些小國都在其支配之下。當時不僅魯、鄭屈服於楚，甚至像齊這樣的大國也受到楚的威脅。由於晉的強盛，晉楚之爭勢在必然。公元前 632 年，晉楚發生城濮之戰，楚人戰敗。晉文公和齊、魯、宋、衛等七國之君盟於踐土（今河南原陽），並得到周王的策命。是年冬，晉文公又會諸侯於溫（今河南溫縣），周王也被召去赴會，晉躍升為中原的霸主。

文公死，襄公立。襄公依靠文公手下的一批老臣，不僅使內部穩定，同時還打敗白狄與秦人，故晉仍能保持其霸業。

秦霸西戎

周東遷時，秦襄公因護送平王有功而被封為諸侯。秦原來居

於今隴東，周東遷後，秦佔有岐西之地。德公時居雍（今陝西鳳翔）。到穆公時秦漸強大。秦和晉通婚，故關係較密切，兩國又因接壤而經常有矛盾。在晉文公卒後，穆公即乘晉喪而向東派兵襲鄭，後因鄭有備而退回。在行經殽（今河南澠池、洛寧一帶）地時，遭到晉伏兵的狙擊，秦師全軍覆滅，三帥被俘。此後，秦不斷和晉較量，如公元前 625 年，秦伐晉，戰於彭衙（今陝西白水），秦戰敗；一年後，穆公親自率兵伐晉，渡過黃河後，燒毀乘舟，晉人見秦有決一死戰之心而不敢應戰。秦由於國力不如晉，故雖屢與晉戰而很少得利。而晉正好堵住秦東向的通道，故秦很難進入中原。出於以上原因，秦只好向西發展，擊敗附近的戎人以增強自己的力量。史稱穆公「益國十二，遂霸西戎」。同時，秦與南面的楚國加強聯繫，從穆公以後到春秋末，秦一直和楚站在一起而與晉為敵。

楚莊王之勝晉

在晉文、襄時期，楚不敢與晉爭鋒。到楚穆王時，楚不斷對其鄰近的小國尋釁，先後滅掉了江（一說今河南正陽南）、六（在今安徽六安）、蓼（在今河南固始）等小國。晉自襄公卒後，大權旁落於趙盾之手，趙盾為了樹立自己的勢力，排斥異己，殺靈公，立成公，晉放鬆了對外的爭霸活動。而這時楚的國勢正盛，楚人范山對穆王說：「晉君少，不在諸侯，北方可圖也。」楚看出晉國的弱點，很想到中原建立霸業，但不久穆王去世。

　　繼穆王而立者是莊王。莊王初年，楚的局勢很不穩定，接連發生貴族暴亂，又逢天災侵襲，而鄰近於楚的群蠻、百濮也都乘機對楚進行騷擾。莊王平息亂事，並在內政方面作過一些改革，能夠賞罰分明，大小貴族各有所用，使「群臣輯睦」；對人民也有所加惠，即使經常出兵，國內也可以「商農工賈，不敗其業」。由於莊王治國、治軍有方，楚國力日益強盛。

　　公元前 606 年，莊王伐陸渾之戎（今河南伊川一帶），觀兵於周郊，並派人向周詢問周九鼎之輕重，以表示有吞周之意。公元前 598 年，楚攻破陳的都城；次年又興兵圍鄭，鄭被困三月，因城破而降楚。這使晉難堪，故晉派荀林父率大軍救鄭，晉楚兩軍大戰於邲（今河南鄭州北）。這時晉國政令不行，將帥不和，特別是副帥先縠剛愎自用，不肯服從命令，結果晉軍被楚打敗，狼狽逃歸。邲之戰是楚國在中原所取得的第一次大勝。公元前 594 年，楚又圍宋達九月之久，宋向晉告急，晉因畏楚而不敢出兵。宋、鄭等國都屈服於楚，莊王成為中原的霸主。

鞍之戰和鄢陵之戰

　　隨着晉霸的中衰，常和晉站在一起的齊，漸對晉藐視起來。齊頃公時，齊一面和楚連結，一面又不斷對魯、衛兩國用兵。另外又不尊重晉的使臣郤克。公元前 589 年，魯、衛兩國因不堪齊的侵伐而向晉求救，晉派郤克率兵攻齊，兩軍激戰於鞍（今山東濟南），齊師戰敗。齊與晉結盟，並答應歸還佔領魯、衛之

地。這次戰役表明，晉雖不如以前強盛，但齊仍不是晉的對手。

鞍之戰晉獲勝後，又引起楚對晉的敵意。這年冬，楚以救齊為名而大興師。接着楚在蜀（今山東泰安）舉行了盟會，參與者有齊、秦、宋、鄭、衞等十國，聲勢頗盛。晉不敢出來與楚抗爭。當然，楚也不敢攻晉，兩強處於相持階段。

公元前 580 年，晉厲公立。厲公頗有重整晉國之意，於即位之初就打敗了狄人和秦人。被晉人稱為「四強」的齊、秦、狄、楚，這時除楚之外，都為晉所制服。

公元前 579 年，晉、楚兩國在宋華元的調停下議和，但兩國均缺乏誠意，只能使矛盾獲得暫時的緩和。公元前 576 年，楚首先違約而向鄭、衞發動進攻。次年，晉國以鄭服於楚為藉口而伐鄭，鄭向楚求援，楚恭王率大軍救鄭，晉、楚兩軍大戰於鄢陵，楚戰敗而退兵。鄢陵之戰後，晉在實力和條件上略勝於楚，晉厲公因此驕傲自滿起來。公元前 574 年，「欲去群大夫」，殺掉了郤至、郤錡、郤犨，想以此來加強君權，但晉室弱而權在卿大夫的局面已很難扭轉，所以次年厲公即被欒書、中行偃這些實力很強的大臣殺死。

晉悼公復霸

厲公被殺之後，晉國卿大夫之間的鬥爭也趨於緩和，故在悼公時期，晉勢復振。

悼公在對付戎人方面採取魏絳和戎的策略，即用財物去換取

戎人的土地，以代替過去單純的軍事殺伐，藉此抽出部分兵力來加強對中原的爭霸活動。

公元前571年，晉在虎牢（今河南汜水）築城以逼鄭。鄭背楚而倒向於晉。這時晉、楚俱在走向下坡，但相比之下，晉略佔優勢，故楚不敢與其相抗。悼公能夠復霸，原因就在於此。當然，晉的霸業，至此也已接近尾聲。

向戌弭兵

公元前546年，宋向戌繼華元而提出弭兵之議，晉、楚、齊、秦四大國都表示同意。是年六、七月間，晉、楚、齊、秦、宋、衛、鄭、魯等十四國在宋都開弭兵之會。齊、秦是大國，邾、滕是齊、宋的屬國，這四國不參加盟約。會上規定晉、楚之從必須交相見，就是說兩國的僕從國既要朝晉又要朝楚，同時承認晉、楚為霸主，遂出現了前所未有的，霸業由

「侯馬盟書」拓本之一

1965年山西侯馬晉國遺址出土了大量盟誓辭文玉石片，稱為「侯馬盟書」。侯馬盟書是春秋晚期晉國的官方文書，內容主要是晉國趙鞅與卿大夫訂立的文字條約，要求參加盟誓的人都效忠盟主，一致誅討已被驅逐在外的敵對勢力，不再擴充奴隸、土地、財產，不與敵人來往等。

兩強來平分的現象。

　　弭兵之會後的幾十年中，由於晉、楚兩強力量的接近於平衡，彼此的軍事衝突較以前大為減少。

小國對霸主的貢賦

　　西周時各諸侯都要定期對周天子納貢，春秋時，因周衰而此制漸廢。隨着大國爭霸的出現，各小國都要向霸主國交納貢奉。特別到春秋晚期，霸主國為了加緊對小國的勒索，甚至規定出貢賦的標準，如魯襄公幾次到晉國去聽政，就是去聽取晉對魯賦的具體數目。霸主為了能保證有這種收入，時常對小國施加軍事威懾，小國為了不致遭受戰爭的災難，故必須不斷地對霸主交納奉獻。《左傳》說：「魯之於晉也，職貢不乏，玩好時至，公卿大夫，相繼於朝，史不絕書，府無虛月。」除了晉以外，楚是另一個霸主，齊是強鄰，魯對這兩國也不敢稍有違抗。據《左傳》記載，魯在春秋時期，對晉、楚、齊三國共朝見過三十三次。

　　鄭國地當晉、楚之間，兩強發生軍事衝突時，鄭受害最大。鄭在子駟當政時期，採取唯強是從的策略，「犧牲玉帛，待於二境，以待強者而庇民焉」。後來子產當政，他對晉人說：「以敝邑之褊小，介於大國，誅求無時，是以不敢寧居，悉索敝賦，以來會時事。」鄭和魯一樣，為了少受討伐，只能向兩強多交貢賦。鄭人每次赴晉，都要帶着豐厚的禮品，如晉安葬晉平公，鄭執政子皮，帶着一百輛車的禮物前去送葬。

春秋晚期，晉的執政都很貪婪，加重了對小國的壓榨。《左傳》說：「范宣子為政，諸侯之幣重，鄭人病之。」又說：「韓宣子為政，不能圖諸侯，魯不堪晉求。」霸主國的苛求無厭，使小國承受着很重的負擔。但和魯鄰近的滕、小邾、杞、鄮等小國，都要經常去朝魯，如杞對魯稍有不敬，魯則出兵討伐之，可見魯又模仿着強國去對待比自己弱小的國家。

吳的興起和吳破楚

地處長江下游的吳國，由於經濟文化較落後，在春秋前期和中原各國少有來往，其活動狀況也不見於史書記載。

從春秋晚期開始，吳漸漸強大起來。公元前 583 年，晉採納從楚逃亡到晉的申公巫臣的策略，扶植吳國以制楚，派巫臣使吳，並把中原的乘車、射御、戰陣都教授給吳人，還「教之叛楚」。從此，吳果然加緊對楚的進攻，屬於楚的一些蠻、夷，也漸被吳所吞併。

公元前 515 年，吳公子光殺王僚而自立，即吳王闔閭。《左傳》稱闔閭與民「辛苦同之」，是一位有作為的君主。吳在其治理下而日益強盛。公元前 512 年，吳滅徐（在今安徽泗縣北）。楚的卿大夫這時已感到吳的威脅，而且也預見到吳將是楚不易對付的強敵。

吳重用楚亡臣伍員。伍員認為「楚執政眾而乖，莫適任患」，建議吳王把吳軍分成三部分，每次出一師以擊楚，如此輪番地去

擾楚，便可削弱楚人，最後以三軍攻之，楚一定無法支持。吳王
接受了這一計謀，果然，從楚昭王即位之後，「無歲不有吳師」，
使楚疲於奔命。

公元前 506 年，吳大舉攻楚。吳軍溯淮而上，轉戰於小別
山、大別山一帶。繼而吳與楚軍戰於柏舉（今湖北麻城），楚軍
失利。吳從攻楚以來，五戰皆捷，吳軍遂攻入楚的郢都（今湖北
江陵），昭王奔於隨（今湖北隨州）。楚申包胥入秦乞師，秦襄
公派兵車五百乘以救楚。楚人在秦的支援下，把吳軍逐出楚境。
楚因遭到這次大敗而失去其霸主地位。

吳伐越和越滅吳

越和吳相毗鄰，佔有今浙江一帶。越乘吳忙於攻楚而經常出
兵以襲吳。公元前 496 年，吳伐越，戰於檇李（今浙江嘉興），
吳師敗，吳王闔閭負傷而卒。公元前 494 年，吳王夫差為報父
仇而敗越於夫椒（今江蘇蘇州），又乘勝而攻入越都。越王勾踐
率領五千甲盾而退保於會稽山（今浙江紹興），並使人向吳求和，
伍員要求夫差滅越以除吳心腹之患，而夫差因勝越而驕傲自滿，
不聽伍員諫阻而許越議和。

吳勝越以後，自以為從此可無後顧之憂，於是一心想到中
原和晉、齊試比高下。公元前 486 年，吳人在邗（今江蘇揚州
附近）築城，又開鑿河道，將長江、淮水接連起來，開闢出一條
通向宋、魯的水道，進逼中原，在其壓力下，魯、邾等國紛紛臣

服。公元前 485 年，吳派舟師從海上伐齊；次年，又興兵伐齊，
大敗齊師於艾陵（今山東萊蕪），齊軍主帥國書戰死，吳俘獲齊
兵車八百乘。公元前 482 年，吳王夫差與晉、魯、周等國會於
黃池（今河南封丘）。在這次會上，晉與吳都爭做霸主，晉由於
國內內亂未止，故不敢與吳力爭，使吳奪得了霸主的位置。

　　《左傳》說夫差時，「吳日敝於兵，暴骨如莽」，又說他不恤
民力，「視民如仇」。吳在爭霸方面雖得逞，但連年的興師動眾，
造成國力空虛。越王戰敗以後，不忘會稽之恥，臥薪嘗膽，「十
年生聚而十年教訓」，越的國力漸漸恢復起來。而吳對此並不警
惕。吳王為參加黃池之會，竟率精銳而出，使太子和老弱留守。
越王勾踐乃乘虛而入，大敗吳師，並殺死吳太子。夫差聞訊而
匆匆趕回與越議和。吳長期的窮兵黷武，民力凋敝，難以和越對
抗。公元前 473 年，越滅吳。

　　勾踐滅吳之後，步吳之後塵，以兵北渡淮，會晉、齊諸侯於
徐州。越兵橫行於江淮以東，「諸侯畢賀，號稱霸王」。《墨子》
說當時的強國是楚、越、晉、齊，「四分天下而有之」。在春秋末
到戰國初，越代吳成為長江下游的強國。

各國君主權力下替和卿大夫的兼併鬥爭

　　春秋時從周王室到各個侯國，君權不強者佔大多數。魯、
宋、鄭、齊、晉等國的君權日益衰弱，而主宰國家命運的卿大夫
為了爭權奪利，又不斷地展開激烈的兼併鬥爭。

　　魯國在僖公時，由桓公之子季友秉政，其後代稱季孫氏。季友之兄慶父、叔牙之後為孟孫氏、叔孫氏。這三家皆為桓公之後，故稱三桓。僖公以後到春秋末，魯的政權基本上由三家所把持。襄公時，季孫宿執政，三分公室，魯君實力被削弱。到昭公時，昭公被逐出魯國，流浪在外七年而卒。《左傳》說：「魯君世從其失，季氏世修其勤。」由於季氏頗得民心，故魯國出現「民不知君」的現象。但隨着三桓勢力的強大，三桓的家臣也非同一般。在春秋晚期，南蒯、陽虎、侯犯等先後起來反對季氏和叔孫氏，像陽虎就一度執掌魯的大權，即所謂的「陪臣執國命」。由此又反映出三家也在走向衰微。

　　宋國的卿大夫和魯一樣，以公族子孫為主，如有戴公之後的華、樂、老、皇四家，後來有桓公之後的魚、蕩、鱗、向四家。整個春秋時期，宋國的執政不出於戴、桓兩族，其中尤以戴族為多。各大族的傾軋很激烈，到春秋晚期，桓氏勢力被鏟除，剩下戴族的樂、皇幾家。

　　鄭國的執政以穆公後人為主。穆公有十三子，其中罕、駟、豐、游、印、國、良七家為強族，即所謂的七穆。從春秋中期到晚期，任鄭執政者不出這七家。

　　齊國在春秋早期由國、高二氏掌握大權，以後又有崔、慶二氏，這四家都是齊的公族。屬於異姓貴族者，有姬姓的鮑氏和媯姓的田氏。田完本為陳國的公子，後逃到齊，桓公使其為工正。齊莊公時，田氏漸漸得勢。景公時，田乞為大夫。田氏為了擴張自己的勢力，「其收賦稅於民，以小斗受其粟，予民以大斗」，以

此來籠絡人心，抬高田氏在齊國的聲望。景公死後，田氏滅國、高二氏，田乞專齊政。到其子田常時，鮑氏、晏氏也為田氏所除，田氏佔有的土地比齊君的封邑還大。到田盤時，田氏的宗族「盡為齊都邑大夫」。田氏在外則和晉通使，成為齊國的實際統治者，齊宣公則有名無實。後田氏廢康公（宣公子），代替姜氏而統治齊國。

晉國從獻公時起，不許立公子、公孫為貴族，公子、公孫只好離晉而仕於他國。這就是所謂的「晉無公族」，為春秋時他國所無的現象。排斥公族，導致異姓或國姓中疏遠的卿大夫得勢。文公、襄公時，狐、趙、先、郤、胥等氏頗有權勢，以後又有韓、魏、欒、范、荀氏等強大宗族。春秋中期以後，卿大夫之間兼併激烈。從厲公時起，郤氏、胥氏、欒氏被剪除，到春秋晚

《伯牙鼓琴圖》（局部）

元王振鵬繪。伯牙是春秋時期晉國的上大夫，也是當時著名的琴師，擅彈古琴，技藝高超。《伯牙鼓琴圖》描繪的是春秋時伯牙、鍾子期「高山流水遇知音」的故事。

期只剩下最強的趙、魏、韓、范、中行氏。後來趙又滅范、中行氏。春秋末年，智氏最強，趙聯合韓、魏而消滅智氏。晉長期的卿大夫兼併鬥爭到此告一段落，晉國也被這勢均力敵的三家所瓜分。到戰國初年，三家得到周天子的認可，晉國乃分成趙、魏、韓三國。

以上幾個國家都因為存在強大的同姓或異姓貴族勢力，致使君權削弱，「權去公室，政在家門」。卿大夫為了爭權奪利，引起內亂頻繁發生。但並非諸侯國皆如此，如楚王的宗族雖強盛，卻未形成像魯、晉那樣實力很大，並能控制君主的強家，故楚的君權較許多中原國家為強。秦的情況和楚也有某些相像之處。

華夏和戎狄蠻夷的關係

由於各地區經濟文化發展的不平衡，春秋時居民中有華夏和戎、狄、蠻、夷的區分。各諸侯國經濟文化上較先進而自稱華夏，他們把較為落後的小國或部稱之為戎、狄、蠻、夷。有些戎、狄、蠻、夷居住在遠離華夏的地方，但也有不少是和華夏緊密相連，或是錯雜在一起的。

戎和狄主要分佈在今黃河流域或更北，以及西北地區。北戎、山戎分佈在今河北和遼寧等地。姜戎、陸渾之戎本在今甘肅一帶，後來被迫遷徙到今豫西。在周的南面有揚拒、泉皋、伊洛之戎。另外，魯的西境以外也有戎人，在衛都的城牆上可以望見戎人的村落，晉國的周圍都是戎狄人，故《左傳》說：「晉居深

山，戎狄之與鄰。」

狄分為白狄、赤狄和長狄。白狄在今陝西一帶。白狄別種的鮮虞、肥、鼓則在今河北的西部、中部。赤狄中有潞氏、留籲、鐸辰、東山皋落氏、廧咎如，都分佈在今晉東南一帶。長狄之名見於《左傳》，具體情況不詳。

夷分佈在今山東、安徽、江蘇北部一帶。萊夷在齊的東面，淮夷分佈在淮河中、下游。《左傳》中提到東夷，《論語》中提到九夷，大約都是居住在今山東一帶的夷人。見於《左傳》的小國介和根牟，即東夷人所建立。諸夷中以淮夷為最強大，並不斷和魯發生衝突。《詩經》的《泮水》，即為歌頌魯僖公戰勝淮夷而作。淮夷還參加楚主持的盟會，又隨楚伐吳。萊夷和齊是世仇，《左傳》中齊伐萊的記載甚多，最後為齊所滅。

群蠻和百濮居於楚之南。楚與晉戰於鄢陵，蠻人也出兵隨楚。濮在江漢之南，或說在今雲南一帶。

據古書記載，戎狄多為「披髮左衽」。《左傳》說姜戎「飲食衣服不與華同，贄幣不通，言語不達」。這種生活習慣、禮俗、語言的差異，把戎狄和華夏區分開來。自然，差別並非都標誌着民族的不同。如戎人中有姜姓、姬姓之戎，顯然他們和周人本為同族人，只是出於歷史或文化的原因，使他們分道揚鑣。儘管戎狄和華夏在文明程度上有差距，但這對彼此交往並無太大妨礙，如周王曾娶狄女為后，晉獻公、文公都娶戎族女子為妻。

春秋早期，戎狄勢力很盛，中原的華夏諸小國受其威脅較嚴重，即使晉、齊等大國也經常要遭到戎狄的侵襲。從春秋中期

開始，華夏各國有了較大發展，特別是通過稱霸而相互聯合，增強了對戎狄的防禦能力，不少的戎狄漸被華夏所征服。如在今山西、河北境內的赤狄、白狄大部分為晉所滅，齊滅萊夷，秦滅掉西戎的小國，楚國吞併了數量甚多的蠻人或濮人的小國。由於各族長期和華夏聚居在一起，經過不斷的相互影響，文化禮俗等方面的差別日趨減少。到春秋末年，原來散居於中原各地的戎狄蠻夷差不多都已和華夏融合在一起了。

孔子及其學說思想

春秋晚期，從社會結構到政治體制等方面都在發生變化，文化教育也不會例外。原來各種專業知識多由少數祝史等人員世代傳習，而這種「學在官府」的情況已不適應新的形勢需要。社會要求在官學外還應有私學，以培養、造就更多的學者和官吏人才。孔子正是在這種歷史條件下出現。

孔子（前 552 或前 551～前 479），名丘，字仲尼。先世本為宋的貴族，後遷於魯。他從五十歲起，才開始在魯國做較大的官，不久即失去職位，以後一直到處奔波，去過不少國家，但他的政治理想一直未能實現，最後老死於魯。孔子一生之中大部分時間用在教育弟子。據說他的學生中，較傑出者達七十二人，《史記》說他的弟子名氣較大而有據可查者達三十五人。他在教學方面取得了前所未有的成就。

孔子學識淵博，尤熟悉古代流傳下來的《詩》《書》《易》等

典籍，對周代的禮制頗為讚賞。他自稱是
「述而不作」，就是說要對這些文獻作出
解釋以傳授給自己的弟子。實際上他在注
意繼承傳統文化的同時，又結合現實而有
所發展，起到推陳出新的作用。他頌揚周
文王和周公，但也受到春秋時管仲、子產
的影響。他把歷史上的思想材料，加以提
煉，創建了儒家學派。

元佚名《孔子像》

　　孔子的主要言論和觀點，都被收入
由他弟子所編集的《論語》之中。他以
仁作為其哲學體系的核心部分，《論語》
中論述仁的地方在百處以上。所謂仁就
要對人尊重和有同情心，「仁者愛人」。
他以為一個人若要達到仁的標準，就須
「克己復禮」，通過對自己的克制和約束
以提高道德水平，以求符合禮的要求。
他弟子說他一貫之道是忠恕。忠恕是「己
所不欲，勿施於人」的意思，就是在處
世方面要多為別人着想。總之，孔子把仁
看作一切道德的總和以及道德當中的最高
準則。

　　孔子愛人的原則也貫穿於有關治國治
民的主張之中。例如他說：「節用而愛人，

使民以時」，「寬則得眾，惠則足以使民」，「子為政，焉用殺」，等等。這些話表明他反對君主對人民橫徵暴斂和濫施刑殺，而應通過寬惠的手段來得民心，以求得政權的鞏固。他對刑罰的見解是：刑罰失中會使人民手足無措，而治國不能單靠刑罰，採用德治才是最根本的辦法。他認為一個國家足食足兵還不夠，最重要的是必須取信於民。對於用人他也比較重視，認為治國離不開有用的人才。

在天道觀方面，孔子並不否認天命鬼神的存在，但他明確地表示：「務民之義，敬鬼神而遠之。」即對鬼神持懷疑態度，所以主張應該敬而遠之。他還認為：「不能事人，焉能事鬼？」「未知生，焉知死？」把探討和解決人世間的實際問題放在優先地位，樹立起儒家重視人事的傳統。

孔子在教育方面作出了重大的貢獻。他自己能夠虛心向別人學習，而且學而不厭，對學生則「誨人不倦」。他提倡「知之為知之，不知為不知」的實事求是態度。他本着有教無類的精神，使接受教育者，從少數貴族擴大到一些出身於低賤者。這對春秋末到戰國時期教育普及起到重要的作用。

由於具體歷史條件的限制，在孔子生前，他的政治理想無法付諸實現。但從戰國開始，他所創建的儒家學說，成為天下之顯學而發揮其一定的作用。從西漢到明清，儒學基本上一直處於一尊的地位。孔子被稱為「聖人」或「至聖」，他的名字幾乎成了中國古代文明的象徵。儘管歷代的儒學經過某種改造，和孔子學說的本來面目會有一定的差異，但像強調德治、重視教化、輕鬼

神重人事、積極進取等儒家思想的基本準則，仍在不同程度上發揮其作用和產生影響。而且，久而久之，儒家的有些思想和觀點不斷地滲入到中華民族的民族性格之中。

（吳榮曾）

戰國，公元前 475 年到前 221 年秦統一以前的中國歷史時期。這一時期，各國混戰不休，故前人稱之為戰國。但前人也把春秋、戰國合稱東周，還有稱戰國為列國或六國者。戰國始於何年，過去有不同的劃分法。《史記》的《六國表》定在周元王元年（前 475），而《資治通鑑》則以公元前 403 年韓、趙、魏三家分晉作為戰國開端。公元前 403 年似失之稍晚，故現在已很少有人採用這一劃分標準。

　　戰國和春秋一樣，全國仍處於分裂割據狀態，但趨勢是通過兼併戰爭而逐步走向統一。春秋時，全國共有一百多國，經過不斷兼併，到戰國初年，只剩下十幾國。大國有秦、楚、韓、趙、魏、齊、燕七國，即有名的「戰國七雄」。除七雄外，越在戰國初也稱雄一時，但不久即走向衰亡。小國有周、宋、衞、中山、魯、滕、鄒、費等，後來都先後被七國所吞併。與七雄相毗鄰的還有不少少數民族，北面和西北有林胡、樓煩、東胡、匈奴、儀渠，南面有巴蜀、閩和越，至秦統一，已多與漢民族融合。

　　七國的疆域情況是：秦佔有今陝西及甘肅之東南部，以後漸進到今四川、山西、河南。都城最初在雍（今陝西鳳翔），最後遷咸陽。韓的國土是七國中最小者，今晉東南及豫中、豫西部都屬韓地，都城在平陽（今山西臨汾），後遷鄭（今河南新鄭）。趙佔有今山西的中部、北部以及河北中部和西北部，後拓地至今內蒙古南部的黃河兩岸，都城在邯鄲。魏佔有今晉南及豫北和豫中偏東一帶，都城在安邑（今山西夏縣），後遷大梁（今河南開封）。齊佔有今山東北部及河北東南的一部分，都城在臨淄（今屬山東淄博）。楚佔有今湖北、湖南、四川、安徽、江蘇、浙江和山東的一部分，都城在郢（今湖北江陵），後遷於陳（今河南淮陽）、壽春（今安徽壽縣）等地。燕佔有今河北北部及遼南一帶，後又佔有今遼東和內蒙古、吉林的一部分，都城在薊（今北京），其下都在今河北易縣。

　　司馬遷因當時缺乏完整的戰國史專著，故《史記》只能根據保存在《戰國策》《世本》等書中的原始材料寫成有關戰國史的紀傳和世家。銀雀山、馬王堆、雲夢等地所出土的竹簡和帛書，以及各種器物上的銘記材料，都有許多重要的史料，可訂正或補充《史記》等書。

戰國

社會經濟的巨大變革

從春秋晚期到戰國，社會經濟迅速發展，而經濟的發展，又和生產工具、技術的改進以及生產者勞動積極性的提高有密切關係。

生產工具方面所出現的革命性變革，主要是鐵器的出現和廣泛使用。春秋末年已經有了鐵器，但不普及。進入戰國後，無論農業還是手工業，都已離不開鐵工具。在《孟子》一書裏已提到鐵耕。《管子》則以為：農夫必須有鐵製的耒、耜、銚，女工必須有針和刀，製車工必須有斤、鋸、錐、鑿。否則他們就不能成其事。據現在所知，河南、陝西、山西、山東、河北、遼寧、湖南、湖北等省都出土過戰國鐵工具，可見當時使用鐵器的區域異常廣闊。而且鐵工具的類型也多種多樣，如有鋤、鍤、鐮、銍等農具，也有斧、錛、鑿、刀等手工工具，在同一種工具中又有大小或不同式樣的差異。在青銅器時代，銅工具往往和木、石、骨、蚌製成的工具並存。到戰國時，不僅木、石工具漸漸消失，就是青銅工具也日益減少。銳利而堅固的鐵工具被大量地使用於農業和手工業，大大提高了工作效率。

戰國時井田制瓦解，田地不再由各家共耕，魏國有「行田」

之制，即將土地分成小塊，每家農民可受地百畝。其他各國也如此，除百畝之田，還有小塊宅圃之地。小農對田地雖無所有權而只有使用權，但耕作是由五口之家的小農所獨力完成，國家每年按其產量徵收十一之稅，故耕作可以多收多得，農民對種田有很大的積極性。另外，社會上出現了具有獨立經濟地位的手工業者和商人，其中有些人因經營得法而發財致富。總之，戰國時期，農業、手工業中個體經營的加強，社會生產力迅速提高，經濟很快繁榮起來。

農業

戰國時期，農具和耕作技術都有改進和提高。農具仍以耒、耜為主，但不同於過去者是在木製的耒、耜上套上了鐵口，其他如鋤、鏟、鐮等也都是鐵製的。在長江流域仍以青銅工具為多，但類型也多於以往。各地都大大改變了長期以來以木、石、骨、

桔槔
————————
一種原始的井上汲水工具。
在井旁樹上或架子上掛一槓
桿，一端繫水桶，一端墜大
石塊，一起一落，汲水可以
省力。

蚌來製作工具的局面。雲夢秦律中有「田牛」和「其以牛田」的記載，表明耕作中已使用牛，有關牛耕的具體情況在文獻中記載極少，表明牛耕並不普遍。

鐵農具使用的結果，既增強了開荒的能力，使可耕地面積增多，從而為社會提供更多的農產品，又可深耕。《孟子》《韓非子》有「深耕易耨」，「耕者且深，耨者熟耘」的說法，是當時普遍推行深耕的確證。《莊子》說：「深其耕而熟耰之，其禾蘩以滋。」耰是除草和鬆土，若使耰和深耕配合起來，種出的穀物，不僅顆粒飽滿，而且更結實。《呂氏春秋》說深耕的另一好處是：「大草不生，又無螟蜮。」即可減輕草害和蟲害。由於深耕的好處甚多，所以受到人們普遍重視。

施肥也有很大發展。《荀子》說：「多糞肥田，是夫眾庶之事。」並認為田肥，就可多收穀實。「糞」，是指以水漚草或焚草為灰。當時農民於夏末刈雜草，俟其乾後縱火以焚之，經過大雨，使田地既不長草，又起到施肥的作用。又有施種肥之法。據《周禮》記載，用不同獸骨之汁浸泡各種種子，能使作物生長得更好。

人們對人工灌溉也很重視。《莊子》中說當時有一種名為桔槔的工具，利用槓桿原理以汲水，對於小面積的灌溉頗為方便。田間則普遍修建灌溉的溝渠和水閘或堤防，以便蓄水和排水，保證農田不受旱澇之災。另外還有大規模的人工河道或其他水利工程。魏在惠王時，曾開大溝，引黃河之水入圃田澤（今河南中牟西），又引圃田之水到大梁。魏襄王時，鄴（今河北臨漳）令史

起，開渠引漳水灌溉鄴一帶的田地，使鹽鹼地變為良田。秦昭王時，蜀郡將李冰在今四川修都江堰，解除了岷江的水害，並使成都大平原獲得灌溉和航運之利。戰國末年，秦用韓水工鄭國，在關中開渠以溝通涇、洛二水，即有名的鄭國渠，渠兩岸的「澤鹵之地」四萬餘頃，變成「收皆畝一鍾」的良田，關中成為沃野，秦因此更加富足。這類大規模的工程，改變了某些地區的經濟面貌。

隨着農業經驗的豐富，出現了一些有關農學的著作，如《管子》的《地員篇》就記錄了許多有關辨認土壤的知識，並指出應根據土壤的情況種植適當的作物。《呂氏春秋》的《上農》《任地》《辨土》《審時》四篇，是戰國末農學著作中具有代表性的作品。書中對整地保墒、間種、行種以及通風日照對作物生長的作用，適時收割的重要性等，都有精當的論述。可見當時農業正朝着精耕細作的方向發展。

農業的發達，使產量有所提高。據李悝的估計，魏國一百畝田平常年景可收一百五十石，如遇大豐收可達三百石或六百石。《孟子》說：「耕者之所獲，一伕百畝，百畝之田，上者食九人，上次食八人，中食七人，中次食六人，下食五人。」《呂氏春秋》也說「上田，伕食九人，下田，伕食五人，可以益而不可以損」。這些話表明，當時五口之家耕田百畝，其收成除供其家庭消費外，還能養活多少不等的非農業人口，為社會提供較過去更多的剩餘產品，從而加強了農業和手工業、勞心和勞力之間的分工。農業的發達是戰國時期經濟繁榮、文化發達的重要物質條件。

手工業

　　冶鐵是一種新興的金屬冶鑄業。最初大約始於春秋末，到戰國時有了很大的進展。《山海經》中提到「天下出銅之山四百六十七，出鐵之山三千六百九十」。在敘述某山的各種資源時，常有「其陽多銅，其陰多鐵」的話。反映出人們對鐵礦資源情況的了解已很充分。《管子》還說「上有赭者，下有鐵」，可見當時人已掌握通過辨認礦苗來找礦的方法。

　　20 世紀 50 年代以來，各地出土了大量的戰國鐵器。其中以農具、手工工具為最多，也有兵器和其他器物。還發現有鑄造鐵器所用的鐵質或泥質的範。根據對出土鐵器化驗結果得知，當時從塊煉法煉製出一種質地較軟的鐵，但也能將其加工冶煉成堅硬的生鐵。由於生鐵性脆，時人乃用柔化技術使其變成韌性鑄鐵。冶工還掌握了將塊煉法得到的鐵滲炭成鋼的技藝。在戰國幾百年間，能從較原始的塊煉法進入到冶鑄生鐵和煉鐵為鋼的冶鑄方法，技術進步之快，在世界冶金史上少有，表明中國冶鐵技術在當時世界上已居於領先地位。

　　冶銅業在戰國手工業中仍佔據頗為重要的地位。湖北大冶的銅綠山，發現一處屬於西周到漢代的銅礦遺址，礦井深達五十米，井下有縱橫交錯的巷道，為了防止坍塌，巷道中都架設木製的支架。礦工用青銅或鐵製的工具開採礦石，用木轆轤作為提取礦石的工具。據今人的估計，當時在連續幾個世紀中，開採的礦石可達十萬噸左右。從這一遺址的情況來看，當時開採銅礦已具

有較大的規模，開採技術也較為先進。

銅除了鑄造禮器、樂器之外，還要鑄作錢幣、符節、璽印、量器等物，社會對銅的需求量很大，故銅器物製造水平仍有提高。據《周禮·考工記》，當時有所謂「鐘鼎、斧斤、戈戟、大刃、削殺矢、鑒燧」這樣的「六齊」。「齊」指銅、錫的比例。「六齊」即按六類不同器物而定出不同的銅、錫比例。為了更好裝飾銅器表面，在銅器表面刻出細槽，再將金、銀絲嵌入，形成美觀的圖案花紋。器物銘文也可採用此法。這就是所謂的錯金銀，銅器經過這種加工之後，具有更大的藝術魅力。

絲麻織物的生產也頗為發達。東方的齊國就以多「文采布帛」而著名當時。一些古墓出土的麻織品中，有很細的麻布，每平方厘米有經線二十八支，緯線二十四支。在湖北江陵馬山的楚墓中出土一批數量很多的絲織品，保存較好，尤屬罕見，其中包括絹、羅、紗、錦等不同品種，以絹的數量為最多。絹每平方厘米有經線五十支，緯線三十支。最細密的，經線達一百五十八支，緯線達七十支。絹被染成紅、黑、紫、黃、褐等顏色。羅、紗是屬於質地稀薄的絲織物。這批織物中最珍貴的錦，是用提花機織出的質地較厚的絲織品，上面有五彩的動物或人物花紋，表明當時已有構造複雜的紡織機，織匠則掌握了難度較高的紡織技巧。出土品中還有不少的刺繡。繡的方法分平繡、鎖繡兩種，繡於羅或絹上，繡出色彩絢麗的龍、鳳、虎等圖案花紋。從上述遺物看出，戰國時絲織品生產方面，無論是紡織、染色或是提花、手繡，都達到較高的技術水平。

戰國手工業，一部分為官府經營，一部分屬民營。官府手工業的歷史可以上溯到商、周，戰國時不過繼其餘緒而已，但在經營的門類、規模以及技巧方面都有新的發展。像新出現的冶鐵業，也是官府工業中所不可缺少者。當時官府除生產和國計民生關係密切的鹽、鐵、錢幣之外，還旁及漆器、陶器、紡織和金銀玉石等領域。

民營手工業約開始於春秋末，進入戰國後獲得很大發展。鹽、鐵等重要門類中，有不少民營作坊。如魏的猗頓以經營河東池鹽而著名。經營冶鐵者尤多，如魏的孔氏、趙的卓氏、郭縱，都以冶鐵而致富，史稱孔氏「家致富數千金」，郭縱可以和「王者埒富」。也有經營其他礦產者，如秦的巴寡婦清，其先世就擁有出產丹砂的礦山，故能「擅其利數世」。官府作坊的產品，大部分供直接消費，僅有一部分才拿去出售，而私營則不然，其產品主要是供銷售。因而民營手工業的發達，可為市場提供更多的商品，對商業交換的興盛起到重要作用。

商業

農業、手工業分工的加強，促進了產品交換的發達。當時手工業者不耕田能得到糧食；農夫不從事手工業，也能得到布帛和陶器、鐵器。

交換的頻繁使許多物品都進入市場而成為可以買賣的商品。《荀子》說當時北方的走馬、吠犬，南方的羽翮、齒革、丹干，

東方的織物和魚、鹽，西方的皮革、文旄，都出現於中原的市場之上。商業有一種巨大的吸引力，可以把出產在遙遠地方的特產集中在一起。《史記》的《貨殖列傳》開列出市場上名目繁多的商品名稱，從農產品、手工業產品到礦產品、畜牧產品等物，幾乎是應有盡有。據雲夢秦律，可知秦國從粟、麻、絲、牛、羊、豚、雞、魚到脂、膠、筋、角以及銅器、鐵器，都是可以買賣的商品。甚至有的不動產，如房舍、園圃也開始商品化，土地買賣開始出現，但不普遍。在商品浪潮的衝擊下，人也轉化成一種特殊商品。如《史記》在說到馬、牛、羊這類牲口的同時，還提到「僮手指千」。

為了適應商業交換的需要，金屬鑄幣開始大量使用。大約在春秋末年，晉、周等國已有青銅空首布流通於市場，以後變為小型平首布，三晉和燕都鑄造這種小布。而燕、齊兩國以銅刀幣為主。布和刀的發行量很大，上面一般有鑄地的地名，常見者有安陽、晉陽、安邑、蒲阪、高都、離石、白人、節墨等一百多個城邑名。三晉和周還鑄造過圓孔圓錢。戰國晚期，齊、燕則通行方孔圓錢。楚國的銅幣較特殊，是仿海貝形的銅貝，俗稱「蟻鼻錢」。當時除用銅幣外，也以黃金為幣，尤以楚最為突出。楚金幣是圓形金餅或是錠形金版，上面打有郢爰、陳爰之類的戳印。中原諸國也用圓形金餅，唯數量比楚為少。戰國金幣在使用時可切割成小塊，是與銅幣不同的稱量貨幣。各地出土的銅幣、金幣數量很多，多者幾十枚或成百上千，表明當時已有大量的貨幣投入於流通。

　　隨着商業的發達，許多城邑都劃出一定的地段、範圍作為交易場所的市。市裏面分成若干列，即出售貨物的「市肆」。市裏有國家派去的市嗇夫、市掾、市者等官吏，他們的主要職責是收稅和維持秩序。

　　大城邑中還開設不少的手工作坊。如在河北易縣的燕下都和山東齊臨淄古城遺址中發現有製陶、銅器、骨器、鑄錢等作坊的遺跡。當時不少的城邑成為貨物的產銷中心。工商業的影響促使城邑發展。一是人口的大量增加，二是城邑規模的擴大。《戰國策》說戰國以前，「城雖大，無過三百丈者；人雖眾，無過三千家者」。而戰國時則「千丈之城，萬家之邑相望」。從這一對比中，清楚地看到了戰國和戰國以前的明顯差別。《墨子》《孟子》等書都說當時有「五里之城，七里之郭」，則這類大城郭比比皆是。從城市人口來看，萬家之邑並非最大者，據銀雀山出土的《庫法》，書中指明大縣為兩萬家，中、小縣為一萬五千家或一萬家。則戰國時大縣，其人口總數當在十萬左右。國都的人口更多，如齊的臨淄多達七萬戶，人口達三十餘萬。《戰國策》說臨淄城內的大街之上，「車轂擊，人肩摩」，「其民無不吹竽鼓瑟，擊筑彈琴，鬥雞走狗」。這裏繪出都市的繁榮，有些居民過着富裕的生活。

　　商業的發展，使商人開始具有獨立經濟地位，這和以前的商人隸屬於官府的情況大為不同。戰國時有名的大商人白圭，根據「人棄我取，人取我與」的準則，在掌握了有利時機後，靠賤買貴賣以獲取厚利。當時「言治生，祖白圭」，可見白圭的經商

理論被別的商人奉為信條。商人也經營高利貸，當時稱高利貸資本為「子貸金錢」，又稱「倍貸」。高利貸以小生產者為其主要剝削對象。商人手中掌握了大量的財富後，對生產者起到支配作用。司馬遷曾指出：「凡編戶之民，富相什則卑下之，伯（百）則畏憚之，千則役，萬則僕，物之理也。」富人雖無尺寸之封祿，但可與千戶侯相垺，故他稱這種富豪為「素封」。大商人子貢來往於各地，所到之處，君主「無不分庭與之抗禮」，極有威勢的貴族也都相形見絀。在商業和利潤的影響下，社會上的人都逐利不休。有些人甚至為了「利」或「財用」可以「不避刀鋸之誅」，社會秩序和道德觀念都受到了不斷的衝擊。

商人靠剝削農民和手工業者而致富，損害了國家或君主的利益，因而不少政論家主張「重本抑末」，即對手工業、商業要採取壓制或打擊的策略，但也有人持不同的看法，認為農、工、商、虞，缺一不可，主張在重農的同時要保護手工業和商業，甚至提出了「農末俱利」才合乎「治國之道」。

社會結構的變化和各種身份的勞動生產者

春秋戰國之際，社會發生了深刻的變化。各種人的身份、地位也發生了很大的變化。戰國以前，社會上的自由民為貴族與農民，非自由民為臣妾或僕圉。各個社會階層的地位比較穩定，當時所謂「士之子恆為士」「農之子恆為農」，貴族和農民都是代代相傳的，身份低賤的奴僕等人當然也不例外。戰國時期則不然，

由於井田制的瓦解，商品貨幣關係的發達，封邑制為俸祿制所取代，宗法貴族隨之而沒落下去，其中的一部分人轉變為依靠軍事、政治、文化等方面專長，而去謀求仕宦出路的遊士；農民從井田制的束縛下脫身出來，而成為小自耕農；出現了具有獨立經濟地位的手工業者和商人。這些士、農、工、商，即當時所謂的「四民」，成為社會上活躍的因素，職業也不再世襲相傳。如農民接受文化教育後可以上升為士，也可以棄本而逐末；士通過仕宦可以取卿相之位而飛黃騰達，或如范蠡、子貢因經商而致富，或陷於窮途末路而變成農夫。以往只有貴族才能憑其身份和政治權力而獲得大量的財富，而戰國時各種不同身份的人都可憑藉才能或機緣發財致富。像庶人本屬於最貧窮的階層，但戰國時往往「庶人之富者巨萬」，這是前所未有的新現象。不過，在對財利的追逐中，既有獲勝者，也有失敗者。特別是一些小生產者，他們破產後境遇悲慘，甚至賣妻鬻子。這在當時並不少見。貧富分化的加劇，使社會矛盾更加複雜尖銳。但彼此的角逐競爭，又成為當時歷史進步的重要推動力量。

《漆奩彩繪車騎出行圖》（局部）

戰國漆畫，以黑、灰、綠等色在紅底上作畫，畫的是貴族出行的內容。

　　四民之中以農民人數為最多，他們是當時社會物質財富的主要創造者之一。小自耕農是國家租稅、徭役、兵役的承當者，故各國為了富國強兵，都致力於推行和貫徹有利於小農的政策和方針。如魏國用平糴法，「行之魏國，國以富強」；秦商鞅變法，也因重視農業和農民而能「傾鄰國而雄諸侯」。

　　據《孟子》所說，當時的小自耕農，有五畝之宅，百畝之田，還飼養着「雞、豚、狗、彘之畜」，如果沒有橫徵暴斂，「數口之家可以無飢矣」，老者還可衣帛食肉。當時魏國的情況是，「今一夫挾五口，治田百畝，歲收畝一石半，為粟百五十石，除十一之稅十五石，餘百三十五石」。他們為了生活稍能好一點，無不奮力耕作。國家為了多收租稅，用賞罰的辦法迫使農民多收糧食。如《周禮》中規定，「凡宅不毛者有田布，凡田不耕者出屋粟」。另外像商鞅變法令中也申明，「致粟帛多者復其身」，「事末利及怠而貧者，舉以為收孥」。國家強令農民多收糧食，實際上也是為本身利益而着想。如《管子》就說：「民事農則田墾，田墾則粟多，粟多則國富。」這裏道出了國家的富足必須建立在農業發達的基礎上。

　　小農對社會雖然作出了重大的貢獻，但當時有些君主對農民「厚刀布之斂以奪之財，重田野之稅以奪之食」。所以不少農民「樂歲終身苦，凶年不免於死亡」。農民為擺脫困境，或棄本逐末，即棄農經商或去從事小手工業；或出賣勞力，成為別人的僱工。當時所說的「庸」，就是指僱庸勞動。庸也稱為庸伕、庸客。在農耕、水利、手工業方面都可以使用僱庸勞力。當時有所

謂「市庸」者，可能是有的庸工聚集在市中，以等待受人僱用。國家遇災荒時，對有些農民實行以工代賑，這類農民也稱為庸。據《韓非子》記載，僱主一般付給庸工一定數量的錢幣作為酬金，故主人僱工常稱為「買庸」，僱庸制是商品貨幣關係發展的產物。

戰國時奴隸較多，當時稱為臣妾，或僮、虜、僕妾、輿隸、廝輿、胥靡、隸臣、白徒、臧獲等。即使在一些平民家中，也常擁有一兩名奴隸，改變了過去只有卿大夫等較大貴族才能佔有奴隸的舊傳統。

奴隸來源有幾種：一是戰爭中的俘虜。《墨子》說戰爭中得到的戰俘或敵國臣民，男子為胥靡，女子為舂米、釀酒的奴隸。秦律也規定，凡敵軍之降者，一律入於隸臣。胥靡、隸臣皆為官府奴隸。二為自由民淪落為奴者，特別是農民因破產而「嫁妻賣子」，這在戰國較為常見。

主人一般通過以下兩種途徑而獲得奴隸：一是國家之賞賜。如秦對立軍功者則賜虜若干名；秦法還規定，能為破大案提供重要線索者，官府則賜臣妾二人。二是從市場上所買得。在商品貨幣關係的影響下，奴隸和牛馬一樣地出現在市場上。《周禮‧質人》：「掌成市之貨賄、人民、牛馬……」，「人民」即指奴隸。雲夢秦墓中所出的秦《日書》，其中多處提到「出入人民、馬牛、禾粟」，「入臣徒、馬牛牝牲」。「出入」即買賣之意。可見買賣奴隸和買賣牲畜、穀物一樣頻繁。從秦律得知，官府可以把部分官奴出賣給民間，百姓也可以借用官府之幼奴，或賣私奴於官

府，官私奴隸通過一定的渠道可以相互轉化。

奴隸除了用於家務勞動外，還廣泛地用於各種生產方面。
《荀子》《韓非子》中所提到的臧獲，就屬於使用於農田耕作的奴
隸，秦律中也有關於臣從事於田作的記載。官府的奴隸除負擔諸
如築城、修路之類的苦役外，還用於耕作、礦冶、舂米、釀酒和
灑掃等方面。

三晉、齊、秦等國還有一種和奴隸身份相近的贅婿。賈誼說
秦的習俗是，「家富子壯則出分，家貧子壯則出贅」。則贅婿多從
貧家子弟轉變而來，實際上成為富家的奴僕。雲夢秦墓中所出的
魏《戶律》，其中即有不准把田地授予贅婿的規定，其地位低於
平民是顯而易見的。

官僚貴族也剝削一般的平民，如秦國的軍將或士卒，得敵
人甲首者即可「隸五家」，即從國家的編戶之民中，得到五家以
供其役使。還有是官吏或軍將以「士卒為弟子」，或者是「臣士
卒」。有的農民因租稅徭役過重，而自動投靠到官吏貴族那裏以
求庇護。這是一種比較特殊的剝削關係，即平民也在一定條件
下，成為剝削的對象。

各國的變法和新的君主集權制

魏、楚、齊、韓的政治改革

隨着社會經濟的變化，政治上層建築勢必有所調整。從戰國

初年起，各國的變法運動，正是為順應經濟變化所作出的努力。

魏進行變法最早，開始於文侯時。文侯禮賢下士，師事儒門弟子子夏、田子方、段干木等人，又任用李悝、吳起、西門豹等人，這些出身於小貴族或平民的士開始在政治、軍事方面發揮其作用，標誌着舊的世族政治的終結。

李悝是魏文侯、武侯時進行政治改革的重要人物之一。他曾兼採各國成文法而作《法經》，《法經》分《盜》《賊》《囚》《捕》《雜》《具》六篇。《盜》篇中規定大盜要戍邊為守卒，重者則處以死刑。甚至道路拾遺也是有「盜心」的表現，犯者要受刖刑。可見《法經》採用嚴酷的手段以保護私有權。「賊」指殺人、傷人。「殺人者誅」，其家屬則沒於官，李悝以為《盜》《賊》兩篇最重要，故刊於《法經》之首。《法經》對人民群眾的反抗活動則予以嚴厲的鎮壓。如規定一人越城者要處死；「十人以上夷其鄉及族」；「群相居一日以上則問，三日以上則判死刑」；對於盜竊符、璽者要處重刑；又禁止人民議論法令，違者處死。以上的規定都是為了保護王權和加強專制主義。

李悝又作《盡地力之教》。他認為農民治田勤謹，「則畝益三斗，不勤則損亦如之」，即要農民增強勞動強度和發揮種田積極性，以保證國庫收入。李悝又作「平糴法」，即在豐年時向農民多徵糧食以作為儲備，供荒年時調劑之用，農民便不致因饑饉而破產或流散。這樣既緩和了社會矛盾，又使國家不會失去大量的勞動人手。李悝實行這種保護小農的措施，是魏國能夠富強的重要因素。

楚在悼王時，魏吳起奔楚，悼王用吳起進行變法。當時楚
「大臣太重」，「封君太眾」，吳起下令宣布封「君之子孫三世而
收爵祿」，「廢公族疏遠者」，把一部分貴族流放到邊遠之地，以
此來摧毀和削弱強大的舊世族勢力。又「罷無能，廢無用，損不
急之官」，以貫徹用人唯才的方針策略。楚經過初步的改革，國
家收入增多，吳起用來擴充武備，國力開始強盛起來。但進行改
革僅一年，悼王死，舊貴族攻殺吳起於悼王之棺旁。肅王即位，
以傷害王屍的罪名嚴懲了這些不法分子，「夷宗死者七十餘家」。
吳起改革雖受挫折，但楚的舊貴族力量因遭到了嚴重的打擊而有
所削弱。

戰國初年，齊的大權在田氏手中。後田和得到周王承認而
成為齊君。田和之孫威王針對卿大夫專權、國力不強之弊，着
手整頓吏治，如即墨大夫治即墨，「田野闢，民人給」，而阿大
夫治阿，則「田野不闢，民貧苦」。威王誅阿大夫而重賞即墨大
夫。威王又用鄒忌為相，鄒忌頗注意「謹修法律而督奸吏」。由
於齊在官吏中明賞罰，故「齊國以治」，到威王末年，「齊最強於
諸侯」。

韓在七雄中疆土小而國弱。昭侯時，申不害學術以干昭侯，
昭侯用不害為相，申不害的「術」是要求君主「因任以授官，循
名而責實，操殺生之柄，課群臣之能」，即君主應有一套控御臣
下的策略，以提高官吏的行政效率。故申不害治韓也收到一定的
成果，史稱申不害「修術行道，國內以治」。

秦商鞅變法

秦在戰國初年，舊貴族勢力較強，阻礙了歷史的前進。到孝公時，秦還是「君臣廢法而服私，是以國亂，兵弱而主卑」，受到魏、楚兩國的侵迫。秦在各國中地位不高，不能參與中原各國的盟會，各國常以「夷狄遇之」。在內外的壓力下，秦孝公迫切地要求變法圖強。

衛人公孫鞅，聽說秦正下令求賢，遂入秦，「說孝公變法修刑，內務耕稼，外勸戰死之賞罰」。孝公立即用他開始變法。後來秦封公孫鞅於商，故又號為商鞅。

公元前 356 年，商鞅下變法令：「令民為什伍而相收司連坐，不告奸者腰斬」，「匿奸者與降敵同罰」。通過殘酷的連坐法以加強對人民的統治；凡民有兩子以上不分家者，「倍其賦」，即

車裂商鞅

明刻本《新列國志》插圖。《東周列國志》稱商鞅所受車裂之刑是「五牛分屍」而非「五馬分屍」。後世「五馬說」廣為流行，何時五牛被五馬取代已不可考。

把大家庭拆散，以便於小農能為國家提供更多的租稅和力役。農民「致粟帛多者」，可免除其徭役或租稅，不努力耕作或棄本逐末，其全家都要被罰作奴隸；人民立軍功者可得爵，私鬥者則受罰；宗室無軍功者，便不能獲得貴族身份；新的軍功貴族按爵位高低來決定他們佔有田地、奴隸多少和服裝的等次。

　　商鞅的變法令觸犯了舊貴族的利益，新法才實行了一年，「秦民之國都言初令之不便者以千數」。當時太子也違法，商鞅嚴懲太子的師傅以儆眾，從此無人再敢公開反對新法令。

　　公元前 350 年，秦從雍（今陝西鳳翔）遷都咸陽，商鞅又下第二次變法令：為使父子、男女有別，禁止家人「同室內息」。統一度量衡，「平斗桶、權衡、丈尺」。將全國的小都、鄉、邑集合成四十一縣，縣置令、丞，以新的縣制取代舊的封邑制。廢井田，「開阡陌封疆」，改變了對田地的分配和使用的辦法。

　　變法後五年，秦國富強起來，並開始向東發展。公元前 338 年，秦孝公死，子惠王即位，商鞅被殺。但變法的成果沿襲不變，終於使秦走上日益強大的道路。當時各國都進行變法，以秦取得的成果為最突出，為秦後來剪滅群雄奠定了基礎。

官制、兵制和法律

官制

　　戰國各國都吸收春秋時君權下替的歷史教訓，建立新的官僚

體制以糾過去宗法貴族把持國家大權之失。

戰國時中央最高的官吏為相邦。相邦是百官之長，治理朝中百事，對大小官吏有賞罰之權。各國都置此官，但名稱上略有歧異，有些國家借用太宰、冢宰、令尹之類的舊名。有的國家稱為宰相，秦有時不置相邦，而設左、右丞相。

較相邦為低並分掌各種具體職務的官吏，有主管民政、軍事和工程事務的司徒、司馬和司空，有管理刑罰和辭訟的司寇或司理。還有專管農業、手工業、山林資源的司田、工師、虞師等官。

地方上一般都分成若干縣，以替代過去貴族的封邑，秦商鞅變法後，全國共設四十一縣，《戰國策》說魏有百縣。縣也稱都，古書中常將縣都連稱。在縣以下有鄉、里。有的國家在鄉、里之間還有州。里之下又分成若干個什、伍，伍是五家，什是十家。縣的主管官吏為令，秦或三晉，也稱縣令為大嗇夫。在令之下有丞、尉、御史以及縣司空、縣司馬等官。鄉、里設三老、里典、伍長等。縣置於君主統治之下，君主的政令可通過地方小吏一直貫徹到鄉、里，中央集權制比過去大為加強。

各國在邊境地區或新佔領的地方，往往設郡以統縣。如魏在河西設上郡，秦滅蜀後設蜀郡，趙打敗林胡、樓煩後建立雲中、雁門等郡。戰國時的郡都比較大，韓的上黨郡有十七縣，趙、燕的代、上谷郡都各有三十六縣。郡的主管官吏為守，也有稱太守者。設郡的目的是為了加強地方的軍事防禦能力，故郡守除治民外，還掌握兵權，可以率兵自衛或出擊敵人。

　　從相邦到地方的守、令，都由國君來任免。在任命官吏時要授予官璽。官吏有了官璽才能行使其權力。在免官時君主又要將官璽收回，當時稱為「收璽」或「奪璽」。君主通過所謂的「上計」，考核官吏治績。官吏不稱職或有過失者，君主可收其璽而免其官。《荀子》說：「相邦歲終奉其成功以效於君，當則可，不當則廢。」相邦為百官之長，如君主對其不滿，隨時可被免職。可見當時對官吏的考核是比較嚴格的。正因為如此，各國政府大都能保持較高的行政效率。

　　春秋時實行任人唯親，官吏主要由公子、公孫擔任。戰國時任人唯賢比較流行。雖然像齊、楚等國用宗族的現象仍未斷絕，但多數國家都主要從平民中擢用有用人才，甚至像申不害、范雎等出身於貧賤者也能被破格任用。秦多用外來的客卿，廣攬天下的英才。秦能最強於天下，與此不無關係。官吏人才多通過大臣或名流之推薦和保舉。如果推舉者徇私，則將受到一定的懲罰。如秦國對於「凡任人而所任不善者，各以其罪罪之」。

　　官吏一般都是領取實物為俸祿。高官可以食祿千鍾，甚至到三千鍾、萬鍾。稍低的俸祿為一千石，依次而下為八百石、七百石、六百石、五百石、四百石、三百石、二百石、一百石、五十石。更低者為斗食。按照秦制，六百石以上者皆屬高官級別。官吏有特殊功勳者，國家往往賞賜田地。如《商君書》曾說：「得甲首一，賞爵一級，益田一頃。」

　　封爵仍有，但和春秋之制有較大區別。如屬宗室或有功之大臣，可獲得君或侯之稱號，有封邑或封地，主要食租稅，僅有一

定的治民權。這些封君多終身或傳數世，很難長期世襲。稍低者為卿或大夫，一般是獎勵給功臣或名賢。秦的爵制、級別較多，從侯到大夫、士。其中的低爵，獲得者為平民或士兵。

兵制

由於戰爭頻繁，各國都擁有一支強大的武裝力量。士兵來源於募兵或徵兵。當時所說的「練卒」或「練士」，當是招募而來，並經過相當訓練、具有較好裝備的常備軍。但遇大戰時，也隨時徵發適齡男子服兵役。如秦趙長平之戰，秦昭王親赴河內，下令民身高七尺到六十三歲的男子都要開赴上黨。各國為了激勵士兵奮勇作戰，採用不同的獎賞辦法。如齊國的技擊之士，得敵首者可拿到賞金；魏國的武卒，其家屬可以免役。秦國除用獎賞外，還用嚴刑相脅，這也是秦軍戰鬥力很強的原因之一。

戰國時王權很集中，故君主都把兵權牢牢地控制在自己手裏，如軍隊的將帥都由君主任命。戰國早期，軍將常由相邦充任，以後則由其他高官為之。將帥非常設官，戰事結束後即罷。在調動軍隊時，君主用虎符為信物。虎符為銅質、虎形，分左右

戰國韓將庶虎節

青銅，伏虎形，存半符，符身陰刻銘文「韓將庶信節」等十字。

兩半，有子母口可以相合。右符在王所，左符在將領之手。王若派人前往調動軍隊，就需帶上右符，經過合符，軍將才能聽命而動。根據秦國「新郪符」的銘文，地方發兵超過五十人，就必須有王符。可見君主對軍隊的控制相當嚴格。

法律

戰國時各國都用嚴刑峻法以治國。為此而制定出一批新的成文法典。魏有李悝的《法經》，最為有名。趙有《國律》，燕有《奉法》。但這些法典都早已亡佚。秦律是在《法經》的基礎上編訂而成，也已不復存在。但 1972 年出土的雲夢秦律和其他有關材料，其中大部分都應是戰國時期秦國的法律條文，是了解秦或其他國家法制狀況的寶貴資料。

秦律將保護私有財產的神聖不可侵犯性放在首要的地位，如對犯盜竊罪者處罰極為嚴酷。凡參與分贓或窩贓者，則將和盜竊者受到同樣的懲罰。竊賊盜竊所得，其價值超過六百六十錢，就要被處以次於死刑的重刑。如盜竊別人的桑葉，其價值不到一錢，也要服苦役三十天。

法律對官吏的違法行為頗為重視。秦律中有多種的官府法規性質的內容，如有《置吏律》《效律》《軍爵律》等，還有和生產有關的《田律》《工律》和《金布律》。官吏在執法時忽於職守者為「不勝任」，對重罪輕判或輕罪重判為「不直」。「不勝任」和「不直」都構成犯罪。「不廉潔」的官吏為「惡吏」，也為法律所

不容。官吏因犯小的過錯，則將受到交納實物的「貲罰」。秦法對官吏約束較嚴，表明秦十分注意吏治。

　　戰國時刑罰殘酷。刑罰有死刑、肉刑、徒刑等類。肉刑分髡、黥、刖、劓等。徒刑是使罪人長期服苦役，三晉稱這類罪犯為胥靡，秦稱刑徒城旦或鬼薪、隸臣。秦徒刑中以城旦為最重，犯人髡髮穿赭衣，頸中戴鐵鉗，腳上戴鐵釱。同時還要處以黥、劓等肉刑。城旦在嚴密的監督下服長期的苦役，實際上成為罪犯奴隸。肉刑在戰國時已成為前一時代的殘餘，而徒刑則變為一種重要的懲罰手段。較輕的刑罰有遷刑、笞刑和罰金、罰徭。遷刑是把犯人遷徙到邊地去服役或戍守。犯人的家屬也要承擔法律責任，《法經》中的三族刑，即犯人的父、母、妻的親屬也要受株連。秦律中所謂的「收」，也是指籍沒罪人的妻孥。

七國的兼併戰爭和秦的統一

戰爭規模的擴大

　　戰國時期兼併戰爭比春秋時更為激烈和頻繁，規模也更大。各大國都擁有雄厚的武裝力量，三晉、齊、燕各有帶甲之士數十萬人，秦、楚兩國各有「奮擊百萬」。在作戰時更是大量出動，秦、趙長平一役，趙出兵四十多萬人；秦為了滅楚，動員兵力達六十萬人之多。春秋時的大戰，有時數日即告結束，戰國時則短者數月，長者可以「曠日持久數歲」。作戰雙方都要求消滅對方

實力，因此一次戰役中被殺的士兵多達數萬人乃至數十萬人。「爭城以戰，殺人盈城，爭野以戰，殺人盈野」，已成為常見的現象。戰爭中消耗的物力也十分驚人。《孫子兵法》說「興師十萬，日費千金」。《戰國策》說一次大戰，僅以損失的兵甲、車馬而言，「十年之田不能償也」。

各國為了克敵制勝，還競相改進武器裝備。韓、楚兩國都以武器製作精良而著稱於當時。兵器方面的最大變化是鐵兵器開始出現。如《史記》有「楚之鐵劍利」的話，《荀子》也說楚的宛（今河南南陽）地所出的戟和鐵矛極為鋒利。河北易縣出土有戰國末年燕國的鋼戟和鋼劍。另外，當時還有鐵甲和鐵盔。武器中的新品種有弩，弩是在弓上安裝木臂和銅製的郭，即利用簡單的機械將箭從弓上射出，使箭具有很強的穿透力，像韓國所造的勁弩，可把箭射到六百步以外。作戰用的器械也多種多樣，如有攻城用的雲梯、衝車，水戰用的鈎拒。有關的情況，在《墨子》的《備城門》等篇中都有記述。

作戰方法和兵種，也隨着戰爭規模擴大而發生變化。長期以來以車戰為主的作戰方法，漸退居於不太受地形條件限制的步戰之下。在北方民族的影響下，騎兵作為新兵種開始推廣。《戰國策》說七國各有騎數千匹或萬匹。為了便於騎戰，公元前307年，趙武靈王命「將軍」「大夫」「戍吏」都要穿胡服，即歷史上有名的「胡服騎射」。在《孫臏兵法》中，曾提出「用騎有十利」的看法。騎兵的許多長處，非其他兵種所能及，當時兵家對此已深有認識。

　　為了加強防禦，各國不惜動用大量人力來修建長城。齊的長城西起於平陰防門（今山東平陰），南面到海邊的琅邪。魏為了保護其河西，曾在今陝西洛水以東築長城。趙國在漳水、滏水流域修造過長城，趙武靈王又在陰山下修長城。燕國在大破東胡以後修造長城，西起造陽（今河北懷來），東止於襄平（今遼寧遼陽）。燕、趙修築北邊長城，目的在於防禦北方各族入侵，後來秦、漢長城即在其舊基址上加固而成。

魏的盛衰

　　魏是戰國初年中原的一個強國。文侯、武侯兩世，魏因經過政治改革而國力強盛，東面屢敗齊人，又滅中山國，西面則派李悝、吳起守西河，一再挫敗秦人的進攻。

　　到惠王時，魏更加強大，從此更加緊侵伐宋、衛、韓、趙等國。公元前 354 年，魏攻趙，次年，魏攻陷趙的邯鄲，齊救趙敗魏於桂陵（今山東曹縣），後魏將邯鄲歸還給趙。公元前 344 年，惠王在逢澤（今河南開封南）開會，「率十二諸侯，朝天子於孟津」，並於是年開始稱王，成為七國君主中最先稱王者。他在禮制方面處處模仿天子，企圖使中原各國都能聽從魏的號令。

　　惠王稱王是魏國強盛的頂峰，但很快就開始走下坡路。公元前 341 年，魏軍在馬陵之戰中，為齊伏兵所敗，損失十萬兵，主將太子申、龐涓都戰死，實力大為削弱。魏在西面又受挫於秦，失去少梁（今陝西韓城），河西屏障被秦突破。公元前 340

年，秦商鞅率兵伐魏，虜魏將公子卬。惠王被迫從安邑（今山西夏縣）遷都於大梁（今河南開封）。由於魏一再在軍事上失利，不能繼續稱雄於中原，公元前 334 年，魏惠王和齊威王在徐州（今山東滕州）相會，互尊為王，承認魏、齊的對等地位，以共分霸業，並緩和魏、齊的矛盾。

由於秦的崛起，秦東向發展，魏首當其衝，成為秦進攻的主要對象。故惠王以後，魏日益削弱。

秦的對外進攻和疆土的擴大

秦經過商鞅變法，國勢蒸蒸日上，不斷攻打韓、魏，以擴大秦的疆域。公元前 333～前 328 年，秦接連擊敗魏軍，魏被迫割地求和，失去其全部河西之地。公元前 325 年，秦惠文王也開始稱王。秦強大之後對三晉威脅很大，公元前 318 年，魏公孫衍起來聯趙、韓、燕、楚「合縱」攻秦，結果被秦打敗，將帥被秦俘獲。公元前 316～前 313 年，秦先後攻佔趙的中都（今山西平遙）、西陽（即中陽，今山西中陽），藺（今山西呂梁離石區西）。大敗韓軍於岸門（今河南許昌）。對三晉的攻伐都取得了勝利。

公元前 312 年，秦、楚大戰於丹陽（今河南淅川一帶），楚大敗，楚的軍將死者七十餘人。楚懷王又派兵襲秦藍田，又敗於秦。秦從此取得楚漢中地的一部分，置漢中郡，而楚失去西北的門戶。秦又不斷攻打義渠之戎，西向而拓地。公元前 316 年，

《樂毅論》拓本（局部）

東晉王羲之書。《樂毅論》是三國時期魏夏侯玄撰寫的一篇文章，論述了戰國時期燕國名將樂毅及其征討各國之事。

蜀有內亂，秦惠文王派司馬錯一舉而滅蜀，於是秦益強，「富厚，輕諸侯」。

齊伐燕和燕破齊

魏、齊相王以後，齊成為關東的最強者。燕王噲晚年，噲讓國於大臣子之，太子平聚眾攻子之，引起內亂。公元前314年，齊宣王派田章率兵攻燕，僅五十天就滅燕。齊軍對燕人肆意蹂躪，引起燕人反抗，終於趕走齊兵，但燕也因此而殘破。趙武靈王護送燕公子職回國繼位，是為燕昭王，燕國復定。

齊湣王時，武力很強，對外發動了一系列的戰爭。公元前301年，齊、秦率韓、魏攻楚，敗楚於重丘（今河南泌陽一帶），殺楚將唐眛。公元前296年，齊又聯合三晉和宋等國「合縱」以攻秦，秦不利，故退出一部分侵佔別國的土地而求和。齊和燕又戰於「桓之曲」，燕損兵十萬。湣王因屢勝而更加驕傲自滿。公元前288年，齊和秦曾一度互相稱帝，齊湣王為東帝，秦昭王為西帝，齊和秦成為天下

的兩強。公元前 286 年，齊又滅「五千乘之勁宋」，使得「泗上諸侯鄒、魯之君皆稱臣，諸侯恐懼」。但齊因連年興師用眾，造成「積散」「民憔悴、士罷弊」。特別在滅宋以後，齊實際上已成為強弩之末。

燕昭王即位之後，禮賢下士，樂毅等人都奔赴於燕，經過二十八年而「燕國殷富」。公元前 284 年，燕聯合三晉、秦楚而大舉伐齊，齊無力抵禦，燕將樂毅很快攻下齊都臨淄，湣王出走，不久被殺。齊除莒、即墨以外的七十餘城都為燕所佔領，並成為燕的郡縣。公元前 279 年，燕昭王卒，子惠王立，惠王以騎劫代樂毅，齊將田單舉兵反攻，殺騎劫，大破燕兵，收復了所有的失地，迎齊襄王入臨淄。齊雖能取得勝利，但國力未能因此而重振。

楚的削弱

春秋時楚和晉為兩強，進入戰國後楚已大不如以前，但因其地廣人眾，在關東六國中仍是比較強大的一國。魏公孫衍「合縱」攻秦，楚懷王曾被推為縱長。懷王時楚又滅越，楚的疆域擴大到今江浙和魯南一帶。自從秦、齊兩國強盛起來之後，楚不斷和秦、齊進行鬥爭，但都遭到失敗，最後楚懷王被秦誘至秦國而死於秦。

到楚頃襄王時，頃襄王「淫逸奢靡，不顧國政」，又不修城池，不設守備。公元前 280 年，秦攻下楚的漢北地及上庸（今湖

北竹山），司馬錯又從蜀而攻楚的黔中郡（今湖南西部）。次年，
秦將白起更是引兵深入，攻下鄢（今湖北宜城）、鄧（今湖北襄
陽附近）和西陵（今湖北宜昌西），次年攻佔了郢都，秦軍繼續
南進，一直打到今洞庭湖邊上。楚的軍隊潰散而不戰，楚頃襄王
逃竄於陳（今河南淮陽）。秦在所佔領的楚地設立黔中郡和南郡，
從此，「楚遂削弱，為秦所輕」。

趙向北發展和長平之戰

趙武靈王實行「胡服騎射」，增強了軍隊的戰鬥力。當時在
趙北面或西北方面的林胡、樓煩等北方民族，是趙國的強敵。武
靈王乃向北進攻，「攘地北至燕、代，西至雲中、九原」。武靈王
晚年，傳位於子惠文王，自號為「主父」，「而身胡服，將士大
夫西北略胡地」，佔領今內蒙古南部黃河西岸之地，建立雲中、
九原兩郡，又在陰山下修長城。故在戰國晚期趙成為實力僅次於
秦、齊的軍事強國。

公元前 270 年，秦、趙戰於閼與（今山西和順），趙將趙
奢大敗秦兵。公元前 263 年，秦攻佔韓的南陽（今河南沁陽一
帶），使韓和其上黨郡隔絕。郡守馮亭便以上黨降趙。秦和趙為
爭奪上黨郡而發生了有名的長平之戰。公元前 260 年，趙軍被
困於長平（今山西高平），因絕糧而全軍降秦，秦坑殺趙卒四十
餘萬人。次年，秦軍乘勝進圍邯鄲，攻打兩年多而城未下。後因
魏信陵君及其他國家派兵救趙，秦才解兵而去。趙經過長平之戰

和邯鄲被圍，實力大為削弱。

秦滅六國

　　秦從孝公、惠文王時開始向東進攻，取得不少勝利。到昭
王時，滅六國的基礎已經奠定。昭王任用足智多謀的魏冉為相，
《史記》以為秦所以「東益地弱諸侯，嘗稱帝於天下，天下皆西
向稽首者」，都是魏冉的功勞。後來又任用范雎，雎對外主張遠
交近攻，對內則主張要清除貴戚大臣之有勢者。昭王採用其謀，
使秦更為強大。到昭王末年，屬於三晉的上郡、河東、上黨、河
內、南陽等地都被秦所攻佔。秦又南滅巴蜀，建立巫郡、黔中郡
和漢中郡。其疆土之大，六國中罕有其匹。特別是「天下之樞」
的韓魏，是當時經濟、文化上最先進的地區。而秦佔領了不少
韓、魏的領土，兩國之君甚至入朝於秦，「委國聽命」，秦對中原
已起到主宰的作用。

　　到秦莊襄王時，東周、西周都被秦所滅，「秦界至大梁」，其
勢力進一步深入到關東地區。公元前 246 年，秦王政即位，呂
不韋仍為相，招致天下賓客，準備滅六國。公元前 237 年，秦
王政親自執政，以李斯為佐，開始大規模對關東用兵，為配合軍
事上的攻勢，秦又用金錢收買六國權臣以分化其內部。

　　公元前 230 年，秦滅韓，以韓地為潁川郡。公元前 228
年，用反間計殺趙將李牧。次年，攻下邯鄲，虜趙王遷。趙公子
嘉逃到代地，自立為王。公元前 226 年，秦破燕，燕王喜逃到

遼東。次年，秦決河水灌魏都大梁，城壞，魏王投降，魏亡。公元前 223 年，秦將王翦率六十萬人攻楚，虜楚王。次年，秦完全攻佔楚地，楚亡。公元前 222 年，秦攻遼東，虜燕王喜，又攻代而虜代王嘉，燕、趙兩國亡。次年，滅齊，中國統一。

經過戰國，全國從分裂割據的狀態走向統一，是歷史發展的必然。從春秋到戰國，由於社會生產力的提高，農業、手工業、水利、交通、商業等方面都有了較大的發展，使各地區經濟上的不平衡性減少，彼此間的聯繫加強，相互的依賴關係更為密切。經濟的發展，為全國統一奠定了基礎。政治方面，各國經過變法，建立了百官必須服從君主法令的新的中央官僚制度；地方上原來的貴族分封制為郡縣制所取代，從而消除了各自為政的現象。政治制度上的重大改革，為大一統政權的出現準備了條件。

秦能夠統一中國的客觀原因為：秦據有富饒而又易守難攻的關中地區，具有良好的地理環境；秦變法比關東六國更為成功，對舊勢力、舊制度的剷除較徹底，故在經濟、政治方面比其他各國更為先進。秦昭王時，荀子曾到秦國去過。他說秦實行法治很成功，統治階級內部矛盾較少，政治清明，故秦從孝公至昭王，軍事上屢能獲勝，絕非偶然。

邊境內外各族

春秋時期中原的戎、狄，到戰國時都已和華夏族融合為一了。但在離中原較遠的地區仍有許多其他民族，這些民族居住在

燕、趙、秦、楚等國境內或境外。

胡貉和氐羌

胡貉是當時人對北方各族的泛稱。分佈在今東北或蒙古大草原上者為東胡和匈奴，分佈在今內蒙古東部和河北、山西北部者為林胡、樓煩。這些民族主要以畜牧為生，善騎射，是各族中武力最強者，中原各國受其威脅較大。趙國從襄子時起就不斷和其北面的胡貉人作鬥爭。武靈王時，趙曾經大破林胡、樓煩，把所佔領的土地置為趙的郡縣，但雙方的鬥爭並未結束，到戰國末年，趙將李牧又「滅襜襤，破東胡，降林胡」。

戰國後期，燕將秦開襲破東胡，東胡卻地千里，燕乘勝而進，在邊境上修建長城，又置上谷、漁陽、右北平、遼西、遼東等郡。

匈奴長期受東胡的控制，和中原國家的關係較少。

濊貊人分佈於今遼寧境內，他們以漁獵和農耕為業，不同於以畜牧為主的胡貉各族。在今內蒙古、遼寧等地，發現過不少戰國時期的古墓，出土有青銅的短劍、匕首、戈、工具和馬飾等物，還有鐵器、金銀器和燕國的刀幣。這些遺物當是濊貊各族所遺留下來的，因為其中有些器物或花紋具有濃厚的畜牧民族文化的特徵。但裏面也有些器物是仿自中原，或者就是從中原流入的。這表明當時這些民族和中原各國有來往關係，甚至受到中原文化明顯的影響。

　　氐、羌族分佈於今西北，和秦鄰近者為大荔、義渠，「築城數十，皆自稱王」。秦於戰國早期滅大荔，和義渠相周旋時間最長，到公元前 272 年才滅義渠，並將所得到的土地建立了隴西、北地郡。

巴蜀

　　戰國時蜀人分佈在今川北和川西一帶。巴人分佈在川東的嘉陵江、長江沿岸。秦惠王時，秦派司馬錯率兵滅蜀，同時也滅巴。秦將蜀王降為蜀侯，派陳莊為蜀相以監督蜀人。公元前 301年，蜀起來反抗，秦又派司馬錯定蜀，後來就開始在蜀、巴設立郡縣。蜀人的歷史很古老，從出土的銅器來看，它早期受商、周文化影響，到戰國時則受秦、楚影響較大。在蜀人和巴人的青銅器上，常見有屬於他們自創的象形的文字。青銅器製作甚精，和中原各國所作者可相媲美，可見其文化程度之高。

越

　　越人分佈地區頗廣。今浙江、江西和兩廣、福建等地都是越人居住和生活的地方。戰國文獻記載中已有「百越」「揚越」「甌越」「閩」等名稱不同的部族。

　　根據考古發現，可知在浙江和廣東、廣西一帶，戰國時期越人在青銅器製作方面已進入發達的階段，能冶鑄出精美的鐘、鼎

和戈、矛或多種工具。器形、花紋帶有地方特色，但也能看出有
楚文化的某些影響。在廣東的有些遺址中還發現有鐵器，儘管數
量不多，也表明中原的先進文化已進入到今嶺南地區。

諸子的思想與學說

戰國時期在文化教育方面也發生了極大的變化，主要是學在
官府的傳統被打破，少數貴族已不能再繼續壟斷文化知識。隨着
私學的出現，「孔墨之弟子徒屬，充滿天下」。社會上湧現出大量
的文學遊說之士，為學術文化的繁榮打下了良好的基礎。

齊國國君為了富國強兵而爭相禮賢下士，甚至連一些貴族、
官僚也招賢養士。齊國在臨淄稷門設館，招徠慎到、鄒衍等知名
之士，給予優厚的生活待遇，讓他們不任職而議論國事，從戰
國初到戰國末，稷下一直是重要的文化學術中心。秦相呂不韋
也「招致士，厚遇之，至食客三千人」。《呂氏春秋》一書即由其
門客撰寫而成。養士之風的盛行，為文學之士提供了活動的環境
和條件。他們可以潛心於學術，著書立說，使文化學術獲得空前
發展。

《漢書‧藝文志》說：「時君世主，好惡殊方，是以九家之術，
蜂出並作。各引一端，崇其所善。」說明眾多學派的產生是出於
不同的政治需要。各國君主不僅對各家「兼而禮之」，不主一家，
還鼓勵和支持各家之間的相互論戰，促進了思想的活躍和學術的
繁榮，出現了百家爭鳴的局面。當時顯學除孔、墨兩大家之外，

還有道、法、陰陽、名辯諸家，一家之中也不斷分化為更小的學派，如韓非說戰國末「儒分為八，墨離為三」。各家都抱着「以其學易天下」的宗旨，而他們確實「皆有所長，時有所用」，對當時政治、文化的發展變化都作出一定的貢獻。

墨子，名翟，約生於春秋末年，魯人，是墨家的創始人。墨家的出現較儒家略晚，但墨家對儒家的觀點持反對態度，儒、墨成為水火不相容的兩大派。流傳至今的《墨子》一書，其中保留着墨子的思想和主張，也有部分為其後學的作品，書中提到的尚賢、尚同、節用、節葬、非樂、非命、天志、明鬼、兼愛、非攻十種主張，是墨學的主要組成部分。墨學帶有較強的人民性和進步性，在戰國時為顯學，但從秦漢開始，墨家某些觀點漸被儒家所吸收，其餘則因不合世用而得不到人們的重視，故漸趨於衰落。

孟子，名軻，鄒人，曾受業於孔子之孫子思之門下，是戰國中期的儒學大師。孟子主性善之說。他要求人們通過存心養性，努力使仁、義、禮、智這四種品質擴而大之。在政治方面他提出了關於仁政的學說。仁政的具體內容是要求君主去注意和改善農民的生活處境。他還提出「民貴君輕」的說法。孟子的學說對後代的思想文化曾起過重要的作用，尤其是他的仁政和重民思想，對後代開明君主或進步思想家都產生過較大的影響。北宋以後，孟子的著作也成為儒家的經典。長期以來，孟子因僅次於孔子而被稱為「亞聖」，人們也把儒學稱之為「孔孟之道」。

老子，事跡不詳，流傳至今的《老子》，是研究老子思想（即

道家思想）的主要依據。書中提出唯物主義的天道自然的觀點，以為天地都是按照客觀規律而運動的。老子在樸素辯證法的指導下，認為世間萬物之間存在着相輔相成、相互對立轉化的聯繫。他在治國方面則強調「無為」。即要遵循客觀規律，不要逆理而動。特別注意寬減農民的租稅負擔。《老子》書中的許多哲學原理，對後來中國社會有過深遠的影響。如統治上層常用「無為」來緩和國家與人民的矛盾，而像小勝大、弱勝強之類的思想，又成為下層人民展開反抗鬥爭時不可缺少的精神力量。

莊子，名周，宋人。他曾做過漆園吏，約與孟子同時或稍晚，是戰國時道家的重要代表人物。流傳至今的《莊子》，涉及了許多有關宇宙萬物的探索和討論。《莊子》把道看作宇宙的本源。道是自然無為，人只能順從它而不能超越它或違背它。故崇尚道實際上就是崇尚自然。《莊子》還提出了避免形而上學看問題的相對主義，即「天下莫大於秋毫之末，而太山為小；莫壽於殤子，彭祖為夭」。但相對主義運用到社會政治方面，則認為儒墨孰是孰非無法回答，從而導致認識上走向不可知論的傾向。由於《莊子》崇尚自然，故而強調人的活動必須和客觀規律相順應。但另一方面，只強調適應自然卻又否認了人的主觀能動作用。

荀子，名況，字卿，戰國末趙人。他批判各家，又吸取各家之長，是戰國末儒家之中最有影響的儒學大師。他接受了道家的自然觀。所不同的，是荀子以為人定勝天而不應單純順應自然，提出了「制天命而用之」的著名論點。

　　荀子在人性問題上的見解，與孟子正相反，他主張人性惡，認為經過後天的教育才能使人為善，以至變成聖人。但孟子的重民思想，也為荀子所繼承。他還進一步發揮了儒家一貫的崇禮主張，在強調禮治的同時，又提出實行法治的重要性，這是他和以往儒家的不同之處。王霸並用，禮治與法治相輔而行，是荀派儒學的一大特色。

　　韓非，戰國末韓人。和李斯都曾師事荀況。他是戰國末法家中的重要代表人物。《韓非子》一書，是其思想之集大成。他以為人類歷史是發展變化的，所以應該根據當時的實際來制定政策，即仁義只適用於古代，而當今就必須依靠暴力和法治。在此基礎上，韓非繼承和總結了戰國時期各個法家學派的經驗，認為法、術、勢三者必須並重。法固然重要，但君主要有一定的權力和威勢，否則法令難以貫徹下去。除了勢以外，君主還要有一套控馭臣下的權術，否則君主的地位不會鞏固。他又以申不害、商鞅為例，說明只有法或只注重術都是有缺陷的。故韓非成為戰國法家學說的集大成者。

　　荀子的人性惡為韓非所繼承。他認為人的本性是趨利避害，因此治國就離不開刑、賞，而且用刑越嚴越好。他又提出：「明主之國，無書簡之文，以法為教，無先王之語，以吏為師。」即不允許法家以外各個學派的存在，徹底否定德化和教育的作用，使極端的專制主義貫徹到文化思想領域。以上的一些主張為促進秦統一和速亡都起過一定的作用。但有關法治若干基本准則，在以後的兩千多年中，一直為許多王朝所採用。

　　出現於戰國時期的諸子百家，是當時文化發展方面所取得的
巨大成就之一。諸子的學說，是當時人智慧的結晶，對以後中國
歷史的發展產生過重要的影響，是中國古代寶貴文化遺產的重要
組成部分。

（吳榮曾）

秦是由戰國後期一個諸侯王國發展起來的統一大
國，中國封建社會的第一個統一王朝（前 221～前
207）。秦始皇繼歷代秦王蠶食諸侯之後，完成了統
一六國的事業，實現了從分封制到郡縣制的轉變。他
所建立的專制主義中央集權制度，及所採取的旨在鞏
固統一的某些措施，為後世帝王所取法。秦朝急政暴
虐，導致速亡。末年陳勝、吳廣領導的農民戰爭，在
中國歷史上開創了武裝反對黑暗統治的傳統，影響至
為深遠。由於過去的割據局面所造成的社會影響，反
秦過程中重新出現了分裂的傾向。在接踵而來的爭奪
統治權的楚漢之戰（前 207～前 202）中，漢勝楚敗，
使分裂形勢受到控制，統一國家得以恢復。

秦

專制主義中央集權制度的建立

公元前 221 年，秦王政（前 246～前 210 年在位）統一六國，結束了長期的諸侯割據局面，建立了一個以咸陽為首都的幅員遼闊的國家。這個國家的疆域，東至海，西至隴西，南至嶺南，北至河套、陰山、遼東。秦王政兼採傳說中三皇五帝的尊號，宣佈自己為這個國家的第一個皇帝，即始皇帝，後世子孫代代相承，遞稱二世、三世皇帝。他認為帝王死後以其行為為謚的制度，是「子議父，臣議君」，有損於帝王的尊嚴，所以宣佈取消。他規定皇帝自稱曰「朕」，並制定了一套尊君抑臣的朝儀和文書制度。這些都是為了顯示皇帝的無上權威，表示秦的統治將萬世一系，長治久安。

周代以來封國建藩的制度，與專制皇權和統一國家是不相容的，所以必須加以改變。始皇二十六年（前 221），丞相王綰請封諸皇子為燕、齊、楚王，得到群臣的贊同。廷尉李斯力排眾議，主張廢除分封諸侯的制度，全面推行郡縣制度。秦始皇接受了李斯的建議，把全國分成三十六郡，以後又陸續增設至四十餘郡。這些郡完全由中央和皇帝控制，是中央政府轄下的地方行政單位。中央集權的制度從此確立。始皇二十八年的嶧山刻石辭說：「追念亂世，分土建邦，以開爭理」；「乃今皇帝，壹家天下，兵不復起」。這說明

秦始皇認為廢分封行郡縣是消除各地兵爭所必須的。

秦始皇以戰國時期秦國官制為基礎,把官制加以調整和擴充,建成一套適應統一國家需要的新的政府機構。在這個機構中,中央設丞相、太尉、御史大夫。丞相有左右二員,掌政事。太尉掌軍事,不常置。御史大夫是丞相的副貳,掌圖籍秘書,監察百官。丞相、太尉、御史大夫以下,是分掌具體政務的諸卿,其中有掌宮殿掖門戶的郎中令,掌宮門衞屯兵的衞尉,掌京畿警衞的中尉,掌刑辟的廷尉,掌穀貨的治粟內史,掌山海池澤之稅和官府手工業製造以供應皇室的少府,掌治宮室的將作少府,掌國內民族事務和外事的典客,掌宗廟禮儀的奉常,掌皇室屬籍的宗正,掌輿馬的太僕等。丞相、太尉、御史大夫與諸卿議論政務,皇帝作裁決。

地方行政機構分郡、縣兩級。郡設守、尉、監(監御史)。郡守掌治其郡,郡尉輔佐郡守,並典兵事。郡監司監察。縣,萬戶以上者設令,萬戶以下者設長。縣令、長領有丞、尉及其他屬員。郡、縣主要官吏由中央任免。縣以下有鄉,鄉設三老掌教化,嗇夫掌訴訟和賦稅,遊徼掌治安。鄉下有里,是最基層的行政單位。里有里典,後代稱里正、里魁,以「豪帥」即強有力者為之。此外還有司治安、禁盜賊的專門機構,叫作亭,亭有長。兩亭之間,相距大約十里。

早在秦獻公十年(前 375),秦國就建立了以「告奸」為目的的「戶籍相伍」制度。後來商鞅規定,不論男女,出生後都要列名戶籍,死後除名;還「令民為什伍」,有罪連坐。秦律載明遷徙者當謁吏轉移戶籍,叫作「更籍」。秦王政統治時期,戶籍制度趨於完備。秦王政十六年(前 231)令男子申報年齡,叫作

「書年」。據雲夢秦簡推定，秦制男年十五（另一推算是十七）載明戶籍，以給公家徭役，叫作「傅籍」。書年、傅籍，是國家徵發力役的依據。始皇三十一年，「使黔首自實田」，即令百姓自己申報土地。土地載於戶籍，使國家徵發租稅有了主要依據。戶籍中有年紀、土地等項內容，戶籍制度也就遠遠超過「告奸」的需要，成為國家統治人民的一項根本制度。秦置二十級爵，以賞軍功。國家按人們的爵級賜給田宅，高爵者還可以得到食邑和其他特權。爵級載在戶籍，所以戶籍也是人們身份的憑證。

統治一個大國，需要全國一致而又比較完備的法律制度。出土的雲夢秦簡提供了自秦孝公至秦始皇時期陸續修成的秦律的部分內容，其中有刑律的律文和解釋，有名目繁多的其他律文，還有案例和關於治獄的法律文書。秦始皇統一六國以後，以秦律為基礎，參照六國律，制定了全境通行的法律。秦律經過漢朝的損益，成為唐以前歷代法律的藍本。

維持一個大國的統一，還需要強大的軍隊。秦軍以滅六國的餘威，駐守全國，南北邊塞是屯兵的重點地區。秦制以銅虎符發兵，虎符剖半，右半由皇帝掌握，左半在領兵者之手，左右合符，才能調動軍隊。這是保證兵權在皇帝手中的重要制度。秦軍是一支前所未有的巨大的震懾力量。已發掘的秦始皇陵側的兵馬俑坑，其中兩坑約有武士俑七千件，戰車百乘，戰騎百匹。武士俑同真人一樣高大，所持武器都是實物而非明器。這種車、步、騎兵混合編組的大型軍陣，其規模之大，軍容之盛，是秦軍強大的表徵。

秦始皇不但建立了一套專制主義中央集權的統治機構和制度，而且還採用了戰國時期陰陽家的終始五德說，以辯護秦朝的

法統。終始五德說認為,各個相襲的朝代以土、木、金、火、水等五德的順序進行統治,周而復始。秦得水德,水德尚黑,所以秦的禮服旌旗等都用黑色;與水德相應的數是六,所以符傳長度、法冠高度各為六寸,車軌寬六尺;水德主刑殺,所以政治統治力求嚴酷,不講究「仁恩和義」;與水德相應,曆法以亥月即十月為歲首,等等。秦始皇還確定了一套與皇帝地位相適應的複雜的祭典以及封禪大典,擇時進行活動。秦始皇在咸陽附近仿照關東諸國宮殿式樣營建了許多宮殿,並於渭水之南修造富麗宏偉的阿房宮。咸陽宮殿佈局取法於天上的紫微宮,儼然是人間上帝的居處,天下一統的象徵。秦始皇還在驪山預建陵寢,墓室中以水銀為百川、江河、大海,機相灌輸,上具天文,下具地理。他採取這些措施,和他採用皇帝的名號一樣,是要表示他在人間的權力與上帝在天上的權力相當,從而向臣民灌輸皇權神秘的觀念。皇權神秘觀念,是專制主義中央集權制度的思想基礎。

　　皇權的加強和神化,郡縣制的全面推行,體現專制皇權的官僚機構和各種制度的建立,法律的完備和統一,皇帝對軍隊控制

陝西西安臨潼區秦兵馬俑坑出土的將軍陶俑

的加強，等等，這些就是專制主義中央集權制度的主要內容。專制主義中央集權制度，在當時的條件下是維持封建統一所不可少的條件。但是這種政治制度對百姓的束縛極大，而且它對經濟文化發展的促進作用也可以轉變為阻滯作用，這在封建社會後期更為顯著。

防止封建割據的措施：焚書坑儒

長期分裂局面造成的影響，使秦始皇非常關心六國舊地的動靜，擔心六國舊貴族圖謀復辟。為了防止割據的再現，秦始皇把六國富豪和強宗十二萬戶遷到咸陽，另一部分遷到巴蜀、南陽、三川和趙地，使他們脫離鄉土，以便監視。他把繳獲的和沒收的武器加以銷毀，在咸陽鑄成十二個各重千石的鐘鐻銅人。又下令「墮壞城郭，決通川防，夷去險阻」，盡可能消滅封建貴族依以割據的手段。為了控制廣闊的國土，特別是六國舊境，秦始皇還修建由首都咸陽通到全國各地的馳道，東窮燕齊，南極吳楚。他自己多次順着馳道巡遊郡縣，在很多地方刻石記功，以示威強。為了加強北方的防務，秦始皇三十五年（前 212），又修築由咸陽經過雲陽（今陝西淳化西北），直達九原（今內蒙古包頭西）的直道，塹山堙谷千八百里。在西南地區，還修築了今四川宜賓以南至雲南昭通的五尺道，於近旁設官進行統治。

秦始皇對分裂割據的思想和政治傾向，也進行了鬥爭。當時的一些儒生、遊士，希望復辟貴族割據局面，他們「入則心非，出則巷議」，引證《詩》《書》百家語，以古非今。始皇三十四年，

丞相李斯請求焚毀《詩》《書》，消滅私學。他建議「史官非秦記皆燒之。非博士官所職，天下敢有藏《詩》《書》、百家語者，悉詣守、尉雜燒之。有敢偶語《詩》《書》者棄市。以古非今者族。吏見知不舉者與同罪。令下三十日不燒，黥為城旦。所不去者，醫藥卜筮種樹之書。若欲有學法令，以吏為師」。秦始皇接受了這一建議，於是就發生了焚書事件。第二年，為秦始皇求仙藥的方士有誹謗之言，又相邀逃亡，秦始皇派御史偵察咸陽的儒生方士，把其中被認為犯禁者四百六十多人坑死。在早期封建社會的歷史條件下，在統一與分裂激烈鬥爭的年代，秦始皇用焚書坑儒手段來打擊貴族政治的思想是可以理解的。但是，焚書坑儒摧殘文化，是極其野蠻殘暴的事，對於古文獻的保存和學術的傳授，造成了極大的損失。

秦始皇施政定制雖已兼採陰陽等家思想，但根本上是以法家思想為依據。焚書坑儒以及「以法為教」「以吏為師」等，更突出地反映了他的法家思想。

整齊制度

秦始皇以原來秦國的制度為標準，整齊劃一全國政治、經濟、文化方面的一些制度，企圖盡可能消除由於長期分裂割據造成的地區差異，以利統一。

戰國時期，各國文字的基本結構雖然相同，但字體繁簡和偏旁位置卻有差異。李斯受命統一文字，他以秦國的文字為基礎，參照六國文字，制定小篆，並寫成範本，在全國推行。當時還流

秦半兩銅錢

行一種書法，叫作隸書，比小篆更簡便。

　　秦始皇廢止戰國時各國形制和輕重大小各不相同的貨幣，改以黃金為上幣，以鎰（二十兩）為單位；以秦國舊行的圓形方孔銅錢為下幣，文曰半兩，重如其文。

　　秦始皇用商鞅時制定的度量衡標準器，來統一全國的度量衡。今見秦朝權量，都刻有始皇二十六年（前211）頒佈的統一度量衡的詔書。這種權量出土多，分佈廣，長城以外也有發現，可見統一度量衡是認真有效的。秦始皇還用法律規定了度量衡器誤差的允許限度。他規定六尺為步，二百四十步為畝。不過二百四十步為畝的制度實際上只行於舊秦，可能還有舊趙境內，東方許多地區仍以百步為畝，直到漢武帝時期為止。

　　文字、貨幣、度量衡的統一，為經濟、文化的發展提供了便利條件，促進了統一國家的發展。

對匈奴和對越人的戰爭

　　匈奴人分佈在蒙古高原上，戰國末年以來，常向南方侵犯。全國統一以後，秦始皇派

蒙恬率軍三十萬抗擊匈奴。蒙恬於始皇三十二年（前 215）收復河套以南地，即當時所謂「河南地」，第二年進一步斥逐匈奴。秦自榆中（在今甘肅蘭州以東，但有異說）向北，在黃河以東、陰山以南的地區內設置三十四縣，並在黃河的一段地區因河築塞。秦還把戰國時燕、趙、秦三國長城修復並連接起來，築成西起臨洮（今甘肅岷縣）、東迄遼東的古代世界偉大工程之一的萬里長城，用來保護北方農業區域。接着，秦又徙民幾萬家於河套。這對於邊地的開墾和邊防的加強，起了積極作用。

中國境內的越人分佈在華東、華南地區，分為閩越、南越、西甌等部分。閩越在今浙江、福建一帶，南越在今廣東和廣西東部，西甌在今廣東西南部、廣西南部以至於雲南東南部。越人「斷髮文身，錯臂左衽」，依山傍海，從事漁獵和農業。西甌人主要從事農業生產。

秦王政二十四年（前 223），王翦率秦軍滅楚，繼續南進，奪得越人一部分土地，置會稽郡（今江蘇蘇州）。二十六年，秦始皇派尉屠睢發卒五十萬，分為五軍，進攻鐔城（今湖南靖州境）、九嶷（今湖南寧遠南）、番禺（今廣東廣州）、南野（今江西贛州南康區境）、餘干（今江西餘干境），進行了三年不解甲、不弛弩的艱巨戰鬥。秦軍擊敗了閩越的抵抗，以其地置閩中郡（今福建福州）。攻南越的秦軍，也佔領了番禺。只有西線的秦軍遇到西甌人頑強的抵抗。為了解決秦軍轉餉的困難，監祿率卒在湘水、灕水間開鑿靈渠（在今廣西興安），溝通了長江和珠江水系的交通。在秦軍和西甌人的戰鬥中，西甌君譯吁宋和秦軍統帥尉屠睢相繼戰死。三十三年，秦始皇又謫發內郡曾經逃亡的人、

贅婿、商人增援，征服了西甌，在南越、西甌故地及其相鄰地區
建置了南海郡（今廣東廣州）、象郡（今廣西崇左境）和桂林郡
（今廣西桂平），並繼續徵發人民前往戍守。這樣，幾十萬北方農
民就留在那裏與越人雜居，共同開發珠江流域。

秦代的急政

　　秦始皇的事業，是在殘酷地剝削壓迫人民的條件下，在短短
的十幾年中完成的，這使秦的統治具有急政暴虐的特徵。

　　在秦統一以後的十幾年中，秦始皇維持了一支龐大的軍隊，
建立了一個龐大的官僚機構，進行了多次的大規模戰爭，完成了
巨大的國防建設和土木建築。秦始皇大大增加了對人民的徵斂。
據估計，當時全國的人口約為一千多萬，而當兵服役的人超過
二百萬，佔壯年男子三分之一以上。當兵服役的人脫離了農業生
產，靠農民養活，這就出現了「男子力耕，不足以供糧餉，女子
紡績，不足以供衣服」的嚴重局面，大大動搖了秦的統治基礎。
為了強化地主階級的統治，秦朝又推行嚴刑峻法以鎮壓人民，並
且把數十萬人民變為封建國家的囚徒。

　　秦始皇使黔首自實田，在全國範圍內正式承認土地私有制。
地主階級憑藉這個命令，不僅得以合法佔有土地，而且可以用各
種手段兼併農民的土地。土地被兼併的農民，不得不以「見稅什
五」的苛刻條件耕種豪民之田。農民生活悲慘，穿牛馬之衣，吃
犬彘之食，往往在暴吏酷刑的逼迫下逃亡山林，舉行暴動。

　　這種種情況說明，急政暴虐激化了社會矛盾，秦始皇在完成

統一事業的同時，也造成了秦王朝傾覆的條件。所以西漢時的賈
山談到秦代「群盜滿山」的情況時說，秦始皇在世時，他的統治
已經在崩潰，雖然他自己並不知道。

公元前 210 年，秦二世胡亥即位。他進一步加重對農民的
剝削和壓迫，以「稅民深者為明吏」，以「殺人眾者為忠臣」。
他令農民增交菽粟芻槁，自備糧食，轉輸至咸陽，供官吏、軍隊
以至於狗馬禽獸的需要。他繼續修建阿房宮，繼續發民遠戍。徭
役徵發的對象進一步擴大，農民的困苦達到極點，大規模的農民
起義已經到一觸即發的地步。

在農民醞釀反秦的時候，潛伏着的六國舊貴族殘餘勢力也在
俟機進行分裂活動。始皇三十六年（前 211），東郡出現「始皇
帝死而地分」的刻辭，就是這種分裂活動的徵兆。

陳勝、吳廣領導的農民戰爭

秦二世元年（前 209）七月，一隊開赴漁陽（治今北京密雲
西南）的閭左戍卒九百人，遇雨停留在大澤鄉（今安徽宿州境），
不能如期趕到漁陽戍地。秦法「失期當斬」，戍卒們面臨着死刑
的威脅。於是，在陳勝、吳廣的領導下，在大澤鄉舉起了中國歷
史上第一次大規模農民起義的旗幟。

陳勝，即陳涉，陽城（今地有異說，在河南境內）人，僱
農出身；吳廣，陽夏（今河南太康）人，也是農民。他們都是戍
卒的屯長。為了發動起義，他們在帛上書寫「陳勝王」三字，置
魚腹中，戍卒買魚得書，傳為怪異。吳廣又於夜晚在駐地旁叢祠

黔首

陝西西安臨潼區出土的秦
代圉人（養馬人）陶俑

　　戰國時期和秦代對百姓的稱呼。戰國時期已經廣泛使用，它的含
義與當時常見的「民」「庶民」雷同。《史記‧秦始皇本紀》記載，秦
始皇二十六年（前221）下令「更名民曰『黔首』」。這是秦統一中國
後更定名物制度的內容之一。秦始皇三十一年，發佈「使黔首自實田」
的律令。佔有土地的地主和自耕農，按照當時實際佔有的田數，向封
建政府呈報，即可取得國家的承認。從此，原秦國的一套封建土地制
度和法令就在全國範圍內施行。

中燃籌火，作狐鳴，發出「大楚興，陳勝王」的呼聲。接着，陳勝、吳廣率領戍卒，殺押送他們的秦尉，用已被賜死的秦公子扶蘇和已故楚將項燕的名義，號召農民反秦。附近農民斬木揭竿紛紛參加起義。起義軍分兵東進，主力則向西進攻，連下今豫東、皖北的鈺、酇、苦、柘、譙（分別在今安徽宿州，河南永城、鹿邑、柘城，安徽亳州境）諸縣。當他們推進到陳（今河南淮陽）的時候，已是一支數萬人的聲勢浩大的隊伍了。

在起義軍的影響下，許多郡縣的農民殺掉守令，響應陳勝；特別是在舊楚國境中，數千人為聚者到處可見。一些潛藏民間的六國舊貴族、遊士、儒生，也都乘機來歸，憑藉舊日的地位，在農民軍中發揮影響。遊士張耳、陳餘甚至勸陳勝派人「立六國後」，被陳勝斷然拒絕。陳勝自立為「張楚王」，分兵三路攻秦：吳廣為「假王」，西擊滎陽；武臣北進趙地；魏人周市攻魏地。吳廣軍在滎陽被阻，陳勝加派周文西擊秦。

周文軍很快發展到車千乘，卒數十萬人，進抵關中的戲（今陝西西安臨潼區境），逼近咸陽。秦二世慌忙發修驪山陵墓的刑徒為兵，以少府章邯率兵應戰，打敗周文軍。

武臣佔領了舊趙都城邯鄲後，在張耳、陳餘慫恿下自立為趙王，陳勝勉強予以承認。武臣抗命不救周文，卻派韓廣略取燕地。韓廣在燕地貴族的慫恿下，也自立為燕王。

周市進到舊魏南部和舊齊境內。舊齊貴族田儋自立為齊王，反擊周市。周市在魏地立舊魏貴族魏咎為魏王，自為魏丞相，並派人到陳勝那裏迎接魏咎。

舊貴族的勢力很活躍，渙散了農民起義隊伍。陳勝缺乏經

驗，決心不夠，眼看着分裂局面的形成。陳勝周圍也出現了不團結的現象。

秦將章邯軍連敗周文，周文自殺。章邯又東逼滎陽，吳廣部將田臧殺吳廣，迎擊章邯，一戰敗死。章邯進到陳，陳勝敗退到下城父（今安徽渦陽東南），被叛徒莊賈殺死，陳縣失守。陳勝部將呂臣率領一支「蒼頭軍」英勇接戰，收復陳縣，處決了莊賈。陳勝作為反秦的先驅者，領導起義只有半年就失敗了，但是反秦的浪潮卻被他激起，繼續不斷地衝擊秦的統治。

楚漢之戰

陳勝起義後，舊楚名將項燕之子項梁和梁侄項羽在吳（今江蘇蘇州）殺掉秦會稽郡守，起兵響應。不久項梁率領八千子弟兵渡江北上，隊伍擴大到六七萬人，連戰獲勝。閩越貴族無諸和搖也率領族人，跟着秦番陽令吳芮反秦。原沛縣亭長劉邦和一部分刑徒逃亡山澤，也襲擊沛令起事，歸入項梁軍中。項梁立楚懷王之孫為楚王。以後，項梁在定陶敗死，秦章邯軍轉戈北上，渡河擊趙。這時，代替蒙恬戍守朔方邊塞的王離，也率大軍由上郡（治今陝西榆林東南）東出，包圍了張耳和趙王歇駐守的鉅鹿城（今河北平鄉境）。楚王派宋義、項羽救趙，派劉邦西入關中。宋義北至安陽，逗留不進。項羽殺宋義，引兵渡漳河，經過激戰，解鉅鹿之圍，被推為諸侯上將軍。以後，秦將章邯率二十萬人向他投降。劉邦迂迴進入武關，到達咸陽附近。那時秦二世已被趙高殺死，繼立的子嬰貶去帝號，稱秦王，在公元前 207 年 10 月

向劉邦投降。劉邦廢除秦的苛法,只約法三章,「殺人者死,傷人及盜抵罪」,深得秦人擁護。

劉邦入咸陽後,項羽也立即率軍入關,駐鴻門,然後進入咸陽,大肆燒殺掠奪。他在諸王並立的既成局面下,自立為西楚霸王,都彭城。並調整諸故王土地,徙置他們於其原據地的邊緣,而把自己的親信封於各國的善地為王。這樣就並立着十八個王國,受制於西楚霸王。項羽的這一措施反而惡化了割據形勢。不久齊國首先發難,諸侯混戰再次爆發。

被項羽逼處巴蜀漢中一隅為漢王的劉邦,於漢元年(前206)五月,乘機進入關中,敗項羽所封關中三王。接着領軍東出,遠襲彭城,退守於滎陽、成皋之間,與項羽相持。劉邦鞏固了關中後方,又聯絡反對項羽的力量,轉敗為勝。漢五年十二月,與韓信、彭越等會攻項羽,項羽兵敗垓下(今安徽靈璧境),退至烏江(今安徽和縣境)自刎。同年六月,劉邦即皇帝位。

楚漢之戰是由秦末農民戰爭直接演變而來的。農民戰爭雖然勝利地推翻了秦朝,但曾經是農民戰爭領袖的劉邦和項羽,卻不得不逐步轉化為封建統治權的角逐者。劉邦知人善任,因勢利導,終於戰勝項羽,登上了西漢統一王朝的皇帝寶座。

秦末農民戰爭推翻了貪婪殘暴的秦統治集團,使社會得以前進。這次起義,是中國古代農民第一次大規模發動的起義,對後代農民起義起着激勵鬥志的作用。

(田餘慶)

漢是繼秦朝而出現的統一王朝，包括西漢和東漢（也稱前漢和後漢），分別建都於長安和洛（雒）陽。在兩漢之際，還有王莽、劉玄兩個短暫的統治時期。它們的年代分別如下：

西漢：公元前202～公元8年；

王莽：公元8～23年在位；

劉玄：公元23～25年在位；

東漢：公元25～220年。

漢高祖劉邦建立的西漢王朝，各種制度基本上沿襲秦朝而有所增益，但在施政方面則以秦朝速亡為鑒，力求在穩定中發展。文景之治以後出現的漢武帝劉徹，以其雄才大略鞏固並發展了秦始皇創立的統一事業和專制主義中央集權制度。他統治的半個世紀，是西漢王朝的鼎盛時期。武帝以後，西漢經濟繼續有所上升，但國力逐漸衰落，社會矛盾激化。王莽代漢未能緩和矛盾，終於爆發赤眉、綠林起義。

漢光武帝劉秀鑒於西漢以篡奪而亡，企圖進一步加強專制皇權，剝奪相權。但是世襲的皇位制度不能保證每代皇帝都有能力實現皇權。封建田莊經濟的發展，豪強地主勢力的擴張，滋長着分裂因素。外戚、宦官貪立並挾持幼帝，迭相執政，使皇權旁落，矛盾重重，統治日趨腐朽。遍及許多州郡的黃巾起義瓦解了東漢王朝。189年，東漢政權被權臣逼迫，遷離洛陽，從此至220年，東漢正朔雖存，但歷史已進入三國時期。

漢

西漢初年的「休養生息」

漢高祖穩定封建秩序的措施

　　楚漢之際四年多的戰亂中，生產受到嚴重破壞，社會經濟凋敝。農民大量流亡異鄉，賣妻鬻子，城市人口減少，市場混亂。投機商囤積居奇，物價踴貴，米一石值萬錢，馬一匹價百金。新建立的西漢政權，府庫空虛，財政困難，天子找不到四匹同色的馬來駕車，將相有時只好乘牛車出門。

　　面對這種殘破局面，漢高祖劉邦不得不把恢復農業生產、穩定封建秩序作為自己的首要任務，為此採取了一些重要的措施：

　　1.兵士罷歸家鄉。入關滅秦的關東人願留在關中為民的，免徭役十二年，回關東的免徭役六年。軍吏卒無爵或爵在大夫（五級爵）以下的進爵為大夫，大夫以上的加爵一級，並一律免除本人及全家的徭賦。歸農的軍吏卒，按照爵級高低，也就是軍功大小，給予田宅。他們之中除少數高爵的上升為地主外，大部分還是一般農民。這些農民在和平安定環境中獲得了土地，提高了生產積極性，是漢初穩定農村秩序、恢復農業生產的一支重要力量。

2. 命令在戰亂中聚保山澤的人各歸本土，恢復故爵、田宅。承認各地小吏在戰爭時期佔奪的土地。這些恢復故爵、田宅或新獲得土地的人，大多數是漢初社會中的地主。原來出身於農民或貧民、以軍功獲得高爵和較多土地的人，也成為漢初的地主。按照制度，爵在七大夫（即公大夫，七級爵）、公乘（八級爵）以上的，當時算是高爵。對於他們除了優先獲得田宅以外，還獲得若干戶租稅的封賞，叫作食邑。這些新形成的軍功地主，是西漢王朝的主要支柱。

3. 以飢餓自賣為奴婢的人，一律免為庶人。

4. 抑制商人，不許他們衣絲、操兵器、乘車騎馬，不許他們做官，加倍徵收他們的算賦，以限制商人對農民的兼併。

5. 減輕田租，十五稅一。

漢高祖認為臨時頒行的約法三章不足以「禦奸」，命丞相蕭何取秦法加以損益，制定《九章律》，作為鞏固統治的重要工具。

漢高祖命陸賈著書論說秦失天下的原因，陸賈在他所著《新語》一書的《無為》篇中指出：秦代事功越煩，天下越亂；法禁越多，奸宄越盛；兵馬越眾，敵人越多。秦始皇並非不欲為治，但秦朝崩潰，正是由於舉措太暴、用刑太過的緣故。從陸賈所揭示的歷史教訓中，漢初統治者認識到，在當時的條件下，只有輕徭薄賦慎刑，才能緩和農民的反抗，鞏固自己的統治。這樣就形成漢初「黃老無為」的政治思想。漢高祖以及文景時期的許多措施，正是這種無為思想的體現。

文景之治

　　惠帝、呂后時期（前 194～前 180），無為思想在政治上起着顯著作用。丞相曹參沿襲蕭何輔佐漢高祖的成規，無所變更。在這十五年中，很少興動大役。惠帝時修築長安城，每次發民為期不過一月，而且都在冬閒的時候進行。惠帝四年（前 191）罷省妨礙吏民的法令，廢除秦始皇焚書時頒行的「挾書律」。呂后元年（前 187），又廢除夷三族罪和以過誤之語為妖言而加以重責的所謂「妖言令」。十五稅一的田租制度和邊境戍卒一歲一更的兵役徭役制度，也在這時重新確定。景帝二年（前 155），把秦時十五（一作十七）歲傳籍給公家徭役，改為二十歲始傅（著於漢律的傳籍年齡為二十三歲，是武、昭時事）。

　　文帝、景帝統治時期（前 179～前 141），繼續「與民休息」，社會經濟逐漸發展，史稱「文景之治」。

　　漢文帝劉恆重視農業，屢誡百官守令勸課農桑。文帝十三年（前 167）詔免田租；景帝元年（前 156）復收田租之半，即三十稅一，並成為漢朝定制。文帝時，丁男徭役減為三年徵發一次，算賦也由每年百二十錢減為四十錢。長期減免田租徭賦，促進了廣泛存在的自耕農民階層的發展。西漢初年大侯封國不過萬家，小的五六百戶；到了文、景之世，流民歸還田園，戶口大規模地增長，列侯大者至三四萬戶，小的封國也戶口倍增，而且比過去富實得多。戶口繁息的迅速，是自耕農民階層得到發展的具體說明。

　　農業的發展，使糧價大大降低，文帝初年粟每石十餘錢至數

十錢。商業也活躍起來了。文帝十二年一度取消過關用傳（一種由官府頒發的通過關津的憑證）的制度，有利於行旅來往和商品流通。文帝弛山澤之禁，促進了鹽鐵業的發展。農民有山澤得以漁樵，有利於生活和生產。

西漢「黍粟萬石」陶倉。
陝西西安臨潼區出土。

　　隨着糧價的下降和商業的活躍，也出現了新的問題，即大商人勢力膨脹，侵蝕農民，使一部分農民破產流亡。文帝、景帝都曾重申商人不得為吏的禁令，企圖限制商人的發展。為了提高穀價，緩和穀賤傷農的現象，晁錯向文帝提出了「入粟拜爵」的建議，准許富人（主要是商人）買粟輸邊，按所輸多少授爵。輸粟達六百石者爵上造（二級爵），達四千石者爵五大夫（九級爵），達萬二千石者爵大庶長（十八級爵）。按照秦漢制度，爵級可以累計，高爵者可以得到相應的特權。晁錯又建議，入粟輸邊實行後，如果邊境積粟夠用五年，可令入粟者輸於郡縣，使郡縣也有積粟；邊境和郡縣都已充實，就可以免除天下田租。入粟拜爵辦法的實行，使農民的處境有所改善。

　　文帝統治期間，宮室苑囿，車騎服御，

都無所增益。文帝為了節省黃金百斤而罷建露台。這對地主、商人中正在興起的奢靡之風，多少會起一些制約作用。

文帝廢除了漢律中沿襲秦律而來的收孥相坐律令，縮小了農民奴隸化的範圍。文帝、景帝又相繼廢除了黥、劓等刑，減輕了笞刑。這個時期，官吏不濫用刑罰，斷獄但責大旨，不求細苛；定刑可上可下者從輕處理。

但是文景時期一些看來對農民有利的措施，對地主、商人更為有利。例如減免田賦，地主獲利最大；入粟拜爵，也有助於大商人政治地位的提高。所以這些措施歸根到底還是會助長兼併勢力，加劇階級矛盾。

削弱王國勢力

漢初七十年的歷史，是社會經濟從凋敝走向恢復和發展的歷史，也是中央集權逐步戰勝地方割據的歷史。

西漢初年，六國舊貴族如齊之田氏，楚之昭、屈、景氏和懷氏以及燕、趙、韓、魏之後，仍然是強大的地方勢力。漢高祖把這些舊貴族以及其他「豪傑名家」十餘萬口，遷到長安附近。這次遷徙的規模很大，據說使得關東「邑里無營利之家，野澤無兼并之民」，六國舊貴族和豪傑的分裂活動被控制了。

西漢社會中還有另一種割據勢力，這就是漢高祖在戰爭年代為了合力擊楚而分封的諸侯王。漢五年（前202），功臣為王者七人，即楚王韓信、梁王彭越、淮南王英布、韓王信、趙王張

敖、燕王臧荼、長沙王吳芮，史稱異姓諸侯王。異姓諸侯王據有
關東的廣大區域，大體相當於六國故地。他們擁兵自重，各據一
方，是統一的隱患，是中央集權的嚴重障礙。漢高祖採取了斷然
手段，來消滅異姓諸王。他首先消滅燕王臧荼，立盧綰為燕王。
從六年到十二年，又接連消滅楚、韓、趙、梁、淮南和燕等六
王。只有長沙王由於其封國僻遠，又處在漢與南越的中間地帶，
可以起緩衝的作用，所以直到文帝時才以無後而國除。

這時，漢高祖既沒有直接控制全國的力量，又認為秦朝不
分封子弟招致速亡，所以在異姓王的舊地陸續分封自己的子弟為
王，用以藩屏漢室，史稱同姓諸侯王。當時同姓王國有九，封地
犬牙相制，每個王國都無法獨樹旗幟，對抗朝廷，西漢統治看起
來非常牢固。漢高祖還與群臣共誓，「非劉姓不王」。大的王國跨
州兼郡，連城數十，如齊國轄地六郡七十三縣，代、吳兩國各三
郡五十三縣，楚國三郡三十六縣。與此同時，中央直轄土地不過
十五郡，大體相當於戰國後期的秦國，其中還夾雜了不少列侯封
國和公主「湯沐邑」。這種局面，依舊是幹弱枝強。為了控制諸
侯王國，漢政府規定中央派太傅輔王，派丞相統王國眾事，並重
申無皇帝虎符不得發兵。但是王國得自置御史大夫以下官吏，自
徵租賦，自鑄貨幣，自集軍隊，實際上仍然處於半獨立狀態。

呂后統治時期，大封諸呂為王、侯。呂后死，劉氏諸王與西漢
大臣合力消滅了諸呂的勢力，迎立代王劉恆為帝，是為文帝。文帝
時期同姓王的勢力更加發展。賈誼在《治安策》中認為當時形勢是
中央弱而王國強，像腫病患者一樣，肢體和指頭不能屈伸。他說，

天子的近屬有的並無封地以為藩屏，而天子的疏屬有的卻擁有足以逼迫天子的實力。他認為，要使天下治安，最好的辦法莫過於「眾建諸侯而少其力」，諸侯國小力弱，不易產生邪心，天子也便於控制。這樣，天子治理天下，就能夠指揮如意，像身之使臂，臂之使指。賈誼的建議，在當時沒有被採納，但是賈誼死後四年，即文帝十六年（前164），文帝分齊國之地為六國，分淮南國之地為三國，實際上就是賈誼「眾建諸侯」之議的實現。

繼賈誼之後，晁錯屢次向文帝建議削奪諸王的封土。景帝時，吳國跋扈，晁錯又上《削藩策》。他說諸王「削之亦反，不削亦反。削之，其反亟，禍小；不削之，其反遲，禍大」。景帝三年（前154），用晁錯之策，削趙王常山郡，削膠西王六縣，以次削奪，將及吳國。當年吳王濞就聯絡楚、趙、膠西、膠東、淄川、濟南等六國，發動了波及整個東方地區的叛亂，史稱「七國之亂」。

七國之亂，是地方割據和中央集權之間矛盾的爆發。叛亂初期，漢景帝劉啟誅晁錯以謝吳王，但吳王並不息兵。由於梁國的堅守和漢將周亞夫所率漢軍的進擊，叛亂在三個月內就被平定了。七國之亂平定以後，景帝鞏固削藩成果，損黜王國官制及其職權，降低諸侯王權力，規定諸侯王不再治民。從此，諸侯王強大難制的局面大為緩和，中央集權走向鞏固，國家統一顯著加強了。

對匈奴的和親和對南越的安撫

秦漢之際，匈奴越過河套，向南進入蒙恬所取「河南地」。

漢初，與匈奴大體上相持於今蘭州、固原、橫山、榆林、托克托一線的邊塞。

漢高祖消滅異姓諸王的過程中，其封國鄰接匈奴的諸王有的投降匈奴，有的勾結匈奴內侵。高祖於七年（前200）進擊投降匈奴的韓王信時，曾被匈奴圍困在白登（今山西大同東北）。以後，匈奴常常寇邊，擄掠人畜。婁敬向漢高祖建議與匈奴結「和親」，勸高祖以嫡長公主嫁給匈奴冒頓單于，厚備奩資，每年饋贈絮繒酒食等禮物，以緩和匈奴的侵擾。婁敬說，冒頓單于在世，是漢家的女婿；死後兒子做單于，是漢家的外孫，外孫自然不敢與外祖分庭抗禮。高祖用婁敬之議，取「家人子」為公主，與匈奴結和親，並開放漢與匈奴之間的關市。

文景時期，繼續與匈奴和親，厚予饋贈，但是匈奴仍然不斷侵犯邊境，每次入塞，都要搶走人畜，毀壞莊稼。文帝十四年（前166），匈奴南下，遊騎迫近長安。為了抵抗匈奴的侵擾，文帝用晁錯之議，募民遷徙塞下，墾田築城，加強邊防。晁錯所倡入粟邊塞者得以拜爵的辦法，正是在匈奴威脅嚴重的時候提出來的。

南越之地本是秦朝的郡縣，越、漢雜居。秦末，秦龍川令趙佗行南海尉事，佔據嶺南，絕道聚兵自守，自立為南越王。趙佗依靠漢越地主貴族，採用秦和漢初的政治制度，進行統治。他治理南越很有條理，秦時由中原謫徙嶺南的居民，在戰亂中得以少受損害，而越人各部彼此攻擊的習俗，也大有改變，在一定的時期內起了保境安民的作用。

高帝十一年（前196），派陸賈出使南越，冊封趙佗為南越王，剖符通使，使他「和集百越」。趙佗接受了漢朝封號，願為藩輔。呂后統治時期，嚴邊防之禁，不許把銅、鐵、農具和母畜運往南越。趙佗反對這項政策，一度自稱南越武帝，與漢朝皇帝相抗衡。他還進攻長沙國，控制閩越、西甌，使南越成為「東西萬餘里」的大國。呂后派周灶率軍出征南越，軍未逾嶺而罷。漢初漢軍使用過的兩幅帛製長沙國南部地區地圖，在長沙馬王堆漢墓出土。這是中國現存最早的地圖。

文帝為了「休養生息」，盡量避免對南越用兵。他按照趙佗的要求，罷省邊界戍軍，並為趙佗修治真定（今河北正定東南）祖墳，給趙佗在故鄉的兄弟以官職和賞賜。在這種情形下，陸賈再次出使南越，趙佗答應取消帝號，恢復藩屬關係。

閩越貴族無諸和搖，率部眾參加過反秦起義，以後又助漢滅楚。漢初，無諸受封為閩越王，都東冶（今福建福州）；搖受封為東海王（又稱東甌王），都東甌（今浙江溫州）。東甌王、閩越王都參與了七國之亂，但景帝對他們沒有追究。

西漢社會經濟的發展

鐵農具、牛耕的普遍使用和農業的發展

漢初至文、景的六十多年內，社會經濟逐漸由凋敝狀態中恢復過來並且走向發展，到武帝時，便出現了一種繁榮富庶、國庫

充足的景象。據司馬遷說，當時太倉和城鄉倉庫糧食豐積，陳陳相因，以至於腐敗不可食；府庫貨財充斥，錢串都朽斷了。

　　西漢初年，鐵製農具已推廣到中原以外的很多地區。武帝時冶鐵製器歸國家壟斷，鐵農具的傳播更為迅速。不但在中原地區，而且在今遼寧、甘肅、湖南、四川等省以及更遠的一些地方，都有西漢的鏟、钁、鋤、鐮、鏵等鐵製農具出土。出土鐵犁鏵數量很多，寬窄大小不一。這是各地區因地制宜地發展犁耕技術的結果。最大的鏵寬達四十二厘米，這也許是為開溝作渠等農事需要而鑄造的農具。

　　漢代兼用馬耕和牛耕，但主要靠用牛。從考古所獲西漢牛犁模型、牛耕壁畫和犁鏵實物等看來，西漢普遍使用所謂二牛抬槓的犁耕法。《漢書‧食貨志》中所說的二牛三人的耦犁，也是二牛抬槓。由於扶犁人使用牛轡穿牛鼻導引耕牛，省去了牽牛的人力，出現了二牛一人的犁耕法，這是犁耕法的重大進步。西漢末年，又出現了一牛一人的犁耕法，可能是用於熟地的耕作。武帝以後，隨着大規模徙民邊陲，進行屯田，牛耕技術傳到西北。為

牛耕畫像石（局部）

陝西米脂出土。

了保護耕畜，秦漢法律都規定，偷盜馬和牛，要加重懲罰。犁耕技術傳播的同時，播種用的耬犁也開始使用，西漢晚期，耬犁已傳到遼陽一帶，遼陽的漢末村落遺址和北京清河漢代遺址中，都發現鐵製耬足。

武帝時由於大規模戰爭的消耗，耕馬、耕牛嚴重不足，價格昂貴，北方一度出現以人挽犁的現象。經濟落後的淮南地區，還是蹠耒而耕。江南大部分地區仍處於伐木燔萊、火耕水耨的階段，同北方的農業生產水平相差很遠。

西漢初期，農民已有「深耕概種，立苗欲疏」的經驗。武帝末年，趙過推行代田法。代田法是先把土地開成深廣各一尺的溝，叫作甽，甽旁堆成高廣各一尺的壟。下種時把種子播在甽中，可以防風保墒。苗長出後進行耨草，用壟上的土和耨除的草培植苗根。盛夏壟土用盡，甽壟培平，作物的根既深且固，不畏風旱。甽壟的位置每年互相調換，輪流種植，以恢復土壤肥力。代田法在長安附近試驗的結果，每畝產量比縵田（不作甽的田）超過一斛甚至二斛以上，所以很快就被推廣。邊遠各郡也使用了代田法，居延漢簡上有代田記載。趙過除了推行代田法以外，還改進了農具，頗為便巧。

西漢時期，水利事業很發達。武帝時，關中開鑿了許多渠道，形成一個水利網。漕渠自長安引渭水東通黃河，便利了漕運，還能溉地萬餘頃。涇水與渭水之間，修建了白渠，與原有的位於涇洛之間的鄭國渠平行，溉田四千五百頃。當時有歌謠讚美這一渠道說：「田於何所？池陽谷口。鄭國在前，白渠起後。舉

雨為雲，決渠為雨。水流灶下，魚跳入釜。涇水一石，其泥數斗，且溉且糞，長我禾黍，衣食京師，億萬之口。」其他如龍首渠、六輔渠、靈軹渠、成國渠等溉田都很多。龍首渠在洛水旁，由於渠岸易崩，它的某些段鑿成若干深井，井與井間有水流通，叫作井渠。這種修渠方法，在沙土地帶特別有用。京畿以外，關東地區也興修了一些水利。如漢初羹頡侯劉信在舒（今安徽廬江西南）修造七門三堰，灌溉田畝。文帝時文翁在蜀郡穿湔江以灌溉繁縣土地。武帝時，朔方、西河、河西、酒泉等郡引黃河及川谷之水，汝南、九江等郡引淮水，東海郡引鉅定澤，泰山郡引汶水，都穿渠溉田各萬餘頃。其他各種小的水利工程，更是舉不勝舉。南陽太守召信臣調查郡中水泉，開溝瀆，起堤閘，溉田至三萬頃。西漢時中原種植水稻，主要就是依靠這種水利灌溉。至於鑿井灌溉，北方到處都有，甚至居延邊地，也鑿井開渠，進行屯墾。西漢時期最重要的水利工程，是治理黃河。文帝十二年（前168），黃河在酸棗（今河南延津西南）決口；武帝元光三年（前132），黃河又自瓠子（今河南濮陽附近）經巨野澤南流，灌入淮泗，泛濫達十六郡。丞相田蚡封地在鄃（今山東高唐東北），地在黃河以北，他為了使自己的封地不受水災，力阻修復故道，所以黃河泛濫越來越嚴重。元封二年（前109），武帝發卒數萬人堵塞決口。武帝曾巡視工地，並命隨從官員自將軍以下，都負薪填決河。經過這次修治，黃河才流歸故道，八十年中未成大災。

鐵農具、牛耕的普遍使用，水利的發達，農業技術的進步，使西漢時的農業生產提高到一個新的水平。昭帝、宣帝以後，沒有大

規模的戰爭，全國經濟發展更為顯著。據西漢末年的統計，當時全國有戶一千二百二十多萬，口五千九百五十多萬（據郡國人口數核算，實得口五千七百四十餘萬）；全國墾田數達到八百二十七萬多頃。這就是西漢農業發展規模的一個約略的說明。

手工業的發展

在西漢的手工業中，冶鐵業佔有重要地位。西漢冶鐵技術比戰國時有了重大的發展。西漢後期，吏卒徒開山採銅鐵，每年用人十萬以上，規模是很大的。漢代東至東海，西至隴西，北至遼東，南至犍為，包括某些諸侯王國在內，都有鐵官，這些大體上就是漢武帝以後冶鐵製器的基地。山東、河南等省都發現冶鐵遺址，其中河南鞏義、鄭州的冶鐵遺址規模最大。包括礦坑、工場以及從開採礦石到製出成品的全部生產設備。鞏義鐵生溝遺址發現了礦石加工場所，發現煉爐、熔爐、煅爐共二十座。鄭州古滎遺址的煉鐵爐，是現知漢代煉鐵爐中最大的，其中一座，估計日產生鐵可達一噸。古滎遺址資料表明，當時生鐵冶煉和加工工藝有較大的進步。遺址中煉鐵的燃料，除木材外，還有原煤和煤餅，這是現在所知的中國歷史上最早用煤的遺存。淬火法已開始應用，這大大提高了鐵器的堅韌和鋒利程度。出土鐵器，有農具，也有工具，出土的地點非常多。漢初的鐵兵器，各地常有發現；武帝以後，鐵兵器更多，替代了銅兵器所居的主要地位。西漢中期以後，鐵製的日用器皿也逐漸增多。

西漢的採銅和銅器手工業也很發達。銅主要產在江南的丹陽郡和西南的蜀、越嶲、益州等郡。漢初准許私人仿鑄貨幣，所以鑄錢場所分佈在一些郡國中。武帝時鑄幣權集中到中央，在上林苑三官鑄錢。西漢貨幣發現極多，鑄幣用的銅料、鑄範以及鑄所遺址也有發現。銅器製造主要屬少府和蜀、廣漢等郡工官，也有很多出於私人作坊。由於鐵器、漆器的興起，銅器在漢代已失去了昔日的獨特地位，但皇室、諸王和大官僚仍然喜愛精美的銅製器皿。銅製器皿的生產規模頗大。銅鏡、銅燈、銅熏爐等物，近年常有出土，最多的是銅鏡，是日用必需品。

絲織業是西漢的重要手工業之一，是北方居民的家庭副業。臨淄（今山東淄博臨淄區）和襄邑（今河南睢縣）設有規模龐大的官營絲織作坊，產品供皇室使用。元帝時，臨淄三服官作工各數千人，「一歲費數巨萬」。長安的東西織室規模也很大，每年花費各在五千萬錢以上。織縑帛一般用比較簡單的所謂腰機。高級絲織品已採用提花織造，但工藝複雜，產量有限。鉅鹿陳寶光妻的綾機用一百二十鑷，能織成各式各樣花紋的綾錦，六十日始能織成一匹，匹值萬錢。長沙馬王堆西漢軑侯軑夫人墓中，出土大量絲織物，包括完整的服裝和其他雜品。絲織物有絹、縑、綺、錦、紗、羅等種類，花紋色澤豐富多彩。對這些絲織物的科學研究，證明西漢人民在植桑育蠶、繅絲紡紗、織造印染方面，都取得了重大的成就。西漢的絲織物通過饋贈、互市或販賣，大批輸往邊陲各地，遠至中亞各國和大秦。

西漢漆器出自蜀、廣漢以及其他各處工官，漆器加鎏金扣或

銀扣，稱為扣器。漆器和扣器都是名貴的手工業品，《鹽鐵論》所舉當時富人使用的銀口黃耳金錯蜀杯就是這類器物。在國內許多地方的漢墓中，出土漆器、扣器很多。馬王堆漢墓，出土漆器達一百八十多件，多數是木胎，少數是夾紵胎、竹胎，色澤光亮，造型精美。朝鮮平壤的樂浪王盱墓及其他墓葬中，蒙古諾顏烏拉匈奴貴族墓中，也發現了大量的漢代漆器和扣器。漆器製作複雜，分工精細。見於漆器銘文的工名有素工、髹工、上工、銅耳黃塗工、畫工、汩工、清工、造工等多種，這說明《鹽鐵論》中「一杯棬用百人之力，一屏風就萬人之功」的說法是有根據的。

此外，煮鹽（包括海鹽、池鹽、井鹽）、釀造等業，在西漢時都是重要的手工業行業，生產規模和技術都超過前代。

漢代人民衣着所需的織物，就全國總產量而言，大部分出自男耕女織的家庭手工業，其中，北方農村以絲為主，南方農村以麻為主。家庭手工業品主要供農戶自用，多餘的在市場出賣。至於官府手工業品，除鹽、鐵等在武帝以後由官府壟斷者外，一般說來質量雖精，數量並不多，在全國總產品中不佔很大的比重。

在上述各種手工業中，官營作坊的勞動者主要是吏、卒、刑徒、官奴婢和少數傭工；私營作坊主要是僮僕、傭工，其中很多來自逃亡農民。

商業的發展

隨着農業、手工業的發展，商業也繁榮起來了。據《史記》

記載，西漢時期全國已形成了若干經濟區域，每個區域都有大的都會。關中區域膏壤千里，最為富饒。

首都長安戶八萬餘，口二十四萬六千，是全國最繁華最富庶的城市。長安城周圍六十五里（據實測，周長二萬五千七百米，合當時六十二里強），有十二門、八街、九陌、九市、一百六十閭里，它的佈局，基本上已為考古發掘所證實。長安城的每個城門都有三個寬達六米的門道，以三條並列的道路通向城中，城市街陌也是三道並列。長安城的中部和南部是宮殿和官署。西北隅的東西九市，是長安城內的商業和手工業區，與居民閭里鄰近。考古發掘所顯示的長安城內這種政治區和經濟區的佈局，與《周禮·考工記》所說「面朝背市」的都市建築制度符合。長安市上除有本地和附近的各種物產包括官府手工業的產品出售以外，還有從全國各地運來的貨物出售。

洛陽、邯鄲、臨淄、宛、成都（當時合稱五都）、番禺等城市，是全國主要的都會。薊、陽翟、壽春、江陵、吳等，也都是一方的都會。全國各地區、各都會之間，有大道相聯。在這些大道上，驛傳羅佈，車馬雜遝，貨物轉輸，絡繹相屬。江南多水，船是比車更重要的交通工具。吳王濞所造航行於長江的船隻，一船所載相當於北方數十輛車。今廣州、長沙等地的漢墓中，發現有木車、木船和陶船的模型，從模型看來，當時的船有錨、舵，結構堅固，可載重致遠。廣州曾發現漢代造船遺址。

出現在通都大邑里的商品，有牲畜、毛皮、穀物、果菜、醬醋、水產、帛絮、染料、木材、木器、銅鐵器等類。奴隸被當作

一種商品，在市場上出賣。高利貸也成為一種重要行業，它的盛行，是促使農民破產的原因之一。大高利貸者被稱為子錢家，列侯封君都向他們告貸。

西漢中期以後，對外貿易發達起來。自河西走廊經塔里木盆地南北邊緣通向中亞、西亞以及更遠地區的道路，已經暢通。沿着這條道路，運入各種毛織物和其他奢侈品，運出大宗絲織品。西方人稱這條道路為「絲綢之路」。海上貿易的重要港口是番禺（今廣東廣州）。近年來廣州、貴縣、長沙等地，經常發現玻璃、琥珀、瑪瑙等古物，其中一部分是從海外運進來的。

西漢社會各階級的狀況

在西漢封建社會中，基本的階級是彼此對立的地主階級和農民階級。地主階級包括皇帝、貴族、官僚以及一般的地主，是封建統治階級。農民階級包括自耕農、佃農和僱農。手工業者的經濟地位相當於農民。農民和手工業者是主要的被統治階級。商人的經濟地位比較複雜，大商人一般都是大地主，是統治階級的一部分；小商販的經濟地位類似手工業者和自耕農，是被統治階級的一部分。除此以外，還有數量頗大的奴婢，他們的身份和經濟地位最為低下。他們雖然不是漢代封建社會的基本階級，但是在生產中還具有一定的地位。

在西漢社會經濟的發展中，各個階級都在一定程度上起着變化。地主階級和大商人迅速擴充勢力，強佔民田，役使和盤剝農

民，掠奪財貨奴婢，其中一部分逐步發展成豪強大族。農民階級中的自耕農，經過漢初一個較穩定的發展時期後，少數上升為地主，多數則逐步陷入困境，從中分離出大量的人，成為「遊食」的小商販，或者成為佃農、傭工和奴婢。

地主階級

地主階級掌握着政權，擁有大量的土地。居於這個階級最上層的，是以皇帝為首，包括諸侯王、列侯和大官僚（很多大官僚也有列侯或其他封號）的貴族地主。參加過反秦起義，在漢初獲得官、爵的軍功地主，是地主階級中的一個重要階層。皇帝在全國（主要是在直轄郡內），諸侯王在王國內，列侯和其他高爵的軍功地主在封域或食邑內，憑藉國家機器，強迫農民繳納租賦，提供無償勞役。中央政權的租賦所入，由大司農掌管，用來養活官吏和軍隊。皇帝還以山川園池市肆租稅之入作為「私奉養」，置少府官主領。最晚到漢武帝時，少府以及一些別的官府開始向貧民出假公田，榨取租稅。武帝置水衡都尉，統一鑄幣是其職能之一，鑄幣贏利亦入少府。元帝時，百姓賦錢藏於都內（大司農屬官）者四十萬萬，同時，水衡藏錢二十五萬萬，少府藏錢十八萬萬。少府、水衡錢供皇帝私奉養者數目十分巨大。

地主階級掠奪土地日趨嚴重，官僚地主更為突出。蕭何在關中賤價強買民田宅，田蚡向竇嬰強索長安城南田，霍去病為生父中孺買民宅奴婢，淮南王安后荼、太子遷、女陵和衡山王賜，都

侵奪民田宅。成帝丞相張禹買涇渭之間膏腴上田至四百頃，又請成帝賜予平陵（昭帝陵）附近的肥牛亭部地，成帝詔徙亭他所，而以其地賜禹。甚至成帝自己也置私田於民間。西漢中期以後，擁有土地三四百頃的大地主為數不少，個別大地主的土地甚或至千頃以上。如武帝時酷吏寧成買陂田千餘頃，哀帝寵臣董賢得哀帝所賜苑田竟至兩千餘頃。

農民階級

西漢政權繼續用戶籍制度控制人戶。舉凡姓名、年紀、籍貫（郡、縣、里）、爵級、膚色、身長、家口、財產（田宅、奴婢、牛馬、車輛等及其所值），都要在戶籍上一一載明。漢代州郡，

漢畫像石：機織釀酒

反映漢代官僚地主莊園中私人機織、釀酒作坊的情景。

每年都要通過「上計」，向中央申報管內的戶口數和墾田數。在列入戶籍的編戶齊民中，人數最多的是自耕農民。

西漢封建國家對自耕農的剝削，較之秦代有所減輕。但是就西漢生產力水平而言，農民租賦負擔仍然沉重。據文帝時期晁錯的估計，五口之家的農戶，種地百畝，不計副業收入，每年約收粟百石。丁壯日食五升，通家合計，一年食用當佔所收的大半。漢制，民年十五至五十六，歲納百二十錢，叫作算賦；七歲至十四歲的兒童，歲納二十錢（武帝時增至二十三錢），叫作口賦。賦錢之重，大大超過三十稅一的田租。漢代農民兵徭負擔也很重。通常的農戶，每戶應服兵徭的男丁約為兩口，為了不誤耕作，就要以每人若干錢的代價僱人代役。農家賣粟納口賦、算賦和僱人代役，所收之粟就所餘無幾，甚至沒有剩餘。進行再生產所需的種子、耕畜、農具等項支出，以及農民衣着、雜用所費，還未計算在內，這些費用能否籌到，就要視副業（主要是紡織）收入的有無多寡而定了。

西漢時期，糧食和土地價格因時因地而有不同，但一般說來是偏賤的。糧價如前所述，文景時每石高不足百錢，低則十餘錢。田價則關中和洛陽上田，每畝千餘、兩千、三千錢不等；居延邊地，每畝約值百錢。但是農民所需耕牛，一頭值數千錢以至萬餘錢。西漢耕作，一般是二牛一犋，農戶當備置二牛。馬當時也是耕畜，由於戰爭的需要，更為昂貴，每匹低則四千，高則若干萬。鐵器、衣物和食鹽，價格都不賤。物價的這種不平衡狀態，對於地主、商人的剝削兼併有利，對於農民極為不利。農民

賤價出賣穀物，甚至出賣土地，高價購買耕畜、農具和其他必需品，進出之間，損失很大。何況納稅季節，地主、商人乘農民之急，還要將粟價壓而又壓。這也是農民生活困苦的重要原因。

還在號稱「無兼併之害」的文景時期，晁錯就尖銳地指明這種危及統治秩序的現象。他說：農家終年辛苦，無日休息，除了納稅服役之外，還會碰上水旱之災，或者是急政暴虐，賦斂不時，朝令暮改，納稅季節，有糧穀的人家被迫半價出賣，沒有糧穀的人家只有倍息借錢。於是有的人就不得不賣田宅、鬻子孫以償債了。這種情況，到武帝以後更為普遍。《鹽鐵論》中賢良、文學（編者註：賢良、文學為漢代選拔官吏的科目之一）在敘述農家入不敷出的情況時說，田租雖是三十稅一，但加上口賦更徭之役，大概一人之作，中分其功。有時農民盡其所得，不夠應付租賦更徭，只好求之於高利貸。所以百姓雖勤力耕作，仍不能免於飢寒。

破產的農民，多數被迫依附於大地主做佃客。大地主大量招納逃亡農民，官吏畏勢，不敢督責，反而加重對窮苦百姓的壓迫。百姓不堪其苦，轉相仿效，紛紛流亡遠去，他們的租賦徭役又被官吏轉嫁給尚未流亡的中等農家。這樣，就出現了未流亡者為已流亡者納租服役的惡性循環。流亡問題越來越嚴重，而豪強地主所招納的佃客和兼併的土地也越來越多。豪強寧成役使貧民至數千家。佃客一般以對分的比率，向地主交納地租。邊地居延，有向屯田卒收取地租的記載，計田六十五畝，收租二十六石，每畝合租四斗。漢代不見佃客免徭賦的法令，佃客還要受徭賦之苦。

還有一些破產農民，迫於生計，為傭作糊口。秦末陳勝為人傭耕，起義以後，故人為傭耕者都來軍中謁見。西漢傭工種類，見於文獻的除傭耕、僕役以外，還有採黃金珠玉、治河、築陵、為酒家傭保等。武帝筦鹽鐵以前，豪強大家冶鐵煮鹽，一般都是招納流亡農民為之，這些人有一部分是僱傭身份。筦鹽鐵後，鹽鐵生產除用官奴婢外，還用徭役勞動，由於道遠作劇，農民無法自行服役，不得不出錢僱人代替。僱人所需，一說每人每月兩千錢，一說每月三百錢，後說似近史實。官僚地主甚至憑藉權力，僱工而不給傭值。

在漢代社會裏，僱傭勞動在社會生產中不佔重要地位。傭工還要受種種封建束縛，庸和奴的稱謂有時是混同的，表明庸工身份低下。漢昭帝始元四年（前 83）詔書裏，有歲儉乏食，「流庸未盡還」之語，可見在剝削壓迫稍見緩和，或年景稍佳之時，流亡為傭的人是可以返回鄉里的。

商人

西漢初年，商人的社會地位低下。西漢繼承秦代重農抑商政策，限制商人。但是，經商是剝削者方便的致富之道，商人通過賤買貴賣，不勞自肥。當時俗語所說：「用貧求富，農不如工，工不如商，刺繡文不如倚市門。」所以商人都用各種手段逃避限制，擴大經營，抑商法令等於具文。文景以後，商人力量有蒸蒸日上的趨勢。晁錯看到這種情況，向文帝說：「令法律賤商人，

商人已富貴矣！」

西漢前期，出現了許多大鹽鐵商、大販運商、大子錢家。卓氏在臨邛，即山鑄鐵，行銷滇蜀，有奴僮千人。程鄭在臨邛，也以冶鐵致富，同西南地區少數民族交易。孔氏在南陽大規模冶鐵，佔奪陂池，致富數千金，多和諸侯王交接。曹邴氏以鐵冶起家，兼營高利貸和運輸，與富有的吳王濞齊名。山東刁間驅使奴隸，逐魚鹽商賈之利。洛陽師史專事販運，車輛成百，遍行諸郡國。宣曲任氏在楚漢之戰時從事糧食囤積致巨富。子錢家無鹽氏在七國之亂時以千金貸給從軍東征的列侯封君，一歲獲息十倍，富埒關中。許多貴族、官僚、大商人鑄錢牟大利，鄧通和吳王濞最有名，所鑄的錢流通天下。上述卓氏、程鄭、孔氏的先人，都是戰國末年東方諸國的大工商主，秦始皇時成為所謂「山東遷虜」，但子孫仍然致力工商。秦漢時期多次遷徙六國貴族於關中，其中齊國的田氏族姓繁衍，世多貨殖，漢代關中富商大賈，很大一部分出於田氏。

在西漢社會中，「以末致財」的大商人，雖然家資數千萬乃至成萬萬，但仍須「用本守之」。這就是說，經商致富的人，需要掠奪土地，成為大地主，才能守住產業。所以大商人無不規陂池，求田宅，憑藉財富役使貧民。另一方面，大地主、大官僚也多兼營商業，以圖暴利。宣帝時楊惲糶賤販貴，從事糧食買賣。貢禹奏請自尚書諸曹和侍中以上的皇帝近臣，都不許私自經營商業，可見那時大官僚經營商業的普遍。

大商人兼併土地，加速了農民的破產流亡。他們還因其富

厚，交通王侯，助長分裂割據。因此封建國家和大商人的矛盾依然存在，終於導致漢武帝劉徹打擊大商人的結果。

至於人數眾多的小商人，他們有的列肆販賣，有的負貨求售，有的兼為小手工業者自製自銷，有的以車僦載收取運費。他們多數由農民或城市貧民轉化而來，同樣受剝削壓迫，同大商人不同。小商人無法突破抑商法令的限制，而國家的徭役徵發，也往往首先落到他們頭上。秦漢的七科謫，即以七種人為對象的謫發遠戍的制度，有四科是謫發商人或他們的子孫。

奴婢

奴婢有官奴婢和私奴婢，數量頗大。

官奴婢的來源，一為罪犯本人以及重罪犯的家屬沒官為奴者；一為原來的私奴婢，通過國家向富人募取或作為罪犯財產沒官等途徑，轉化為官奴婢；一為以戰俘為奴。官奴婢用於宮廷、官府服役，用於苑囿養狗馬禽獸，也用於官府手工業、挽河漕、築城等勞作。西、北邊地諸苑養馬的官奴婢有三萬人。元帝時長安諸官奴婢遊戲無事者，有十萬人之多。

私奴婢主要來自破產農民。他們有的是被迫自賣為奴；有的是被人掠賣為奴；有的是先賣為「贅子」，無力贖取而為奴。官奴婢由統治者賞賜給私人，即轉化為私奴婢。邊境少數民族人民，有為統治者掠為奴婢者，例如來自西南夷中的「僰僮」。大官僚、大地主、大商人的奴婢成百成千。陳平以奴婢贈陸賈，數

陝西西安東南白鹿原出土的漢代跪坐陶俑

達一百。市場出賣奴婢，通常是與牛馬同欄。賣奴婢者在市場上給被賣奴婢飾以繡衣絲履，以圖高價。奴婢價格，一萬、兩萬不等。經營奴婢買賣的大商人，每出賣一百個奴婢，獲利約二十萬。漢代有不許任意殺奴以及殺奴必須報官的法令，也有因違令殺奴被罰的事例。但在通常情況下，主人對奴婢有「專殺之威」，奴婢生命實際上是沒有保障的。

私奴婢除從事家內服役以外，也有許多被驅使從事農業、手工業生產或商業活動。季布為朱家奴，被用於田間勞動；張安世家僮七百，都有手工業技術；刁間的奴隸被驅迫運輸商品。王褒所作《僮約》，列舉了奴隸服勞役的項目，包括家內雜役、種田種園圃、放牧、作工、捕魚、造船、修屋乃至經商等等。《僮約》雖然是一篇遊戲文章，但所列奴僮為主人服役項目，當符合西漢社會實際狀況。

漢代奴隸在生產中還佔有一定地位，是奴隸制時代的「遺產」。封建統治者無法消除它，無法制止破產的農民淪為奴婢。殘酷的封建法律，也還以相當的規模和速

度繼續「製造」奴婢。統治者只能把它納入封建制軌道，使之為地主階級服務。因此，從奴隸制殘餘中獲得利益的，正是那些大官僚、大地主、大商人，而不是一個獨立於他們之外的奴隸主階級。

漢武帝時期統一的鞏固和專制主義中央集權制度的加強

漢武帝劉徹統治的五十餘年（前 140～前 87），是西漢王朝的鼎盛時期，也是封建制度下中華民族的一個蓬勃發展時期。在經濟繁榮、府庫充溢的基礎上，漢武帝在政治、經濟、軍事等方面採取了一些措施，改革了一些制度，力圖加強專制主義中央集權，以適應統一國家的需要。

進一步削弱王國勢力

漢武帝時期，諸侯王雖然不像以前那樣強大難制，但是有的王國仍然連城數十，地方千里，威脅着西漢中央政權。元朔二年（前 127），漢武帝採納主父偃的建議，頒佈「推恩令」：諸侯王除了由嫡長子繼承王位以外，可以推「私恩」把王國土地的一部分分給子弟為列侯，由皇帝制定這些侯國的名號。按照漢制，侯國隸屬於郡，地位與縣相當。因此王國析為侯國，就是王國的縮小和朝廷直轄土地的擴大。推恩詔下後，王國紛請分邑子弟，於

是諸侯王的支庶多得以受封為列侯，西漢王朝不用黜陟的辦法而使王國的轄地縮小。武帝以後，每一王國轄地不過數縣，其地位相當於郡。這樣，諸侯王強大難制的問題，就進一步解決了。

諸侯王問題解決後，全國還有列侯百餘。漢制每年八月，舉行飲酎大典，諸侯王和列侯獻「酎金」助祭。元鼎五年（前112），武帝以列侯酎金斤兩成色不足為名，削奪一百零六個列侯的爵位。還有一些列侯因其他原因而陸續失爵。不過此後仍不斷有功臣侯、恩澤侯之封，列侯的數量還是不少。

漢初，貴族養士的風氣很盛，強大的諸侯王都大量招致賓客遊士，扈從左右，其中有文學之士，有儒生、方士，還有縱橫論辯之士。諸侯王策劃反漢時，賓客遊士往往是他們的重要助手，所以武帝力加壓制。淮南王安和衡山王賜被告謀反，武帝於元狩元年（前122）下令盡捕他們的賓客黨羽，牽連致死的據說達數萬人。接着，武帝頒佈《左官律》和《附益法》，前者規定王國官為「左官」，以示歧視，後者限制士人與諸王交遊。從此以後，諸侯王唯得衣食租稅，不能參與政事，其中支脈疏遠的人，就與一般富室無異了。

實行察舉制度　建立太學

漢朝初年，二千石以上的大官僚任職三年以上，可以送子弟一人到京師為郎，叫作「任子」；擁有資產十萬錢（景帝時改為四萬錢）而又非商人的人，自備衣馬之飾，也可以候選為郎，叫作「貲選」。

郎是皇帝的侍從，有議郎、中郎、侍郎、郎中等，內守門戶，出充車騎。郎在郎署嫻習「漢家故事」，以備補授別的官職。西漢初年，地主階級子弟為郎，是他們出仕朝廷的一個重要階梯。在這種選官制度下，較高的官吏多數出於郎中、中郎等郎官和吏二千石子弟，選郎吏又以財富為準，未必都能得人，所以難以適應日益加強的專制王朝的需要。惠帝以來，漢朝在各郡縣推選「孝悌力田」，復免這些人的徭役，讓他們「導率」鄉人。文帝詔「舉賢良方正能直言極諫者」，這種詔舉多從現任官吏中選拔。無論選孝悌力田或舉賢良方正等，都還沒有成為正式的制度。

武帝初年，董仲舒在舉賢良對策中，提出了使列侯郡守二千石，各自選擇其吏民之賢者，歲貢兩人，以給宿衛的主張。這個主張包括歲貢和定員，對象有吏有民，在制度上比文帝時的詔舉較為完備。元光元年（前 134），武帝初令郡國舉孝、廉各一人。從此以後，郡國歲舉孝廉的察舉制度就確立起來了。

察舉制初行的頭幾年，郡國執行不力，有的郡不薦一人。武帝為了督促察舉制度的實行，規定二千石如果不舉孝，就是不奉行詔令，應當以不敬論罪；不舉廉，就是不勝任，應當免官。

武帝以後，孝廉一科成為士大夫仕進的主要途徑，被舉的孝廉，多在郎署供職，由郎遷為尚書、侍中、侍御史，或外遷縣令長丞尉，再遷為刺史、太守。

武帝又令公卿、郡國舉茂才、賢良方正、文學等，從中拔擢了一些人才。不過這類察舉屬於特科性質，並不經常舉行。此外，還有獻策上書為郎，射策甲科為郎，隴西等六郡良家子為郎

等選官途徑。武帝時四方人士上書言得失者達千人，其中當有以此得官者。高寢郎田千秋上書言事稱旨為大鴻臚，數月即超遷丞相。

武帝在長安城外，為太常博士的弟子興建學校，名為太學，使他們在太學中隨博士受業。博士弟子共五十名，由太常選擇民年十八以上儀狀端正者充當，入學後免除本人徭賦。還有跟博士「受業如弟子」的若干人，由郡縣擇人充當。這些人學成，經考試後，按等第錄用。武帝還令天下郡國皆立學校官，初步建立了地方教育系統。太學和郡國學主要是培養封建官僚，但是在傳播文化方面，也起了重要作用。

實行察舉制度和建立太學後，大官僚和大豪富子嗣壟斷官位的局面有所改變，一般地主子弟入仕的門徑比過去寬廣了，少數出自社會下層的人，也得到入仕的機會。在這種新的制度下，皇帝通過策問和考試，可以在較大的範圍內按自己的意旨選擇稱職的官吏。這對於網羅人才，加強皇權統治，也具有重大的作用。

漢畫像石：講經

經，即儒家經典，經學在西漢有「今文」和「古文」之分，漢武帝時設置五經博士，專門研究《詩》《書》《禮》《易》和《公羊傳》。

削弱丞相權力

　　西漢初年的官制，基本上沿秦之舊，沒有大的改變。漢高祖
以功臣封侯者為丞相，丞相位望甚隆，對皇帝敢於直言不諱，甚
至敢於言所不當言。惠帝時曹參為丞相，無所事事，惠帝託參子
曹窋婉轉進言，曹參不改變自己的態度，反而要求惠帝也跟他一
樣，垂拱無為。文帝幸臣鄧通對丞相申徒嘉禮意怠慢，申徒嘉嚴
斥鄧通，還對文帝說，陛下幸愛群臣，可以給他們富貴，至於朝
廷之禮，不可以不肅。從這些事實中可以看出，由於丞相權重，
皇帝與丞相之間，容易出現矛盾。

　　景帝時，高祖功臣死盡，陶青、劉舍等人以功臣之子受封為
列侯，繼為丞相，丞相位望有所削弱，但是皇帝與丞相在權力問
題上仍然潛伏着矛盾。武帝時丞相田蚡驕橫，他所薦舉的人，有
的一開始就被授予二千石的官位，侵犯皇帝的用人權力。武帝甚
至問他「君除吏已盡未？吾亦欲除吏」。因此，削弱丞相權力是
加強皇權的一個迫切問題。元朔五年（前124），武帝任命公孫
弘為相，然後才封平津侯。公孫弘起自「布衣」，在朝無所援接，
只有唯唯諾諾，不敢稍違皇帝旨意。從此以後，功臣列侯子嗣獨
佔相位的局面結束，丞相完全在皇帝的掌握之中，居職「充位」
而已。他們動輒得咎，自殺或下獄死者甚多。公孫賀有鑒於此，
拜相時不受印綬，頓首涕泣，不得已始起而視事。幾年以後，公
孫賀也被族滅。

　　武帝從賢良文學、上書言事的人以及現任官當中，先後拔用

了文才出眾的嚴助、朱買臣、吾丘壽王、主父偃、嚴安等人，在他們的本職以外，另給侍中、常侍、給事中等加官，讓他們出入禁省，隨侍左右，顧問應對，參與大政。武帝曾經令嚴助等內侍腹心之臣與朝廷公卿大夫辯論政事，彼此以義理之文相對答，公卿大夫屢屢詘服。尊貴臣僚如衞青、霍去病、霍光、金日磾，皆加侍中，其中衞青任大司馬大將軍，霍去病任大司馬驃騎將軍，權勢超過丞相。武帝還參用宦官為中書，掌尚書（少府屬官）之職，侍從禁省，出納文書。這種人日在皇帝左右，逐漸形成一個宮內決策的機構，稱為「中朝」或「內朝」，與以丞相為首的政務機關「外朝」相對應。皇帝依靠中朝，加強統治；中朝則恃皇帝之重，凌駕外朝。這樣，專制制度就進一步加強了。

武帝臨死前，用外戚霍光為大司馬大將軍。後來霍光又以大司馬大將軍領尚書事輔佐昭帝，權傾內外。昭帝死後，霍光擬廢繼立的昌邑王賀，百官自丞相以下皆唯唯從命，而領銜上奏的仍然是丞相楊敞。這說明丞相雖還有一定的位望，但實際職權已微不足道了。

加強中央軍力

西漢時期，兵役制和徭役制結合在一起。制度規定：男子自傅籍之年（漢初十五歲，景帝時二十歲，武、昭後二十三歲）至五十六歲的期間內，服兵役兩年，稱為正卒。正卒一年在本郡為材官（步兵）、樓船（水軍）或騎士；另一年在京師屯戍，稱為

衛士。他們還須在邊郡屯戌一年，稱為戌卒。除此以外，每年還要服徭役一月，稱為更卒，親自服役的稱為踐更，不願服役的可納錢三百僱人代理，叫作過更。由於僱人代役的越來越多，過更錢就逐漸演變為丁男的一種賦稅，叫作更賦。漢代兵徭制度迄無定論，上述說法似近史實。

在地方，軍事由郡尉或王國中尉主管，他們統領本地的正卒，進行軍事訓練。每年秋季，郡太守舉行正卒的檢閱，叫作都試。皇帝發郡國兵時，用銅虎符為驗，無符不得發兵，和秦代一樣。

西漢彩繪步兵俑

在京城，駐有南北二軍。北軍守京師，士卒多由三輔（京兆、馮翊、扶風）選調，由中尉率領；南軍保衛皇宮，衛士多由三輔以外各郡國選調，由衛尉率領。南北軍力都不甚大。南軍衛士數目，西漢初年為兩萬人，武帝即位，減為萬人。衛將軍以皇帝詔令統領南北軍，但視需要而定，不常置。

按照漢初的軍事制度，軍力分散於全國各地，都城無重兵。這樣的軍制，自然不能適應武帝時加強中央集權的需要。要改變這種情況，必須擴充中央兵力，並建立可以由中央隨時調遣的「長從」軍隊，起強幹弱枝作用。

　　元鼎六年（前 111），武帝創建屯騎、步兵、越騎、長水、射聲、虎賁、胡騎等七校尉，常駐京師及其附近。七校尉兵都統於由中尉屬官中壘令演變而來的中壘校尉，所以又合稱八校尉。八校尉屬北軍系統，每校兵力約為數百人至千餘人，大概多以募士為之，是長從軍隊。

　　漢代宮廷裏侍從皇帝的郎，由郎中令率領，是皇帝的儀衛，也是一支武裝力量。建元三年（前 138），武帝設期門軍；太初元年（前 104），設羽林軍。期門約為千人，羽林七百人，選隴西、天水等六郡「良家子」充當，相當於郎。這些都是屬於南軍系統的長從軍隊。漢代名將多出於期門、羽林，可見期門、羽林在全國軍事系統中地位的重要。武帝後來又取從軍戰死者的子孫，養於羽林軍中，加以軍事訓練，號稱羽林孤兒，以加強宿衛力量。

　　八校尉和期門、羽林相繼建立後，京師軍力得到加強。宣帝神爵元年（前 61）發胡騎、越騎以及羽林孤兒出擊羌人，可見這支軍隊已經用於邊境的戰爭了。

　　此外，武帝軍中有「勇敢士」，衛青、霍去病出征匈奴時有「私負從」者。這些當係招募而來。武帝以後，募兵在漢軍中所佔比例就越來越大了。

設置刺史

　　惠帝三年（前 192），相國曹參請派御史監三輔，部分地恢復了秦的御史監郡制度。文帝十三年（前 167），丞相遣史分刺

各地,考察地方官,並督察監郡御史,時置時省。文帝還常常派特使巡行。

漢武帝時,中央統轄郡國數達百餘,比漢初大為增加。為了加強統治,建立監察郡國的制度就成為必要。元封五年(前 106),武帝把全國地區除三輔(京兆、馮翊、扶風)、三河(河南、河內、河東)和弘農以外,分為十三個監察區域,叫十三州部(冀、青、兗、徐、揚、荊、豫、益、涼、幽、并、交趾、朔方),每州部設部刺史一人。刺史沒有固定治所,每年八月巡視所部郡國,考察吏治,懲獎官員,斷治冤獄,「以六條問事」。這六條詳細規定了刺史監察的範圍,其中一條是督察強宗豪右,五條是督察郡國守相。刺史所舉劾者,由丞相遣使案驗。征和四年(前 89),武帝置司隸校尉。司隸校尉率領官徒捕捉巫蠱(被指為以巫術害人,特別是詛咒皇帝的人),監督大奸猾;後罷兵,督察三輔、三河和弘農郡,職權同部刺史相當。刺史和司隸校尉的設立,加強了中央對地方的控制,起了強幹弱枝的顯著作用。

刺史為六百石官(成帝改刺史為州牧,秩二千石),秩位不高,但出刺時代表中央,可以監察二千石和王國相,也可以監察諸王。刺史權責雖重,但不直接處理地方行政事務。所以刺史的設立得小大相制,內外相維之宜,比秦朝的御史監郡制度周密。

任酷吏　嚴刑法

隨着封建制度的發展,地主階級中出現了一些豪強,他們宗

族強大，武斷鄉曲，既欺淩農民，也破壞封建法度。濟南瞯氏，潁川灌氏，都是西漢前期著名的豪強大族。豪強大族同封建王朝之間，除了上下依恃的關係以外，顯然還存在着一定的矛盾。

那個時期，還有一些人以遊俠著名。遊俠以義氣俠行相標榜，振人於窮急，脫人於厄困，權行州域，力折公侯。朱家、劇孟、郭解都是漢初著名的遊俠。但是有些遊俠「作奸剽攻」、「睚眦皆殺人」，有些遊俠形同盜賊。遊俠在破壞封建法度方面同豪強類似，有些遊俠本身就是豪強。

為了打擊不法的豪強遊俠，出現了酷吏。景帝時，郅都為濟南守，族滅瞯氏首惡。寧成為中尉，為政效法郅都，宗室豪傑，人人恐懼。郅都、寧成是西漢最早的酷吏，他們的活動，是漢武帝打擊豪強遊俠的先聲。

漢武帝除了遷徙強宗大姓，不許他們族居以外，還大批地任用酷吏，誅鋤豪強。張湯為御史大夫，誅鋤豪強併兼之家。周陽由為郡守，所居郡必夷其豪。像張湯、周陽由這樣的內外官吏，當時比比皆是。除了對付豪強遊俠以外，有的酷吏專伺人主意旨為獄，大肆網羅。杜周為廷尉，以詔令捕人至六七萬之多。

但是酷吏同豪強、遊俠並不是絕對對立的勢力。酷吏寧成罷官回鄉，役使貧民達數千家；酷吏義縱少年時無行，攻剽為群盜。這些人自身就是豪強或遊俠。所以他們治郡的時候，也往往以當地的「豪傑」為爪牙，對人民為非作歹。酷吏王溫舒殺河內豪強，竟至株連千餘家，流血十餘里。

在誅鋤豪強的同時，酷吏張湯、趙禹等人條定刑法。經過

他們條定以後，律令增加到三百五十九章，大辟之罪四百零九條一千八百八十二事，死罪決事比（死罪判例）一萬三千四百七十二事。刑法的條定，雖然與誅鋤豪強、打擊不法的需要有關，但是更主要的還是為了鎮壓百姓。由於刑法繁密駁雜，郡國治獄時無法運用，常有罪同而論異的事情。加以官吏舞文弄法，羅織成獄，上下其手，以此而冤死的人，不可勝數。《漢書・刑法志》說：「窮民犯法，酷吏擊斷，奸宄不勝。」《漢書・酷吏傳》說：由於郡國守相多效法王溫舒的殘暴殺人行為，所以「吏民益輕犯法，盜賊滋起」。可見用酷吏和刑法來加強專制皇權，勢必要激化階級矛盾。

條定繁密的刑法與獨尊儒術，都是在漢武帝時期出現的，這說明漢武帝的統治具有外儒內法的性質。所以漢宣帝劉詢說，漢家制度，是王道（儒）和霸道（法）雜而用之。

統一貨幣

漢武帝連續發動了許多次對邊境各族的戰爭，長期而激烈的戰爭消耗了大量的財富，文景時期留下來的府庫積蓄都用盡了。因此他募民入奴婢、入羊、入錢、入粟以拜官或贖罪，又設武功爵出賣，力圖籌措軍資。元狩中，他正式打破商人不得為吏的禁令，任用大鹽商東郭咸陽、大冶鐵家孔僅為大農丞領鹽鐵事，任用洛陽賈人子桑弘羊主持計算。這些人憑藉強大的專制政權，統一貨幣，筦鹽鐵，建立均輸、平準制度，企圖抑制商人活動，穩

定市場，擴大財政收入。

漢初以來，貨幣質量低劣，幣面文曰半兩（十二銖），實際重量只有八銖、四銖，有的甚至更輕，薄如榆莢，被稱為莢錢。對於私鑄，政府有時禁止，有時允許。市面貨幣輕重大小不一，郡縣又各不同，法錢不立，折算困難。幣制的混亂，破壞了國家財政制度，影響國庫收入，也不利於經濟的發展。文帝企圖整頓幣制，鑄四銖半兩錢，使民仿鑄，諸王、達官、豪商大量鑄錢，以牟巨利。私鑄者不遵守官定質量要求，雜以鉛鐵，以此獲罪者一縣百數。武帝即位，恢復秦始皇時貨幣「重如其文」的制度，改鑄三銖錢，實重與幣面文字所示一致。同時禁止私鑄，盜鑄者罪至死。元狩五年（前118）以五銖錢代替三銖錢，重如其文，但是盜鑄之風不減，據說吏民坐盜鑄金錢罪死者，達數十萬人。

除了禁止私鑄以外，元鼎四年（前113），武帝取消郡國鑄錢的權力，專令水衡都尉所屬的鐘官、辨銅、均輸（一說為鐘官、辨銅、伎巧）三官，負責鑄造新的五銖錢，名為三官錢。他還責成各郡國把以前所鑄的錢一律銷毀，所得銅料輸給三官。這次禁令很嚴格，新幣質量又高，盜鑄無利可圖，所以幣制得到較長期的穩定，五銖錢乃成為由此至隋代七百餘年中，國家鑄幣的主要形式。漢武帝依靠強大的政治力量統一了貨幣，而貨幣的統一又使國家的經濟力量得到加強，使專制主義中央集權制度獲得一種經濟上的保證。

筦鹽鐵和實行均輸法、平準法

　　筦鹽的辦法，是在產鹽區設立鹽官，備置煮鹽用的「牢盆」，募人煮鹽，產品由官家收購發賣。筦鐵的辦法，是在產鐵區設立鐵官，採冶鑄造，發賣鐵器。西漢鹽官遍及二十八郡國的三十五處，鐵官遍及四十郡國的四十九處。鹽鐵官統屬於中央的大農令（秦名治粟內史，後又更名大司農）。諸侯王國原來自置的鹽鐵官，也由大農令所設鹽鐵官代替。鹽鐵官吏，多用鹽鐵商人充任。

　　均輸法是大農向各郡國派遣均輸官，把應由各郡國依例輸京而京師並不需要的物品，從出產處轉運他處出賣，通過輾轉交換，把京師所需的貨物運達長安。均輸法的推行，消除了郡國貢輸往來繁雜、物品質量差、運費有時超過貨物所值的不合理現象，並且使大農諸官得以掌握所需的各地貨物，充實府庫。

　　平準法是由大農在京師設平準官，接受均輸貨物，按長安市場價格漲落情況，貴則賣之，賤則買之，用以調劑供需，節制

西漢五銖陶範

市場。

笐鹽鐵和實行均輸、平準，使大農控制了鹽鐵生產和許多貨物買賣，使富商大賈難以牟大利，也使物價不至於暴漲暴落。同時，使一部分手工業和商業利潤歸於國家，供給漢武帝巡狩、賞賜的揮霍和軍事費用。這樣，人民的賦稅負擔未增加，國家的用度卻得以充裕。

西漢以來，豪強大家從煮鹽、冶鐵、鑄錢中獲取大利，一些企圖進行政治割據的人，如景帝時的吳王濞，也在深山窮澤中和海邊上，聚眾千百人從事鹽鐵鑄錢，積蓄經濟力量和軍事力量。所以桑弘羊在論證笐鹽鐵和實行平準、均輸的必要性時說：山澤之財，均輸之藏，是用來掌握經濟命脈和控制諸侯王的。他又說：現在實行笐鹽鐵的辦法，並不只是為了獲得經濟利益，更重要的是為了重農抑商，離散豪強聚集的力量，禁止過度的奢侈，斷絕對農民的兼併。由此可見，笐鹽鐵和實行均輸、平準，還起着控制諸侯王和豪強大賈的政治作用。

西漢王朝經營鹽鐵和商業，也不可避免地給人民帶來了一些痛苦。例如官鹽價昂味苦，農具質劣不適用等。以後一部分賢良、文學反對笐鹽鐵和平準、均輸制度，即以此作為一個重要理由。這些措施和制度，實際上難於長期有效地施行下去。

算緡和告緡

漢武帝還採取了直接打擊大商賈的措施，這就是算緡和告

緝。元狩四年（前119），武帝開始實行「算緝錢」，規定商人、兼營手工業的商人以及高利貸者，無論有無市籍，其高利貸資本和商業資本，都必須向政府申報，每兩千錢納稅一算，即百二十錢；自產自銷的手工業品，每四千錢一算。軺車，除了屬於規定免算者以外，一乘一算；商人軺車加倍。船五丈以上一算。商人有產不報或報而不實，罰戍邊一歲，沒入資財。有市籍的商人及其家屬，不許佔有土地，違令者沒收其土地和奴僮。元鼎三年（前114）武帝下令「告緝」，鼓勵告發，並規定以所沒收違令商人資財的一半獎給告發人。

武帝命楊可主持告緝，命杜周處理告緝案件。在這次告緝中，政府沒收的財物以億計，沒收的奴婢也是成千上萬；沒收的田地，大縣數百頃，小縣百餘頃。水衡、少府、太僕、大農等機構設置農官，分別經營沒收的郡縣土地。沒收的奴婢則主要用於飼養狗馬禽獸和在官府擔任雜役。告緝沿續近十年，中家以上的商賈，有許多都以此破產。算緝、告緝以後，上林苑財物貯積充溢，府庫得到充實，商人們受到一次沉重的打擊。所以算緝、告緝的措施，在政治上和經濟上都起了加強專制主義中央集權制度的作用。

周邊各民族　西漢王朝同周邊各族的關係

西漢時期，中國各民族之間，出現了比以前更為密切的政治、經濟、文化交往，也發生過一些戰爭。漢朝（主要是在漢武

帝時期）對各族的戰爭，有的屬於防禦性質，起了維護安全、保障生產的作用；有的則是對少數民族的侵犯，造成了破壞。但是總的看來，漢武帝以後各民族之間的聯繫加強了，許多民族地區正式歸入中國的版圖，漢族的經濟和文化也以各種不同的方式影響着周圍各民族，有些民族還走上了封建化的道路。西漢經濟的繁榮和國家的統一，正是各族人民共同進步的結果。

越

　　東甌、閩越的君主，多次率部參加過中原的政治鬥爭。留居本地的東甌、閩越人受中原文化影響不大，他們沒有城郭邑里，居溪谷箐竹之間，與外界很少聯繫。漢初以來，他們的社會經濟有了發展。武帝初年，淮南王劉安上書說，越人準備進攻郡縣時，往往先離開深山，耕種於餘干（今江西餘干）界中以積軍糧。劉安所說情況，正是東甌、閩越人農業生產能力有所提高的表現。南越出產犀象玳瑁珠璣銀銅果布，吸引了許多北方的商賈。除了呂后統治時期以外，中原和南越一直維持着正常的關市貿易，鐵農具和耕畜通過關市，源源輸入南越，促進了南越的農業生產。南越和西南地區也有政治、經濟、文化聯繫。廣西貴港出土的據認為是西漢初年西甌高級武將的墓葬，隨葬品頗豐富，但有人殉。

　　武帝建元三年（前 138），閩越發兵圍東甌，東甌求援於漢。漢武帝派嚴助發會稽郡兵浮海救東甌，援兵未達，閩越已退

走。東甌人為了避免閩越的威脅，請求內徙，漢朝把他們的一部
分徙至江、淮之間，他們從此成為西漢的編戶齊民。

　　建元六年，閩越又攻南越邊地，南越向漢廷告急，武帝派兵
分由會稽、豫章兩路攻閩越。閩越王郢之弟餘善殺郢，漢退兵。
漢封原閩越王無諸之孫繇君丑為越繇王，以後又封餘善為東越
王，封越人貴族多人為侯。

　　元鼎六年（前 111），東越攻入豫章。元封元年（前 110）
冬，漢軍數路攻入東越。越繇王和東越貴族殺餘善，漢封越繇王
和其他貴族為列侯，把越人徙處江、淮之間。江、淮之間的東甌
人和閩越人此後逐漸同漢人融合，留在原地的越人則分散在山嶺
中，與漢人來往較少，社會經濟仍停留在比較落後的階段。

　　漢朝和南越的關係，較為複雜。建元三年，嚴助率漢軍解
除了閩越對南越邊邑的威脅；六年，嚴助又受命出使南越，南越
王趙胡派太子趙嬰齊一度宿衞長安。後來嬰齊之子趙興繼嬰齊
為越王，按其生母太后邯鄲人樛氏的意見，上書武帝，請求同
內地諸侯王一樣三年一朝，並請漢朝撤除邊境關塞。南越丞相呂
嘉代表越人貴族勢力，反對趙興和樛太后，並殺趙興、樛太后
以及漢朝使者，立嬰齊長子的越妻所生子建德為王。元鼎五年
（前 112），路博德、楊僕等率漢軍攻入南越，招納越人，奪得
番禺，俘呂嘉和趙建德，越人貴族很多人受漢封為列侯。南越的
桂林監居翁，也諭告西甌四十餘萬口，一起歸漢。漢以南越、西
甌及其相鄰之地立為儋耳、珠崖、南海、蒼梧、郁林、合浦、交
趾、九真、日南等九郡。

廣東廣州南越王墓出土
的西漢前期玉獸首銜璧

廣州象崗山發現南越王墓，墓主着玉衣，有「文帝行璽」金印、「趙昧」玉印等印章同出。由此可推斷墓主當是史籍所見趙胡，趙胡可能就是趙昧。隨出物有銅鐵器、漆木器等，青銅器有中原漢式、南方楚式，亦有南越式，有的可斷為本地所造。還出有藥石、平板玻璃。墓制及其所反映的官制基本上同於西漢諸侯王制度。從這些情況看來，南越在物質文明和精神文明方面都有相當的水平，與中原維持着頻繁的經濟往來和文化交流，很可能有海外貿易。但是墓內人殉多至十餘，這又反映南越社會落後的一面。

匈奴

漢初以來，匈奴族的領袖冒頓單于以其三十餘萬精銳騎兵，東敗東胡，北服丁零，西逐大月氏（即月氏）。匈奴的統治區域起自朝鮮邊界，橫跨蒙古高原，與氐、羌相接，向南則伸延到河套以至於今晉北、陝北一帶。冒頓把這一廣大地區分為中、左、右三部。中部由冒頓自轄，與漢的代郡

（今河北蔚縣境）、雲中郡（今內蒙古托克托境）相對。左部居東方，與漢的上谷郡（今河北懷來境）相對，右部居西方，與漢的上郡（今陝西榆林境）相對，由左右屠耆王（左右賢王）分領。左右屠耆王之下有左右谷蠡王、左右大將、左右大都尉、左右大當戶、左右骨都侯等，各領一定的戰騎和分地。單于的氏族攣鞮氏，以及呼衍氏、蘭氏、須卜氏、丘林氏，是匈奴中最顯貴的幾個氏族。

匈奴人以遊牧為生，逐水草遷徙，但在某些地點也建有城堡，並有少量的農業生產。匈奴各部經濟發展不平衡，有些部落已開始使用鐵器，在一些西漢匈奴墓葬中，有鐵馬具、鐵武器和鐵工具出土。匈奴的法律規定，坐盜者沒入其家。匈奴人作戰時，得人以為奴婢。匈奴貴族死時，近幸臣妾從死者多至數十百人。這種種情況，說明匈奴社會已處於奴隸制階段。

白登之圍以後，西漢與匈奴結和親，通關市，厚饋贈，但仍無法遏止匈奴鐵騎的侵犯和虜掠。元光二年（前133），漢武帝劉徹命馬邑人聶翁壹出塞，引誘匈奴進佔馬邑，而以漢軍三十餘萬埋伏近旁，企圖一舉殲滅匈奴主力。單于引騎十萬入塞，發覺漢的誘兵計劃，中途退歸。從此以後，匈奴屢次大規模進攻邊郡，漢軍也屢次發動反擊和進攻。在這長期的戰爭中，影響較大的有漢攻匈奴的三次戰役。

元朔二年（前127），匈奴入侵，漢遣衞青領兵從雲中出擊，北抵高闕（陰山缺口，在今內蒙古杭錦後旗東北），迂迴至於隴西，奪回河套一帶，解除了匈奴對長安的直接威脅。漢在那

裏設置朔方郡（治今內蒙古杭錦旗北），並重新修繕秦時所築邊塞。同年夏，漢王朝募民十萬口徙於朔方。

漢得朔方後，匈奴連年入侵上谷、代郡、雁門、定襄、雲中、上郡，漢軍在衞青指揮下數度出擊。元狩二年（前 121），武帝命霍去病將兵遠征。霍去病自隴西出兵，過焉支山（今甘肅山丹東南）千餘里，繳獲匈奴休屠王的祭天金人。同年夏，霍去病由北地出擊，逾居延海，南下祁連山，圍殲匈奴。這次戰役，沉重地打擊了匈奴右部，匈奴渾邪王殺休屠王，率部四萬餘人歸漢。漢分徙其眾於西北邊塞之外，因其故俗為五屬國。後又遷徙關東貧民七十二萬餘口，以其絕大部分充實隴西、北地、上郡、西河之地。西漢王朝又在渾邪王、休屠王故地陸續設立酒泉、武威、張掖、敦煌四郡。漢得河西四郡地，不但隔絕了匈奴與羌人的聯繫，而且溝通了內地與西域的直接交通，這對西漢和匈奴勢力的消長，發生了顯著作用。匈奴失水草肥美的河西地，經濟受到很大損失。所以匈奴人歌曰：「失我祁連山，使我六畜不蕃息；失我焉支山，使我嫁婦無顏色。」

由於漢軍的多次打擊，匈奴單于庭向北遷徙。元狩四年衞青、霍去病帶領十萬騎，「私負從」軍者十四萬騎，步兵及轉運者數十萬人，兩路窮追匈奴。西路衞青軍從定襄郡出發，在漠北擊敗單于，單于率殘部向西北潰走，漢兵北至寘顏山趙信城（約在今蒙古杭愛山以南）而還。東路霍去病軍從代郡出發，出塞兩千餘里，與匈奴左部左屠耆王接戰獲勝，至狼居胥山，臨瀚海而還。這次戰役以後，匈奴主力向西北遠徙，漠南不再有單于的王

庭。漢軍佔領了朔方以西至張掖、居延間的大片土地,保障了河西走廊的安全。漢在上郡、朔方、西河以及河西諸地設立田官,用六十萬人屯田戍守,逐漸開發這一地域。

經過這幾次重大戰役以後,匈奴力量大為削弱,除了對西域諸國還有一定的控製作用以外,不能向東發展。百餘年來,北方農業區域所受匈奴的威脅,到此基本解除。漢軍在這幾次戰役中,損失也很大。元封、太初以後至武帝之末,漢同匈奴雖然還發生過不少戰事,但是這些戰事的規模和影響都不如過去了。

西漢王朝戰勝匈奴以後,北方邊地出現了新的局面。邊郡和內地之間,郵亭驛置相望於道,聯繫大為增強。大量的移民和戍卒,在荒涼的原野上開闢耕地,種植穀、麥、糜、秫等作物。中原的生產工具、耕作技術、水利技術,通過屯田的兵民,在邊郡傳播開來。從令居(今甘肅永登境)西北至酒泉,再向西至於玉門關,修起了屏蔽河西走廊的長城,敦煌以西至鹽澤(今新疆羅布泊。一作鹽水,今孔雀河),也修建了亭燧。北方舊有的長城進行了大規模的修繕,在今包頭、呼和浩特附近的長城沿線,還設置了許多建有內城、外城的城堡。自敦煌至遼東,乘塞列燧,吏卒眾多。邊塞的烽燧系統逐步完善起來。屯田區、城堡和烽燧,是西漢在北方邊境的政治、軍事據點,也是先進經濟、先進文化的傳播站,它們對於匈奴以及其他相鄰各遊牧民族社會的發展,有很大的影響。

武帝太初三年(前102),路博德為強弩都尉,出屯張掖居延,於其地修障塞,開屯田。居延屯兵戍守,持續至東漢時,烽

內蒙古包頭召灣出土的
「單于和親」瓦當

燧遺址至今仍在。近數十年來，居延附近多次發現駐軍遺存的簡牘，累積達三萬餘枚，被稱為居延漢簡。今甘肅、新疆的許多地方都有漢簡以及晉簡出土。其他省區，也發現大量漢簡。這些都是漢代歷史，包括漢代邊疆歷史的珍貴資料。

匈奴人向西遠徙以後，部落貴族發生分裂，出現五單于爭立的局面。宣帝甘露元年（前53），呼韓邪單于歸漢，引眾南徙於陰山附近。竟寧元年（前33），漢元帝以宮人王嬙（昭君）嫁給呼韓邪單于，恢復了和親，結束了百餘年來漢同匈奴之間的戰爭局面。今包頭等地有「單于和親」等文字的瓦當出土，正是這一時期漢與匈奴關係和洽的實證。

西域諸國　張騫通西域

西漢以來，玉門關和陽關以西即今新疆乃至更遠的地方，被稱作西域。今新疆境內的西域以天山為界，分為南北二部，南部為塔里木盆地，北部為準噶爾盆地。西漢初年，西域共有三十六國，絕大多數

分佈在天山以南塔里木盆地南北邊緣的綠洲上。在塔里木盆地的南緣，有且末、扜彌、于闐、莎車等國（南道諸國）；在盆地的北緣，有尉犁、焉耆、龜茲、姑墨、疏勒等國（北道諸國）。盆地東端有樓蘭國，其遺址已於今羅布泊西北發現。這些國家多以城郭為中心，兼營農牧，有的還能自鑄兵器，只有少數國家逐水草而居，糧食仰賴鄰國供給。西域諸國語言不一，互不統屬，由於自然條件的限制和其他原因，每國的人口一般只有幾千人到兩三萬人；人口最多的龜茲，才八萬人，最少的僅有幾百人。在盆地西南，還有蒲犁、依耐等小國，有的城居，有的遊牧，發展水平不一。

　　天山以北的準噶爾盆地，是一個遊牧區域。盆地以南的天山缺口，由車師（姑師）控制着。西部的伊犁河流域，本是塞種人居住的地方。漢文帝時，原來遊牧於敦煌、祁連一帶的月氏人被匈奴人逼迫，向西遷徙到這裏，趕走了塞種人。後來，烏孫人擺脫匈奴控制，又向西遷徙，把月氏人趕走，佔領了這塊土地。烏孫人有十二萬戶，六十三萬口，不田作，隨畜逐水草，與匈奴同俗。

　　西漢初年，匈奴的勢力伸展到西域，征服了這些國家，置「僮僕都尉」於北道的焉耆、危須、尉犁之間，榨取西域的財富。匈奴在西域的統治非常暴虐，西域東北的蒲類，本來是一個大國，其王得罪匈奴單于，單于徙其民六千餘口，置於匈奴右部阿惡地，因號曰「阿惡國」，貧羸的蒲類人逃亡山谷間，才保存了蒲類的國號。

　　自玉門關出西域，有兩條主要的路徑。一條經塔里木盆地東端的樓蘭，折向西南，沿崑崙山北麓西行至莎車，稱為南道。南道西出蔥嶺至中亞的大月氏、安息。另一條經車師前王庭，沿天山南麓西行至疏勒，稱為北道。北道西出蔥嶺，至中亞的大宛、康居、奄蔡。

　　與今新疆相鄰的中亞諸國，當時也被稱為西域。其中大宛在蔥嶺西北，口三十萬，產稻、麥、葡萄和良馬。大宛西南，是大月氏。大月氏由敦煌、祁連遷於伊犁河流域，又由伊犁河流域遷於媯水（今阿姆河）北，營遊牧生活。原住媯水以南的大夏人，被大月氏所臣服。大月氏以西的安息是一個強大的國家，商賈車船周行旁國。在安息的北面，大宛以西，今鹹海以東的草原，則由遊牧的康居人控制着。

　　漢武帝聽說西遷的大月氏有報復匈奴之意，所以募使使大月氏，想聯絡他們夾攻匈奴。漢中人張騫以郎應募，建元二年（前139）率眾一百餘人，出隴西向西域進發。張騫在西行途中，被匈奴俘獲，他保留漢節，居匈奴十年左右，終於率眾逃脫，西行數十日到達大宛。那時大月氏已自伊犁河流域西遷到媯水流域，張騫乃經康居到達大月氏。大月氏自以為新居之處肥饒安全，又與漢距離遙遠，所以不願意再東還故地，張騫不得要領，居歲餘而還。他在歸途中經過羌，又被匈奴俘獲，扣留了一年多。元朔三年（前126），張騫回到長安，元朔六年受封為博望侯。張騫出使西域，前後達十餘年，歷盡各種艱險。他的西行，傳播了漢朝的聲威，獲得了大量前所未聞的西域資料，所以司馬遷把此行

稱為「鑿空」。

張騫東歸後，元狩元年（前122），武帝遣使探求通過身毒國（今印度）開闢一條不經匈奴而到大夏的交通線，但是沒有成功。第二年，漢軍擊破匈奴，取得了河西地帶。從此，自鹽澤以東，空無匈奴，漢與西域之間的道路終於打通了。

元狩四年，張騫再度出使西域，目的是招引烏孫回河西故地，並與西域各國聯繫。張騫此行率將士三百人，每人備馬兩匹，並帶牛羊以萬數，金幣絲帛巨萬。張騫到烏孫，未達目的，於元鼎二年（前115）偕同烏孫使者數十人返抵長安。隨後，被張騫派到大宛、康居、大夏等國的副使，也同這些國家報聘漢朝的使者一起，陸續來到長安。從此以後，漢同西域的交通頻繁起來，漢王朝派到西域去的使臣，每年多的十幾批，少的五六批；每批大的幾百人，小的百餘人。使者中有許多人以所攜官物為私產，到西域牟利，所以使者隊伍實際上也就是商隊。

那時候，西域諸國仍未完全脫離匈奴的控制，西域東端的樓蘭和車師，受匈奴控制嚴密。漢使往還時，沿途需索飲水食物，使樓蘭、車師等國應接不暇。所以樓蘭、車師人在匈奴的策動下，常常劫掠漢使，遮斷道路。為了確保西域通道，元封三年（前108），王恢率輕騎擊破樓蘭，趙破奴率軍數萬擊破車師。元封六年，西漢以宗室女細君與烏孫王和親，企圖東西聯合，迫脅匈奴。細君死，漢又以宗室女解憂和親。和親鞏固了漢與烏孫的聯繫，使烏孫成為鉗制匈奴的重要力量。

為了打破匈奴對大宛的控制並獲得大宛的汗血馬，武帝於

太初元年（前 104）派貳師將軍李廣利領軍數萬擊大宛，無功
而還。太初三年，李廣利第二次西征，攻破了大宛國都外城，迫
使大宛與漢軍言和，漢軍獲得良馬幾十匹，中馬以下牝牡三千多
匹，漢在西域的聲威大振。昭帝時漢政府在輪台、渠犁等地各駐
兵數百，進行屯墾，置使者校尉領護，以保護往來的使臣和商
旅。這是西漢王朝在西域設置軍政機構的開始。

　　車師是匈奴進入天山南麓諸國的主要門戶。漢在車師一帶仍
屢次與匈奴發生戰爭。宣帝時匈奴分裂，西部的日逐王於神爵二
年（前 60）歸漢，匈奴設在西域的僮僕都尉從此撤銷，匈奴日
益衰弱。漢乃在西域設立都護，首任都護為鄭吉。都護治烏壘城
（今新疆輪台以東），並護南道和北道各國，督察烏孫、康居諸國
動靜。西域諸國與漢朝的臣屬關係，至此完全確定。元帝初元元
年（前 48）漢在車師地區（今新疆吐魯番東南）設立戊己校尉，
管理屯田和防務。

　　元帝建昭三年（前 36），西域都護甘延壽和副校尉陳湯發西
域各國兵遠征康居，擊殺了挾持西域各國並與歸漢的呼韓邪單于
為敵的郅支單于，匈奴的勢力在西域消失，漢和西域的通道大為
安全了。

　　西域道暢通以後，天山南北地區第一次與內地聯為一體，在
中國歷史上具有非常深遠的意義。除此以外，中原同西域乃至更
遠地區之間，經濟、文化聯繫日益密切。西域的葡萄、石榴、苜
蓿、胡豆、胡麻、胡瓜、胡蒜、胡桃等植物，陸續向東土移植；
西域的良馬、橐駝、各種奇禽異獸以及名貴的毛織品，也都源源

東來。中原地區則向西域輸送大量的絲織品和金屬工具，並把鑄鐵技術，可能還有鑿井技術傳到西域。這種頻繁的經濟、文化交流，促進了西域社會的進步，也豐富了中原漢人的物質生活和精神生活。

羌

羌族是中國古老的民族之一，分佈在西海（今青海）附近，南抵蜀漢以西，西北接西域諸國。羌人有火葬習俗，人死，焚屍而揚其灰。羌人人口增殖，分為很多部落，但是不立君長，沒有統屬關係。部落中的強者可以分種為酋豪，弱者則為人附落。戰國初年，羌人無弋爰劍被秦人拘執為奴，後來逃回本族，被推為豪，爰劍和他的子孫，從此就成為羌人世襲的酋長。羌人營田畜牧，日益興盛。

西漢初年，羌人臣服於匈奴。漢武帝擊走匈奴後，從令居（在今甘肅永登境）向西築令居塞，並在河西陸續列置四郡，以隔絕羌人與匈奴的交通。羌人曾與匈奴連兵十餘萬攻令居塞，圍枹罕（今甘肅臨夏）。漢遣李息等率兵十萬征服了羌人，並設護羌校尉統領。宣帝時，羌人與漢爭奪湟水流域的牧地，漢將義渠安國斬羌豪，鎮壓羌人，羌人遂圍攻金城郡（今甘肅永靖西北）。宣帝令趙充國等率兵六萬，屯田湟中，相機進攻，取得了勝利，置金城屬國以接納歸附的羌人。今青海西寧以北孫家寨漢墓中，發現木簡約四百枚，記載了西漢軍功爵級、軍隊編制、操練法

規、作戰陣法等重要內容，還有《孫子兵法》的片斷佚文。據實地考查，墓主馬良，當是趙充國屬下將校。昭宣以後，部分羌人逐漸內徙，在金城、隴西一帶與漢人雜居。王莽時在羌人地區設西海郡，徙漢人入居其中。

西南各族

西南地區，分佈着許多語言、習俗不同的民族，漢朝時統稱為西南夷。大體說來，貴州附近有夜郎、且蘭，雲南滇池區域有滇，洱海區域有嶲、昆明，四川西昌有邛都，雅安附近有徙、筰都，成都以北有冉駹。甘肅南部的白馬氐，當時也列在西南夷中。夜郎、滇、邛都等族人民結髮為椎髻，從事農耕，有邑聚，有君長。嶲、昆明等族人民編髮為辮，過着遊牧生活，沒有君長。氐和冉駹有火葬習俗。

戰國時期，楚將莊蹻領兵溯沅水西上（一說自巴蜀南下）略地。莊蹻經夜郎至滇，適值黔中地為秦國所奪，莊蹻歸路被截斷，乃留滇為王，全軍變服從滇俗。以後秦朝的勢力達到西南夷中，在今宜賓至昭通一帶開通「五尺道」，並在附近各地設官統治。

西漢初年，西南各族地區與巴蜀等地維持着交換關係。漢人商賈從西南夷中運出筰馬、髦（犛）牛和僰僮（奴隸）。巴蜀的鐵器和其他商品也運入西南夷中，有的還經由夜郎浮牂柯江轉販到南越。建元末年，番陽令唐蒙在南越發現了蜀地出產的枸醬，

探知從蜀經西南夷地區，有路可以通達南越，因此他向武帝提出發夜郎兵浮江抄襲南越的建議。武帝派唐蒙領千人，攜帶繒帛食物，到夜郎進行活動。稍後，漢在巴蜀之南置犍為郡（今四川宜賓），並發巴蜀卒修築自僰道（在今四川宜賓）通向牂柯江的山路。武帝又命司馬相如深入邛、筰、冉駹，在那裏設置都尉和十餘縣，但不久就罷省了。

張騫在中亞的大夏時，曾發現邛竹杖和蜀布，據說來自身毒（印度），因而得知巴蜀與身毒可以交通。武帝根據這一情況，於元狩元年（前 122）派使者自巴蜀四出，企圖找到通身毒的道路，以便從那裏通向西域。經過這些活動，漢和滇的道路打通了，漢對夜郎及其附近各族的控制加強了。但由於嶲、昆明等族的阻攔，尋求從巴蜀通身毒道路的目的始終沒有達到。

元鼎五年（前 112），漢發夜郎附近諸部兵攻南越，且蘭君以此反漢，殺漢使者及犍為太守。第二年，漢兵從巴蜀南下，攻下且蘭，設置牂柯郡（今貴州黃平西）。漢又以邛都為越嶲郡（今四川西昌東南），筰都為沈黎郡（今四川漢源北），冉駹為汶山郡（治今四川茂縣北），白馬為武都郡（今甘肅成縣西）。元封二年（前 109），武帝發兵臨滇，降滇王，賜印，以其地為益州郡（今雲南晉寧）。

雲南晉寧石寨山陸續發掘出的幾十座滇人貴族墓葬中，除出土滇王金印以外，還有戰國至東漢初的大量古滇國遺物出土。戰國末至西漢初的滇國青銅製品，具有濃厚的民族特色。器物年代越晚，受中原影響也越深。出土的大量滇國青銅農具，說明農業

雲南晉寧石寨山出土的二豹噬豬銅飾

在滇人經濟生活中佔有重要的地位。同時，滇國器物上的圖像，表明滇人牧養牛、馬、豬、羊、犬，獵取鹿、虎、野豬，畜牧和狩獵經濟都相當發達。青銅鑄造是滇人最主要的手工業，銅器相當精美。鐵器數量不多，有些鐵器實際上是銅鐵合體。《後漢書‧西南夷傳》說，「滇人之地有鹽池田漁之饒，金銀畜產之富」，這與滇國遺物所表現的滇人社會的經濟情況大致相符。

滇人社會處在奴隸制階段，滇國銅器上也有許多反映奴隸和俘虜生活的鑄像，如奴隸在主人監督下織布，以奴隸作犧牲，捕捉俘虜，俘虜被裸體懸掛，等等。奴隸多編髮或披髮，同滇人奴隸主的椎髻不同，他們可能是從巂、昆明或其他外族俘虜來的奴隸。滇人墓中殉葬物豐富精美，可以印證《後漢書‧西南夷傳》的記載：滇人奴隸主性豪忕，居官者皆富及累世。

烏桓　鮮卑

烏桓是東胡的一支，漢初以來，活動在西拉木倫河以北的烏桓山一帶。烏桓人俗善騎射，弋獵禽獸為事，隨水草放牧，居無

常處。他們也經營農業，種植耐寒耐旱的穄和東薔。烏桓男子能做弓矢鞍勒，鍛金鐵為兵器，婦女能刺繡，善於編織毛織品。烏桓部落分散，邑落各有小帥，但還未出現世襲的酋長。他們推舉有勇健、能理決鬥訟者為「大人」。血族復仇的風習，在烏桓社會中還很盛行。烏桓部落中自大人以下，各自畜牧營產，不相徭役，還未出現明顯的階級分化。

西漢初年，烏桓為匈奴冒頓單于所破，力量孤弱，臣服於匈奴，每年向匈奴輸牛馬羊和毛皮，過時不納，要受到匈奴統治者的懲罰。武帝時，霍去病率軍擊破匈奴左地後，把一部分烏桓人徙於上谷、漁陽、右北平、遼西、遼東五郡（今河北北部及遼寧南部），設護烏桓校尉監督他們，讓他們替漢軍偵察匈奴動靜。昭帝以後烏桓漸強，常常騷擾漢幽州邊郡，也常常攻擊匈奴。

鮮卑也是東胡的一支，言語習俗與烏桓大致相同，但比烏桓落後。鮮卑自從被冒頓單于擊破後，遠徙遼東塞外，南與烏桓相鄰，沒有同西漢發生直接聯繫。

階級矛盾的發展與王莽改制

漢武帝末年的農民暴動

西漢的社會經濟發展過程，同時是愈來愈嚴重的土地兼併過程，也是農民重新走上流亡道路的過程。還在所謂文景之治的升平時期，就隱伏着深刻的階級矛盾。賈誼為此警告文帝說：「飢

寒切於民之肌膚，欲其無為奸邪，不可得也。國已屈矣，盜賊直須時耳！」賈誼筆下的「盜賊」，指的就是行將出現的農民暴動。

漢武帝統治時期，一方面社會經濟發展到頗高的水平，非遇水旱，則農民大致可以勉強自給；另一方面，豪強之徒兼併土地、武斷鄉曲的現象，比以前更為嚴重。官僚地主無不追逐田宅、產業和牛羊、奴婢，交相壓榨農民。武帝外事四夷，內興功利，在完成了輝煌事業的同時，也耗盡了文、景以來府庫的積蓄，加重了農民的困苦。貧困破產的農民，多淪為豪強地主的佃客、傭工，受地主的殘酷剝削。農民賣妻鬻子，屢見不鮮。針對這種情形，董仲舒曾建議「限民名田」，「去奴婢，除專殺之威」和「薄賦斂，省徭役」。他認為，如果富者足以表現尊貴而不至於驕奢，貧者足以維持生活而不至於憂苦，那麼，財富不匱，上下相安，維持統治就容易了。顯然，董仲舒的思想和建議，着眼於地主階級的長遠利益而不符合其眼前利益，所以無法實行。從此以後，農民的困苦更是有加無已。

武帝前期，東郡（治今河南濮陽）一帶有農民暴動發生。以後流民愈來愈多。元封四年（前 107），關東流民達到二百萬口，無戶籍者四十萬口，天漢二年（前 99）以後，南陽、楚、齊、燕、趙之間，農民起義不時發生，南陽有梅免、百政，楚有段中、杜少，齊有徐勃，燕趙之間有堅盧、范主之屬，大群至數千人。在關中，也有所謂「暴徒」阻險。起義農民建立名號，攻打城邑，奪取武庫兵器，釋放死罪囚徒，誅殺郡守、都尉。至於數百為群的農民，在鄉里搶奪地主的糧食財物，更是不可勝數。

漢武帝派「直指繡衣使者」分區鎮壓，大肆屠殺，但是農民軍散而復聚，據險反抗，不屈不撓。漢武帝又作《沉命法》，並規定太守以下官吏如果不能及時發覺並鎮壓暴動，罪至於死。

在農民反抗鬥爭逐漸興起的時候，漢武帝劉徹認識到要穩定統治，光靠鎮壓是不行的，還要在施政上有所轉變，使農民得以喘息。他寄希望於「仁恕溫謹」的「守文之主」衛太子（即以後所稱的戾太子）。他曾對衛太子之舅、大將軍衛青說：「漢家庶事草創，加四夷侵凌中國，朕不變更制度，後世無法，不出師征伐，天下不安。為此者不得不勞民。若後世又如朕所為，是襲亡秦之跡也。太子敦重好靜，必能安天下，不使朕憂。」但是此時漢武帝還沒有實現這一轉變的決心。在他遲疑不決的時候，征和二年（前91）直指繡衣使者江充，以窮治宮中巫蠱的名義逼迫衛太子，激起衛太子在長安的兵變。結果，江充被殺，衛太子也兵敗自經而死。經過這一段曲折過程以後，武帝追悔往事，決心「與民休息」。他在征和四年斷然罷逐為他求仙藥而傷民糜費的方士，拒絕在輪台（今新疆輪台）屯田遠戍，停止向西修築亭障，並且下詔自責，申明此後務在禁苛暴，止擅賦，力本農，修馬復令（養馬者得免徭役）以補缺，只求不乏武備而已。同時，他還命趙過推行代田法，改進農具，以示鼓勵農業生產。這樣，農民暴動暫時平息了。

昭、宣時期社會經濟的恢復和發展

武帝死後，霍光輔佐八歲的昭帝，繼續實行武帝晚年的政

策，「與民休息」。短短的幾年內，流民稍還，田野益闢，政府頗有蓄積，西漢統治相對穩定。

昭帝始元六年（前81），御史大夫桑弘羊等與郡國所舉賢良、文學六十餘人辯論施政問題。賢良、文學力主罷鹽鐵、酒榷、均輸官，以示節儉，並進而對於內外政策提出許多主張。這就是有名的鹽鐵之議，桓寬的《鹽鐵論》一書，即根據這次辯論寫成。賢良、文學之議，對於「休養生息」政策的繼續實行，對於安定局面的繼續維持，起了促進作用。但是他們關於鹽鐵等方面的具體要求，多未被西漢政府採納。始元六年七月，詔罷郡國榷酤和關內鐵官，其餘鹽鐵等政策，仍遵武帝之舊。

漢宣帝劉詢是戾太子之孫，起自民間。他繼位後慎擇刺史守相，平理刑獄，並繼承昭帝遺法，把都城和各郡國的苑囿、公田假給貧民耕種，減免田賦，降低鹽價。這些政治經濟措施，使階級矛盾繼續得到緩和，農業生產開始上升。由於連年豐稔，穀價下降到每石五錢，邊遠的金城、湟中地區，每石也不過八錢，這是西漢以來最低的穀價記錄。過去，每年需要從關東漕運糧食六百萬斛，以供京師所需，宣武五鳳年間（前57～前54）大司農從三輔、弘農、河東、上黨、太原各郡糴粟運京，關東漕卒因此罷省半數以上。這是三輔、河東等地農業有了發展的具體說明。沿邊許多地方這時都設立了常平倉，穀賤則糴，穀貴則糶，以調劑邊地的需要。更值得注意的是，沿邊的西河郡（今內蒙古鄂爾多斯東勝區附近）以西共十一郡以及二農都尉，都因長期的屯田積蓄，到了元帝初年，有了可供大司農調撥的錢穀。

官府手工業繼續得到發展。齊三服官，蜀、廣漢以及其他各郡工官，東西織室，生產規模都很龐大。銅器及鐵器製造等手工業呈現繁榮景象。所以班固稱讚宣帝時技巧工匠器械，元、成間很難趕上。

漢宣帝被封建時期的歷史家稱為「中興之主」，劉向讚揚他政教明，法令行，邊境安，四夷清，單于款塞，天下殷富，百姓康樂，其治過於太宗（文帝）之時。但從另一方面看來，當時西漢統治集團積弊已深，豪強的發展和農民的流亡，都已難於遏止，所以階級鬥爭的形勢外弛內張，實際上比文帝時要嚴重得多。膠東、渤海等地，農民進行暴動，早已發展到攻打官府、搶奪囚徒、搜索朝市、劫掠列侯的程度，連宣帝自己也承認當時民多貧困，「盜賊」不止。

西漢末年階級矛盾的尖銳化

元帝時，西漢社會險象叢生。農民由於受鄉部胥吏無端勒索，儘管由政府賜給土地，也不得不賤賣從商，實在窮困已極，就只有起為「盜賊」。元帝為了懷柔關東豪強，消除他們對西漢王朝的「動搖之心」，甚至把漢初以來遷徙關東豪強充實關中陵寢地區的制度也放棄了。儒生京房曾問元帝當今是不是治世，元帝莫可奈何地回答：「亦極亂耳，尚何道！」

成帝時，西漢王朝走上了崩潰的道路。成帝大興徭役，加重賦斂。假民公田的事不再見於記載。外戚王氏逐步控制了西漢政

權，帝舅王鳳、王商、王音、王根等兄弟四人，和王鳳弟王曼之子王莽，相繼為大司馬大將軍，王氏封侯者前後共達九人之多，朝廷中重要官吏和許多刺史郡守，都出於王氏門下。外戚貪賄掠奪最為驚人。紅陽侯王立在南郡佔墾草田至幾百頃之多，連貧民開闢的熟田也在佔奪之列。王立把這些土地高價賣給國家，得到的報償超過時價一萬萬錢。外戚在元帝時勢力還不很大，資產千萬者不多；他們後來家財成億，膏田滿野，宅第擬於帝王，都是在成、哀的短期內暴斂的結果。其他的官僚也依恃權勢，大佔良田，丞相張禹買田至四百頃，都有涇渭渠道灌溉，地價極貴。土地以外，他們的其他財物也極多。哀帝寵臣董賢得賜田兩千餘頃，賢死後家財被斥賣，得錢竟達四十三萬萬之巨。

商人的勢力，這時又大為抬頭。長安、洛陽等地多有資財數千萬的大商人。成都大商人羅裒壟斷巴蜀鹽井之利，還厚賂外戚王根、幸臣淳于長，依仗他們的勢力，在各郡國大放高利貸，沒有人敢於拖欠。

成帝即位不久，今山東、河南、四川等地相繼爆發了農民和鐵官徒的暴動。建始四年（前 29），有東郡茌平（今山東茌平）侯毋辟領導的暴動。陽朔三年（前 22），有潁川（今河南禹州）鐵官徒申屠聖等的暴動。鴻嘉三年（前 18），有自稱「山君」的廣漢（今四川金堂）鄭躬所領導的暴動。永始三年（前 14），有尉氏（今河南尉氏）儒生樊並等和山陽（今山東金鄉）鐵官徒蘇令等的暴動，蘇令暴動經歷十九郡國，誅殺長吏，奪取庫兵，聲勢最為浩大。

哀帝時，西漢王朝的危機更加嚴重。師丹建議限田、限奴婢。孔光、何武等人擬定了一個辦法，規定諸王、列侯以至吏民佔田以三十頃為限；佔奴婢則諸王最多不超過二百人，列侯、公主一百人，以下至吏民三十人；商人不得佔田，不得為吏。這個辦法受到當權的外戚官僚們的反對，被擱置起來了。

農民處境如當時的鮑宣所說，「有七亡而無一得」，「有七死而無一生」。哀帝採納陰陽災異論者的主張，企圖用「再受命」的辦法來解脫西漢統治的危機。他自己改稱「陳聖劉太平皇帝」，改元「太初元將」。這充分暴露了西漢統治者空虛絕望的心情。

王莽代漢和改制

在農民戰爭迫在眉睫、西漢王朝搖搖欲墜、「再受命」說風靡一時的時候，王莽繼諸叔之後出任大司馬大將軍，輔政一年多。哀帝即位後，王莽失勢。當丁、傅等外戚和其他達官貴人激烈反對限田之議時，太皇太后王氏（即原來的元帝王皇后）表示，願意把王氏家族除塚塋以外的田地全部分給貧民。平帝時，王莽復任大司馬，屢次捐錢獻地，收攬民心。在政治上，他一方面排除異己，窮治與平帝外家衛氏有關的呂寬之獄，連引不附王氏的郡國豪傑，死者以百數；另一方面，他又極力樹立黨羽，籠絡儒生，讓他們支持自己奪取政權的活動。在這種情況下，各地上書頌揚王莽功德者，以及獻祥瑞、呈符命者，絡繹於途。這些

人都力圖證明漢祚已盡，王莽當為天子。

平帝死，孺子嬰立，王莽繼續輔政，稱攝皇帝。漢宗室劉崇和東郡太守翟義相繼起兵反對王莽，關中二十三縣民十餘萬群起響應，一度震動長安，但都被壓平了。居攝三年（初始元年，8），王莽自立為帝，改國號曰新。為了解決西漢遺留的社會矛盾，王莽陸續頒佈法令，附會《周禮》，託古改制。

始建國元年（9），王莽下詔，歷數西漢社會兼併之弊，其中最主要的是土地問題和奴婢問題。詔令說到權勢之家佔田無數，而貧弱之人連立錐之地都沒有；又置奴婢市場，把奴婢同牛馬關在一起，專斷奴婢性命。針對這種情況，詔令宣佈：天下的土地，一律改稱王田；天下的奴婢，一律改稱私屬，都不許買賣。男口不足八人而土地超過一井（九百畝）的人家，把多出的土地分給九族、鄰里、鄉黨。無田者按一伕百畝的制度受田。有敢表示違抗者，流放四裔。

王莽頒佈這個詔令的目的，不是也不可能是真正改變私人的封建土地所有權和奴婢的社會地位，而是凍結土地和奴婢的買賣，以圖緩和土地兼併和農民奴隸化的過程。在此以後，地主官僚繼續買賣土地和奴婢，以此獲罪的不可勝數，因此他們強烈反對這個詔令。始建國四年，王莽不得不改變這個詔令，宣佈王田皆得買賣，犯買賣奴婢罪者也不處治。這樣，王莽解決當前最主要的社會矛盾的嘗試，很快就失敗了。不過王莽所定王田、私屬之制和山澤六筦之禁，名義上還存在，直到地皇三年（22），即王莽政權徹底崩潰前夕，才正式宣告廢止。

　　始建國二年，王莽下詔實行五均六筦，企圖以此節制商人對農民的過度盤剝，制止高利貸者的狙獪活動，並且使封建國家獲得經濟利益。五均是在長安以及洛陽、邯鄲、臨淄、宛、成都等大都市設立五均司市師，管理市場。每季的中月，司市師評定本地物價，叫作市平。物價高過市平，司市師照市平出售；低於市平，則聽民買賣；五穀布帛絲綿等生活必需品滯銷時，由司市師按本價收買。民因祭祀或喪葬需錢，可向錢府借貸，不取利息；欲經營生計而缺乏本錢的，也可低利借貸。

　　六筦是由國家掌握鹽、鐵、酒、鑄錢、五均賒貸等五項事業，不許私人經營；同時控制名山大澤，向在名山大澤中採取眾物的人課稅。六筦中除五均賒貸一項是平準法的新發展以外，其餘五項都在漢武帝時實行過。王莽用來推行五均六筦的，多是一些大商賈，這也同武帝以賈人為鹽鐵官一樣。但是武帝憑藉強大的國家力量，能夠基本上控制為國家服務的商人；而王莽則沒有這樣的力量可以憑藉，所以對這些人也無能為力。這些人乘傳巡行，與郡縣通同作弊，盤剝人民，損公肥私。所以王莽實行五均六筦，同武帝實行同類措施相比，其結果也就各異了。

　　居攝二年，王莽加鑄錯刀、契刀、大錢等三種錢幣，規定錯刀一值五千，契刀一值五百，大錢一值五十，與原有的五銖錢共為四品，同時流通。始建國元年，王莽廢錯刀、契刀與五銖錢，另作小錢，與大錢一值五十者並行，並且頒令禁挾銅炭，以防盜鑄。始建國二年，王莽改作金、銀、龜、貝、錢、布，名曰寶貨，凡五物（錢、布皆用銅，共為一物）、六名、二十八品。

人民對王莽錢幣毫無信任，都私用五銖錢，王莽又加嚴禁，人民反抗不已。王莽迫於民憤，暫廢龜、貝等物，只行大、小錢，同時加重盜鑄的禁令，一家鑄錢，五家連坐，沒入為奴婢。地皇元年，王莽又盡廢舊幣，改行貨布、貨泉二品。

貨幣不合理的變革，引起了經濟混亂，加速了王莽財政的崩潰和人民的破產。他濫行五家連坐的盜鑄法，實際上恢復了殘酷的收孥相坐律。犯法的人沒為官奴婢，鐵索繫頸，傳詣鐘官，以十萬數。到達鐘官以後，還要易其夫婦，以致愁苦而死者十之六七。這項法令增加了漢末以來奴隸問題的嚴重性，使人民受苦最深，人民的憤恨最大。

在政治制度方面，王莽也大事更張。他把中央和地方的官名、郡縣名和行政區劃，都大大加以改變。他還恢復五等爵，濫加封賞。官吏俸祿無着，就想方設法擾民。

王莽改制所引起的混亂愈來愈大。他為了挽回威信，拯救危亡，一面繼續玩弄符命的把戲，一面發動對匈奴和對東北、西南邊境各族的不義戰爭。沉重的賦役徵發，戰爭的騷擾，殘酷的刑法，使農民完全喪失了生路。據官吏報告，人民苦於法禁煩苛，手足無措；盡力耕耘，不足以給貢稅；閉門自守，又受鄰伍鑄錢挾銅的株連。奸吏煩擾人民，人民無路可走，不得不起為「盜賊」。嚴重的天災也不斷襲擊農村，米價高達五千錢、萬錢一石，甚至黃金一斤只能易豆五升。這種情況更促使農民暴動風起雲湧。西漢宗室舊臣反對王莽的鬥爭也不斷發生，而且逐漸與農民的鬥爭發生聯繫。在西漢統治的窮途末路中登上歷史舞台的王

莽，不能解脫社會危機。更始元年（23），王莽政權終於在起義農民的打擊下徹底崩潰。

綠林、赤眉大起義

綠林軍

反對王莽政權的農民起義，首先發生在北方邊郡地區。王莽為了出擊匈奴而進行的徵發，在邊郡比在內地更為嚴重。邊境數十萬駐軍，不但仰給邊民供應，而且還大肆騷擾，邊民不堪其苦，鋌而走險，聚眾反抗。始建國三年（11），邊民棄城郭流亡，隨處暴動，并州、平州一帶更為猛烈。天鳳二年（15），五原、代郡民舉行暴動，數千人為群，轉入旁郡。

接着，黃河流域和長江流域也相繼出現了農民暴動。天鳳四年，臨淮人瓜田儀在會稽長洲（今江蘇蘇州西南）起義，出沒於湖海之間。同年呂母在海曲（今山東日照）起義，殺縣令，入海堅持戰鬥。此起彼伏的暴動，預示大規模的農民戰爭即將來臨。

天鳳年間，荊州一帶遇到連年的大饑荒，農民相率到野澤中掘荸薺為食。他們人數越聚越多，形成一支武裝力量，推新市（今湖北京山境）人王匡、王鳳為首領，不時攻擊附近的鄉聚。他們隱蔽在綠林山中（今湖北京山北），因而被稱作綠林軍。幾月後，綠林軍發展到七八千人。但是那時他們還沒有攻城略地的打算，只盼望年成好轉，能夠返回田間。

地皇二年（21），王莽的荊州牧發兵進攻綠林軍，綠林軍出山迎擊獲勝，部眾增至數萬人。地皇三年，綠林山中疾疫流行，綠林軍出山。一支由王常、成丹等率領，西入南郡（治今湖北江陵），稱下江兵；另一支由王匡、王鳳、馬武等率領，北上南陽，稱新市兵。新市兵攻隨縣時，平林人陳牧、廖湛率眾響應，於是綠林軍中又增添了一支平林兵。漢宗室劉玄這時也投身於平林兵中。

南陽大地主劉縯、劉秀兄弟也是漢宗室，他們以「復高祖之業」相號召，聯絡附近各縣地主豪強，並且把宗族、賓客組成一支七八千人的軍隊，稱為舂陵軍，參加反對王莽的行列。舂陵軍與王莽軍接戰不利，乃與向北折回的下江兵約定「合縱」。這時綠林軍連敗莽軍，發展到十多萬人。綠林軍領袖為了擴大影響，於宛城南面的清水上擁立劉玄做皇帝，恢復漢的國號，年號更始（23）。劉玄在宗室中是沒落的一員，參加起義雖早，卻無兵權。綠林軍領袖擁劉玄為帝，這是他們受到劉漢正統思想影響的表現；但是立劉玄而不立野心勃勃的劉縯，又是綠林軍領袖疏遠劉縯、劉秀的結果。

綠林建號以後，王莽發州郡兵四十二萬，由王邑、王尋率領，阻擊綠林軍。六月，王莽軍前鋒十多萬人，圍綠林軍於昆陽（今河南葉縣）。綠林軍八九千人，由王鳳、王常率領，堅守昆陽，劉秀則突圍徵集援兵。那時昆陽城外圍兵數十重，列營百數，圍兵挖掘地道，又用撞車攻城，積弩亂發，矢下如雨。劉秀等十三騎突出圍城，發郾、定陵營兵數千人援昆陽，王邑、王

尋一戰失敗，王尋被殺。城中守軍乘勢出擊，裏外合勢，莽兵大潰，士卒相踐踏，奔走百餘里。綠林軍在這一戰役中奪獲軍實輜重車甲珍寶，不可勝數。這就是中國歷史上著名的以少勝多的昆陽之戰。昆陽戰後，海內聞風響應，起兵誅殺牧守，自稱將軍，用漢年號，以待更始詔命。顯然，這次戰役對於綠林軍入關和王莽覆滅，起了決定作用。

劉秀在昆陽之戰中立了功績，劉縯又奪得宛城，勢力逐漸凌駕農民軍，因此新市、平林諸將勸更始帝把劉縯殺了。接着，綠林軍分兵兩路進擊王莽。一路由王匡率領，攻克洛陽。更始帝在洛陽派遣劉秀到黃河以北去發展勢力，劉秀北上後，逐步脫離了農民軍的控制。另一路由申屠建、李松率領，西入武關。析縣人鄧曄起兵攻下武關，迎入綠林軍，合兵直取長安，關中震動。這時長安發生暴動，王莽被殺，長安被綠林軍迅速攻克。更始二年初，更始帝遷都長安。

進入長安的綠林軍紀律嚴明，府庫宮室一無所動，長安市里不改於舊。綠林軍瓦解了一批關中的豪強武裝，迅速平定三輔。但是不久以後，更始帝自己首先沉醉在宮廷生活中，地主儒生大肆活動，起義軍內部離心離德的現象便逐漸出現了。

赤眉軍

比綠林軍發動起義稍後，琅邪人樊崇等在莒縣起義。樊崇作戰勇敢，青、徐各地起義領袖逢安、徐宣、謝祿、楊音等都率部

歸附他。他們在泰山、北海一帶進行鬥爭，擊敗田況所部莽軍。參加這支起義軍的都是為飢餓所迫的農民，他們同綠林軍一樣，起初並無攻城徇地的意圖。他們因襲漢朝鄉官、小吏稱號，把各級首領分別稱為三老、從事、卒史，彼此之間以巨人相呼。他們沒有文書、旌旗、部曲、號令，口頭相約：「殺人者死，傷人者償創。」為了作戰時與敵人相區別，他們把眉毛塗紅，因而獲得赤眉軍的稱號。

公元 22 年，王莽派太師王匡和更始將軍廉丹，率軍十多萬，進攻這一支起義軍。王匡、廉丹的軍隊殘害百姓，十分橫暴，百姓作歌道：「寧逢赤眉，不逢太師（王匡），太師尚可，更始（廉丹）殺我。」赤眉軍在成昌（今山東東平）擊敗莽軍，殺廉丹，勢力大為擴展。當劉玄進入洛陽時，赤眉軍也在中原活動，樊崇等二十多人還接受了劉玄的列侯封號。劉玄排斥赤眉，樊崇等人乃脫離劉玄，轉戰於今河南一帶。

赤眉軍雖然連戰獲勝，但是部眾思歸。赤眉領袖認為部眾回鄉必散，於是率領他們西攻長安。公元 25 年，赤眉軍進至華陰，有眾三十萬。赤眉領袖在巫師慫恿下，在軍中找到一個沒落的西漢宗室、十五歲的牛吏劉盆子做皇帝。接着，赤眉軍進攻長安，推翻了劉玄的統治。

農民起義失敗　劉秀建立東漢王朝

赤眉入關時，劉秀也派兵向關中進發。在此之前，當劉秀於

更始元年（23）冬渡河北上時，黃河以北有銅馬、大肜、高湖、重連、鐵脛、大槍、尤來、上江、青犢、五校、檀鄉、五幡、五樓、富平、獲索等部農民軍。他們各領部曲，或以山川土地為名，或以軍容強盛為號，據說有數百萬人。除了農民軍以外，各地豪強地主武裝和王莽的殘餘勢力也還不少。豪強地主在邯鄲立詐稱成帝之子的卜者王郎為帝，聲勢最大。劉秀依靠信都（治今河北冀州）太守任光、昌成（今河北冀州西北）人劉植、宋子（今河北趙縣東北）人耿純等地主武裝的支持，又得到上谷（治今河北懷來東南）太守耿況、漁陽（治今北京密雲西南）太守彭寵的援助，擊敗了王郎。更始帝派人立劉秀為蕭王，並令他罷兵去長安。劉秀羽翼已成，拒不受命，留在河北坐觀關中的變化。他逐個吞滅了銅馬、高湖、重連等部農民軍，關中一帶把他稱作「銅馬帝」。

公元 25 年，當赤眉軍迫近長安時，劉秀在鄗縣（今河北高邑東南）之南即皇帝位（光武帝），沿用漢的國號，以這一年為建武元年。不久，劉秀定都洛陽，史稱東漢。同年九月，赤眉軍入長安。長安附近的豪強地主隱匿糧食，武裝抵制赤眉軍。赤眉軍糧盡不支，西走隴阪，尋找出路。赤眉軍在那裏受到割據勢力隗囂的阻擋和風雪的襲擊，折返長安，引眾東歸。這時，劉秀的軍隊已經扼守殽函地區，截斷了赤眉軍東歸道路。赤眉軍奮勇力戰，但終因糧盡力紿，於建武三年（27）春失敗。

漢光武帝劉秀繼續鎮壓河北農民軍餘部，並削平各地的割據勢力，於建武五年統一了北方的主要地區。建武九年他平定了割

據天水的隗囂，建武十二年平定了割據蜀地的公孫述，實現了全國的統一。

東漢時期封建經濟的發展和豪強勢力的擴張

生產的發展　南方經濟水平的提高

漢光武帝劉秀在國內統一戰爭中，利用農民戰爭造成的有利形勢，於建武二年至十四年（26～38）連續六次頒佈釋放奴婢的詔令。詔令規定：凡屬王莽代漢以來吏民被沒為奴婢而不符合漢法的，青、徐、涼、益等割據區域吏民被略賣為奴的，吏民的妻子遭饑亂被賣為奴而要求離去的，一律免為庶人；奴婢主人如果拘執不放，按漢「賣人法」和「略人法」治罪。建武十一年，光武帝又連續頒令：殺奴婢的不得減罪；灸灼奴婢的按法律治罪，免被灸灼者為庶民；廢除奴婢射傷人棄市律。西漢後期和王莽統治以來，「賣人法」和「略人法」已成具文，收孥相坐律得到恢復，奴隸問題的嚴重性增加了。光武帝的這些詔令，體現了農民戰爭對奴隸制殘餘的掃蕩，也起了動搖青、徐、涼、益等州割據勢力的作用。

光武帝對於嚴重的土地兼併問題，沒有也不可能提出解決辦法。東漢的土地兼併和人口蔭附問題，一開國就很嚴重。以光武帝為首的新的統治者本來是大地主集團，此時更是憑藉政權，進一步搜括土地，佔奪人口，都城洛陽地區和光武帝家鄉南陽地區

特別嚴重。但是在農民戰爭之後，腐敗的政治有所更新，農民處境多少有了改善，因而農業和手工業得以向前發展。

東漢時的農業生產比西漢時有了提高。北方出土的東漢鐵農具钁、鍤、鋤、鐮、鏵等，數量之多，大大超過西漢。犁的鐵刃加寬，尖部角度縮小，較過去的犁鏵堅固耐用，便於深耕。大型鏵比較普遍，其他農具一般也比過去寬大。東漢出土的曲柄鋤和大鐮，便於中耕、收穫。回轉不便的耦犁（二牛抬槓），在某些地方已被比較輕便的一牛挽犁所代替。比較落後的淮河流域和邊遠地區，也在推廣牛耕和鐵鏵犁。南方的蜀郡發展了蠶桑業。長沙、桂陽、廬江等郡，蠶桑業也在逐步推廣。

黃河的修治，是促進東漢前期北方農業恢復和發展的一件大事。平帝時黃河決口，河道南移，河水大量灌入汴渠，泛濫數十縣。東漢初年，國家無力修治；河北的官僚地主為了使自己的田園免除河患，樂於以鄰為壑，又力阻修治汴渠。因此黃河以南的兗、豫等地人民，受災達六十年之久。明帝時，以治水見長的王景和王吳，用堰流法修作浚儀渠。永平十二年（69），王景與王吳又率卒幾十萬修治黃河、汴渠。王景、王吳在從滎陽東到千乘（今山東高青）海口的地段內勘察地勢，開鑿山阜，直截溝澗，疏決壅積；還在汴河堤上每十里立一水門，控制水流。他們用這個辦法終於使河汴分流，消除了水患，使黃泛地區廣大土地重新得到耕種。河工告成後，明帝把濱渠下田賦予貧人，不讓豪右獨佔。

關東地區以至於長江以南，陂池灌溉工程也陸續興建起來。

汝南太守鄧晨修復了鴻郤陂（在今河南汝南、息縣間），以後鮑
昱繼續修整，用石閘蓄水，水量充足。南陽太守杜詩修治陂池，
廣拓土田。漁陽太守張堪在狐奴（今北京順義境）引水溉田，開
闢稻田八千多頃。章帝時，王景為盧江太守，修復芍陂（在今安
徽壽縣），境內得以豐稔。在芍陂舊址，曾發現一處東漢時的以
夾草泥土修築閘壩的水利工程遺存。江南的會稽郡在稍晚的時候
修起了鏡湖（今浙江嘉興鑒湖），周圍築塘三百多里，溉田九千
多頃。巴蜀地區的東漢墓葬中，有許多池塘、水田的陶製模型出
土，池塘和水田之間，連以渠道，這是巴蜀地區水利灌溉發達的
實證。廣東佛山也有水田模型出土。各地興復或修建的陂湖渠道
還有不少。

　　最晚到兩漢之際，中國已出現了水碓，據說它在穀物加工
方面的功效，比用足踐碓高十倍，比杵臼高百倍。東漢末年，出
現了提水工具翻車、渴烏，翻車設機車以引水，渴烏為曲筒以氣
引水。

　　生產工具和生產技術的改進，使農產品的畝產量顯著提高。
據《九章算術‧衰分》命題，一畝產粟二斛，當符合東漢初年
實情。《東觀漢記》記載，章帝時張禹在徐縣開蒲陽舊陂，墾田
四千餘頃，得穀百萬餘斛，每畝產量在二三斛之間。漢末仲長統
在《昌言》中談及當時的農田畝產量和租率時說：「今通肥饒之
率，計稼穡之入，令畝收三斛，斛取一斗，未為甚多。」所謂
畝產三斛（斛指小石，一石合二市斗；畝產三石合每市畝產粟
二百八十一市斤），比《漢書‧食貨志》所記西漢的畝產量高很

多。如果是有水利灌溉的土地，產量就更高：「故鹵地，誠得水，可令畝十石。」史籍所記東漢戶口數和墾田數都比西漢的最高數字略少，這是由於東漢地主隱匿的土地和人口大大超過西漢，不能據以判斷東漢農業水平。

東漢初年，各地原有鐵官多未恢復，不少人私自冶鐵鑄器。南方地區也逐漸出現了冶鐵和鐵器製造業。桂陽郡（治今湖南郴州）的耒陽出鐵，別郡的人常聚集在這裏冶鑄；衛颯任桂陽太守，上章請求於耒陽置鐵官，罷斥私鑄，每年增加收入五百餘萬錢。章帝時曾擬全面恢復筦鹽鐵舊制，沒有成功。和帝即位，正式罷鹽鐵之禁。從此各地私鑄日盛。東漢鐵器出土地點遠比西漢為多，除北方外，今南京、杭州、紹興、南昌以及一些南方腹地都有東漢鐵器出土。這個時期，主要兵器全為鐵製品，鐵兵器外形也比西漢時期加大。大地主、大商賈公開製造兵器，質量比官器要好。據桓帝時崔寔為五原（治今內蒙古包頭西北）太守所見，武勇的邊民都用私家製造的兵器，而不肯用官器。鐵製的生活日用品，在南北各地也多有發現。這種種情況說明，鐵器的使用已遍及於人民生活的各個領域，也說明鐵的總產量比過去大為增加。東漢初年，杜詩在產鐵地南陽任太守，他推廣水力鼓風用的水排，鑄造農器，用力少，見功多，是冶鐵技術史上一項重大改革。

煉銅和銅器製作，在長江以南的很多地方都很發達。廣漢、蜀郡、會稽以及犍為屬國的朱提縣堂狼山（在今雲南昭通）等地，都有興盛的銅器製作業。廣漢、蜀郡的官府作坊仍有一定規

模，但是私人作坊所製銅器，數量更要多些。朱提堂狼的銅洗，會稽的銅鏡，歷代出土都很多。銅鏡遠銷國外，日本、朝鮮多所發現。此外蜀郡、廣漢的漆器生產也有發展，出土漆器數量很多，也遠銷國外。北方各地品種繁多的精美絲織品，其質量在西漢的基礎上繼續有所提高。東漢末年，成都織錦開始發達起來。此外，出土東漢畫像磚表明，巴蜀地區人民此時已經利用火井煮鹽。

東漢時期，在官府手工業和官府工程中，大量使用刑徒勞動。此前，在秦始皇陵側，漢景帝陽陵附近，分別有秦和西漢刑徒墓出土，但是墓地小，不能同東漢相比。洛陽城南的東漢刑徒墓，在已發掘的一小部分墓地上，就有五百多座。死者軀體上下有磚，刻有獄名、刑名、姓名、死日等內容。死者絕大多數是青壯年，可以想見他們生前所受的非人待遇。

東漢時期，北方的通都大邑，商業仍然發達。首都洛陽在今洛陽市東，東西約漢六餘里，南北約漢九餘里，與今實測城周長一萬三千零六十米之數相近。洛陽地處中原，交通便利，是東漢商業最發達的城市。豪強富室操縱了大商業，船車賈販，周於四方，貨物積貯，滿於都城。他們還大放高利貸，所取利息可以和封君相比。這個時期，百郡千縣，市邑萬數，都捲進了商品流通範圍。官僚貴戚憑藉權勢，不僅大規模地從事內地貿易，還從事西域貿易和國外貿易。竇憲曾寄人錢八十萬，從西域購買雜罽十餘張；又令人運雜採七百匹，白素三百匹，以市月氏馬、蘇合香和罷氈。從建武十六年（40）開始，東漢重鑄五銖錢，其時商

品流通量加大，而政府鑄幣能力卻不夠。貨幣數量既不能滿足需要，質量又很低劣，所以市場比較混亂。整個東漢時期，縑帛和穀物都具有貨幣職能，在流通中起輔助作用。

東漢經濟中，值得注意的是南方的經濟水平顯著提高，這在上述農耕、蠶桑、水利、銅鐵冶煉、銅器製造和火井煮鹽等方面都有表現。與此同時，北方人口顯著減少，而南方人口卻大量增加。據《漢書·地理志》和《續漢書·郡國志》約略比較，揚州人口概數從三百二十一萬增加到四百三十四萬，荊州從三百七十四萬增加到六百二十七萬，益州從四百五十五萬增加到七百二十四萬。其中荊州的零陵郡增加了七倍多，長沙郡四倍多，桂陽郡三倍多。南方戶口增加，除了本地滋生率提高和北人南移的原因以外，還由於南方各族人民大量成為東漢的編戶。今雲南地區當時人口增加五倍之多，主要是東漢時「徼外蠻夷內附」的直接結果。丹陽、豫章、長沙、零陵、桂陽等郡人口增長，自然與越人、蠻人成為東漢編戶有關。桓帝時抗徐試守宣城長，把深林遠藪中「椎髻鳥語」之人大量移徙縣城附近，就是一例。南方社會生產力的提高，南方人口的增長，也是南方各民族社會進步和封建經濟領域在南方逐漸擴大的表現。

南方經濟的發展，使東漢後期得以屢次調撥荊州、揚州的江南各郡租米賑濟江淮地區和中原災民。明帝永平年間，東漢王朝發徒兩千人，重開今寶雞與漢中之間的褒斜道，並在沿途修建驛亭橋閣，便利了益州與中原的交通。據《華陽國志》記載，東漢府庫充斥西南財貨，朝廷也多西南人才，可見益州同揚州、荊州

一樣，在東漢的政治、經濟中都具有重要的地位。不過益州富在蜀郡，巴郡則還相當落後。

光武帝對豪強地主武裝的妥協

　　封建經濟的發展，在西漢後期導致了豪強勢力的擴張。劉秀本人就是南陽的大豪強。南陽郡和河北諸郡響應劉秀的人，多是擁有宗族、賓客、子弟的豪強地主。劉植、耿純以私兵隨劉秀，成為東漢開國勛臣，他們在病危時都指定子侄代統營眾，不願放棄私家武裝。在農民起義軍所至的地區，豪強地主多聚眾自保，待機漁利，如劉秀母舅南陽樊宏作營塹以待劉秀；京兆第五倫聚宗族鄰里依險阻固，抗拒赤眉；南陽族姓馮魴聚賓客，招豪傑，作營塹，觀望等待。這些豪強地主都先後歸附劉秀，成為劉秀的有力支柱。

　　那時，也有許多擁有武裝的豪強地主，稱為兵長、渠帥，雄張鄉土，抗拒政令。例如建武初年，趙魏豪右到處屯聚；清河大姓趙綱起塢壁，繕甲兵，為害一方；北海大姓夏長思囚太守，據城池，等等。這種人既不願放棄自己割據鄉土的武裝，歸附劉秀，又無力建號自守，與東漢統治集團公開抗衡。劉秀除了用武力削平一批之外，盡量採取安撫的手段對待他們，企圖以官爵相誘，不戰而使他們降服。建武二年（26），馮異代鄧禹取關中，劉秀告誡馮異不要用略地屠城的辦法，要力求做到平定安集。他還具體指明，營堡降者，遣渠帥詣京師，散小民歸農桑，壞其營

壁使不能復聚。馮異如令而行，平輯關中。

　　但是在東漢建國以後的十餘年中，兵長、渠帥的活動迄未停止。他們散在郡縣，威福自行，權勢勝過官府。小民得罪天子，不過身死，得罪這些兵家，往往要滅門絕族。在光武帝的軍事壓力下，這些兵長、渠帥各生狐疑，他們彼此聯繫，擁眾戒備，長期不散。所以，儘管全國統一戰爭已經結束，地方豪強勢力仍然囂張，東漢統治還不鞏固。

　　針對這種情況，光武帝在建武十五年採取了新的措施。他下詔州郡檢核墾田頃畝和戶口年紀，名為度田。度田的目的，除為了掌握確實的名籍和田數，以增加賦稅收入外，更重要的是企圖通過戶口年紀的檢核，以控制和解散豪強武裝。但是州郡官吏畏懼豪強，不敢對他們推行度田，反而藉度田之名蹂躪農民。農民被驅聚田中，遮道啼呼。光武帝以度田不實的罪名，處死了河南尹張伋以及諸郡守十餘人。接着，郡國大姓及兵長群盜處處並起，到處攻劫，殺害長吏。郡縣出兵追討，他們就解散，郡縣撤兵，他們又屯結起來。這實際上是大姓兵長對度田的

河南新野東漢畫像磚中
持盾站立的亭長

抗拒。光武帝發兵威脅他們，把捕獲的大姓兵長遷徙他郡，賦田授廩，割斷他們與鄉土的聯繫。經過這次鬥爭後，豪強武裝轉為隱蔽狀態，形勢相對緩和了。度田與案比（案戶比民）的制度，在形式上成為東漢的定制，但實際上無法真正實行。

度田以妥協告終，豪強勢力並沒有被根本削弱，土地兼併仍在繼續發展，廣大農民生活痛苦，怨氣滿腹。在這種情形下，光武帝憂心忡忡，甚至不敢貿然舉行封禪大典，說是不敢「欺天」。

明、章、和帝時，社會經濟雖然向上發展，但農民棄業流亡，「裸行草食」的現象依然存在。明、章、和帝不得不屢下詔令，以苑囿地和郡國公田賦予貧民耕種。有時還要給予種糧，蠲免租賦，以緩和農民的不滿。

大地主的田莊

豪強地主雖然有很多人經營大商業，船車周於四方，但是他們勢力的基礎，是他們的大田莊。光武外祖南陽樊重的田莊，高樓連閣，陂池灌注，竹木成林。田莊裏種地三百頃，還放牧養魚。田莊經營絲麻手工業，自製各種器物，據說「巧不可言」。田莊內部「閉門成市」，基本生活所需，在一定程度上可以不必仰賴田莊外面的市場。在出土實物方面，四川各地的畫像磚，刻畫着地主宅院外面的稻田、池塘、山林和鹽井；山東滕州宏道院的畫像石，則表現了地主田莊中冶鐵的情景。這些資料，說明地主田莊經濟力量的強大和很高的自給自足程度。至東漢後期，

「豪人之室，連棟數百，膏田滿野，奴婢千群，徒附萬計」。他們可以蔭庇自己的宗族、賓客作為依附戶，依附戶不用向國家繳納賦稅和服徭役。

東漢後期，崔寔著有《四民月令》一書，是地主經營田莊的家曆。從書中所記的種植時令看來，它主要是根據中原地區特別是洛陽一帶的田莊情況寫成的。《四民月令》的資料，說明地主田莊中種有許多種類的穀物、蔬果、竹木、藥材和其他經濟作物，飼養各種牲畜，還有養蠶、繅絲、織縑帛麻布、染色、製衣鞋、製藥、釀酒醋、做醬等手工業。田莊主為了盤剝農民，除了放貸以外，還在各種產品的收獲季節分別收購這些產品，而在農民需要種子、食物、絹布的季節把這些物品賣出去，以圖獲取高利。地主甚至在四五月間天暖時，購進農民禦寒用的敝絮，十月天寒時賣出，從中取利，可見地主盤剝農民無孔不入。這些也就是上述樊重田莊「閉門成市」的一部分具體內容。

田莊裏被剝削的勞動者，是貧苦的宗族、親戚和賓客，其中宗族佔重要地位。一般說來，他們多是田莊主的依附農民，但依附程度不等。每年臘月，地主選配人力，安排田事，讓農民收拾農具，準備春耕。春凍一解，繁忙的農事正式開始，直到隆冬為止。農事稍閒的時候，農民還要為主人修理溝瀆，葺治牆屋。田莊主人對依附農民榨取實物地租，這種地租，按東漢初年馬援在苑川役屬賓客之例，是地主與田戶中分。如果加上勞役部分，則剝削率就要更大了。河南密縣（今河南新密）出土的一種畫像石，所表現的可能是地主收租的情景。內蒙古和林格爾出土的東

漢墓的壁畫，再現了墓主的政治經歷，也描繪了田莊生產和生活的一部分內容。漢墓所在的定襄郡當時雖為邊郡，但壁畫所示的農桑畜牧情況，同《四民月令》中所述中原田莊相差無幾。

地主在一定的時節按不同的親疏關係「賑贍貧乏」「存問九族」「講和好禮」。樊重在田莊中，據稱也是「賑贍宗族，恩加鄉閭」。這樣就使封建剝削關係蒙上一層宗族「恩紀」的色彩，能夠更有效地束縛農民。東漢時修成的《白虎通》一書，從意識形態上反映了宗族統治秩序。

擁有大田莊的大地主聚族而居，往往有族墓。河北無極縣的甄氏族墓，上起兩漢之際，綿延五百年。陝西潼關縣的弘農楊氏族墓，自楊震以下歷數代之久。安徽亳州曹氏族墓，包括魏武帝曹操先輩多人。與家族勢力發展相應，厚葬習俗盛行。子孫為先人修墓，都極力經營墓室，多埋珍寶、人俑、車馬，用壁畫、畫像石、畫像磚加以裝飾，並且大起塚塋，廣建祠堂。當時的一些著作重視氏族源流的考察和記錄，王符《潛夫論》有《志氏姓》，應劭《風俗通》有《姓氏篇》，與司馬遷所見上古的《帝系》《世本》《譜牒》等記載帝王、諸侯、大夫世系者性質不同。這也是大族勢力發展的反映。

據《四民月令》記載，大地主的田莊裏，還擁有一支私家武裝。每當二三月青黃不接或八九月寒凍將臨時，地主糾集一部分農民，在田莊裏「警設守備」「繕五兵，習戰射」，準備鎮壓可能出現的農民暴動。樊重田莊擁有「兵弩器械」，也說明存在着一支私家武裝。出土的一些東漢時期的陶製樓閣、院宅模型，帶有

圍牆、角樓、望樓、飛橋，具有軍事性質。前述和林格爾漢墓壁畫，亦於宅旁繪有望樓。持武器守衛於這類建築物內外的武士，自然都是地主的私兵。還有一些東漢農夫俑和持盾武士俑，兩者衣着相似，都佩戴環首大刀，表現了依附農民和私兵身份的一致。出土東漢畫像石和墓室壁畫中，常見以蘭錡（兵器架）陳設兵弩的圖像。私人邸宅用蘭錡陳設兵弩以顯示威儀，西漢時僅限於顯貴官僚，所以極為罕見。東漢時蘭錡圖像在一般官吏和地主墓中多有出現，也反映當時地主田莊私家武裝的普遍。

據《四民月令》看來，地主的私兵不是常設的，而是定期召集農民組成的，這與光武帝度田以前地主武裝「歲月不解」的情況，自然有所不同。這種私兵是維持本地封建秩序的支柱，是實現國家鎮壓職能的補充力量，這與度田以前地主武裝公開割據反抗的情況也不一樣。但是這種私兵既然是封建經濟的產物，在一定條件下它就可能轉化為公開的割據武力，轉化為統一國家的對立物，東漢末年豪強地主武裝割據局面驟然出現，其根源就在這裏。

由於豪強地主勢力的發展，東漢農民創造的物質財富，大部分不是作為賦稅流入國庫，而是作為地租為豪強地主所攫取。所以對於東漢王朝說來，經濟的發展，不是像西漢那樣表現為封建國家的強大和統一的鞏固，而是表現為封建國家的貧弱和政治的不穩。

封建專制體制的完備和統治階級內部的矛盾

封建專制體制的完備

　　西漢末年階級矛盾和統治階級內部矛盾交織的歷史，使東漢統治者怵目驚心。王莽代漢，赤眉、綠林起義，都是東漢統治者的嚴重教訓，他們力圖使這種歷史不致重演。他們面對着豪強地主強大的勢力，也力圖加以控制，盡可能把它納入東漢統治的軌道。在這種歷史教訓和現實要求交相作用之下，光武、明、章等帝都極力使專制主義中央集權制度進一步完備起來，以此加強統治。

　　東漢初年，功臣眾多，封侯者百餘人，其中功績較大，在明帝時得以圖像於雲台的共二十八人。列侯封地大者六縣，超過漢高祖劉邦對功臣侯的封賞。但是在政治上，漢光武帝劉秀則一反漢高祖以功臣任丞相執政的辦法，不給功臣實權實職，剝奪他們的兵權。功臣侯除了任邊將的以外，多在京城以列侯奉朝請，只有鄧禹、李通、賈復等少數人，得與公卿參議大政。對於外戚，光武帝在經濟方面盡量優容，例如郭皇后家號為「瓊廚金穴」。但是鑒於王莽以外戚篡漢，光武帝不讓外戚干預政事，不給他們尊貴地位。馬援功勛很大，但以身為外戚，甚至不得列入雲台二十八將數中。漢明帝劉莊令外戚陰、鄧等家互相糾察。梁松、竇穆雖尚公主，但是都由於請託郡縣、干亂政事而受到屠戮。章帝后兄竇憲以賤價強買明帝女沁水公主園田，章帝甚至切

責竇憲，還說「國家棄憲如孤雛腐鼠耳」。對於宗室諸王，光武帝申明舊制「阿附蕃王之法」，不讓他們蓄養羽翼。建武二十八年（52），光武帝命郡縣收捕諸王賓客，牽連而死者以千數。明帝兄弟楚王英被告結交方士，作符瑞圖書，楚王被迫自殺。永平十四年（71），明帝又窮治楚王之獄，被株連而致死徙的外戚、諸侯、豪強、官吏又以千計，繫獄的還有數千人。

在中央政府中，號稱三公的太尉、司徒、司空只是名義上的政府首腦，實際權力在中朝的尚書台。光武帝曾裁併其他許多中朝官職，所以尚書台更能集中事權。尚書台設千石的尚書令和六百石的尚書僕射，令、僕射以下有六曹尚書分掌庶政，每曹有丞、郎若干人。皇帝挑選親信的三公或其他大臣「錄尚書事」，實際上等於自己直接指揮尚書台，所以尚書台專權用事就是專制皇權的加強。宮內有些官職西漢時例由士人充任或者參用士人，這時專由宦官充任，以便皇帝直接掌握，隨意指使。然而，皇權強固和相權微弱，在東漢後期王朝衰敗的條件下，卻導致外戚宦官挾主專權，這是東漢統治者所始料不及的。

在地方政權方面，光武帝裁併四百多縣，這相當於西漢末年縣、邑、道、侯國數的四分之一。吏職減去了十分之九，邊塞的亭侯吏卒也陸續罷省了。這些措施主要是為了減少開支。地方政權中重要的改革之一，是州的地位由監察區域逐漸變為具有郡以上一級地方政權性質的行政區域；刺史則相應地變為具有統郡職能的長官。刺史舉劾官吏，不再需要三公案驗，即可黜免；刺史有了固定治所，只須年終派計吏奏事，不復自詣京師。不過這是

一個逐漸的變化，到東漢末年才算完成。另一個重要改革，是光武帝廢除內郡的地方兵，裁撤郡都尉，並其職於太守；取消郡內每年徵兵操練的都試，讓地方兵吏一律歸還民伍。廢除內郡地方兵後，國家軍隊常常招募農民或徵發刑徒組成，指揮權完全集中在中央和皇帝之手。這樣就有可能加強皇帝鎮壓和控制的力量，減少州郡豪強掌握本地軍隊的機會。不過終東漢之世，內郡地方兵並未全廢，有事的時候，仍常徵發郡兵，由太守或刺史率領作戰。內郡的都尉也常復置。但是內郡地方兵缺乏經常的訓練，戰鬥力不如西漢的正卒、衞士、戍卒。同時刺史領兵之制，使刺史兼有一州軍政大權，開東漢末年州牧、刺史割據之漸。這些結果，也是同東漢統治者加強專制集權的願望背道而馳的。

光武帝深知儒學是封建統治者重要的精神武器，所以他特別提倡講經論理，從儒生中選擇統治人才。早在建武五年，那時皇家宮室還未修飾，統一戰爭還未結束，光武帝就着手建立太學，設置博士，讓他們各以「家法」傳授諸經。明帝更是廣召名儒，自居講席，讓諸儒執經問難。郡國學校也紛紛建立起來。東漢除了通過學校培植統治人才以外，更重要的是用察舉孝廉、徵辟僚屬以及舉賢良方正、直言極諫、茂才、明經等科目，網羅地主士大夫的子弟做官。孝廉按郡內人口每二十萬人舉一人為率，每歲選拔，是儒生仕進的主要階梯。徵辟由三公及郡守為之，被徵辟的士大夫，往往由於「才高名重」而躐等升遷。光武帝對於隱居山林、不仕王莽的人，多方搜求，重禮徵聘，表示他對封建名節的表彰，企圖以此使「天下歸心」。他以特禮對待隱居不仕的嚴

光（嚴子陵），就是一個著名的例證。東漢王朝通過提倡經學，表彰名節，廣開仕宦之路，收攬和培育了大量的統治人才，養成了重名節的社會風氣，使它自己在豪強勢力迅速發展的時候仍然得以維持統治。

外戚、宦官的黑暗統治

東漢王朝專制體制的加強，在一定的時間內起着穩定封建秩序的作用。但是和帝以後，當這個王朝趨於衰敗時，強化的專制體制又起着相反的作用，促成了外戚、宦官的專權和他們之間的鬥爭。

和帝十歲即位，竇太后臨朝，太后兄竇憲受命為侍中，內管機密，出宣誥命，實際上掌握政權。竇憲諸弟居親要之職，大批竇氏黨徒，都做了朝官或守令。竇憲以「仁厚委隨」的老臣鄧彪為太傅錄尚書事，以與自己呼應。竇氏的奴客緹騎，殺人越貨，橫行京師。和帝在深宮中與內外臣僚隔絕，可以依靠的只有貼身的宦官。永元四年（92），他用宦官鄭眾掌握的一部分禁軍，消滅了竇氏勢力。鄭眾從此參與政事，並受封為鄛鄉侯，這是宦官用權和封侯的開始。

安帝十三歲即位，實際掌權的是和熹鄧皇后和她的兄弟鄧騭等人。這期間，鄧太后除了並用外戚、宦官以外，又起用名士楊震等，以圖取得士大夫的支持。鄧太后死，安帝與宦官李閏、江京等合謀，消滅了鄧氏勢力。此後李閏、江京等人大權在握，而

皇后閻氏的兄弟閻顯等人也居校卿之位，形成宦官與外戚閻氏共同專權的局面。

延光四年（125），宦官孫程等十九人，擁立十一歲的濟陰王為帝（漢順帝），並且殺掉閻顯。順帝時，孫程等十九人皆得封侯，宦官的權勢大為增長。他們不但可以充任朝官，還可以養子襲爵。後來，順帝也扶植外戚勢力，相繼拜后父梁商和商子冀為大將軍。

順帝死後，梁太后和梁冀先後選立沖（兩歲）、質（八歲）、桓（十五歲）三帝。梁太后也任用宦官，還擴充太學，盡力爭取宦官和官僚士大夫的支持，但是根本大權還是掌握在梁冀手裏。梁冀為大將軍平尚書事，專權近二十年。他的宗親姻戚充斥朝廷和郡縣，官吏升遷，都得先向他謝恩，滿足他的各種需索。他還派人出塞，交通外國，廣求異物。他又在洛陽周圍強佔土地，調發卒徒，興建私人苑囿，綿延近千里。他擅立苛刻禁令，不許別人觸動苑中一草一木，苑兔被人誤殺，牽連處死的至十多人。他還佔奪幾千口良人做奴婢，名曰「自賣人」。梁冀當政時期，對郡縣的調發比過去增多十倍，人民大批地死於官府的箠楚之下。延熹二年（159），梁皇后（桓帝后，梁冀之妹）死，桓帝與宦官單超等人合謀消滅梁氏。梁冀被抄的家財達三十多萬萬，官府獲得這筆巨大收入後，得以在這一年減收天下租稅之半。

梁冀死後，宦官獨攬政權，同時封侯者五人。他們「手握王爵，口含天憲」，權勢達於頂點。宦官的兄弟姻親臨州宰郡，殺人越貨，與盜賊無異。宦官侯覽前後奪人宅舍竟達三百八十一

所，奪人田地一百一十八頃。

　　和帝以來外戚、宦官交替專權，是封建統治集團的內部矛盾在專制制度下的尖銳表現。專制制度的完備，使權力高度集中於皇帝之手，皇帝成為一切權力的化身，覬覦權力的人，都力圖挾持皇帝。外戚易於接近皇帝，利用皇帝幼弱，掌握朝政；而宦官又因緣時會，取外戚的地位而代之。無論外戚或宦官當權，都力圖擁立幼主，以便自己繼續操縱。他們又都趁權力在手的時候排除異己，竭澤而漁。在封建士大夫看來，宦官是他們所不齒的微賤的暴發戶，所以在外戚、宦官的爭鬥中，外戚較多地得到士大夫的支持。但是也有一些士大夫攀附宦官，苟且求進。隨着這種鬥爭的愈演愈烈，東漢統治愈來愈腐朽，大規模農民起義的條件也愈來愈成熟了。

官僚士大夫集團的形成　門閥的出現

　　在宦官、外戚的反覆鬥爭中，還有另一種政治力量在起作用，這就是官僚士大夫結成的政治集團。

　　東漢時期，士人主要通過察舉、徵辟出仕。郡國守相進行察舉，都盡可能選擇年少能報恩的人，這種風氣，在明帝時已是如此。徵辟的情形也是一樣。被舉、被辟的人，成為舉主、府主的門生、故吏。門生、故吏為了利祿，以君臣、父子之禮對待舉主、府主，甚至不惜諂附、賄賂以求固結。舉主、府主死後，門生、故吏服三年之喪。順帝時，北海國相景某死，故吏服三年喪

者凡八十七人。大官僚與自己的門生、故吏結成集團，也增加了自己的政治力量。

東漢後期的士大夫中，出現了一些累世專攻一經的家族，他們的弟子動輒數百人，甚至數千人。通過經學入仕，又形成了一些累世公卿的家族。例如世傳歐陽《尚書》之學的弘農楊氏，自楊震以後，四世皆為三公；世傳孟氏《易》學的汝南袁氏，自袁安以後，四世中居三公之位者多至五人。這些人都是最大的地主，他們由於世居高位，門生、故吏遍於天下，因而又是士大夫的領袖。所謂門閥大族，就是在經濟、政治、意識形態上具有這種特徵的家族。東漢時期選士首先看族姓閥閱，所以門閥大族的子弟，在察舉、徵辟中照例得到優先。

門閥大族是大地主中長期發展起來的一個具有特殊地位的階層。當政的外戚往往要同他們聯結，甚至當政的宦官也不能不同他們周旋。門閥大族在本州、本郡的勢力，更具有壟斷性質，

門閥大族們往往在墓中隨葬有這種士兵形象的部曲陶俑

太守蒞郡，往往要辟本地的門閥大族為掾屬，委政於他們。宗資（南陽人）為汝南太守，委政於本郡的范滂，成瑨（弘農人）為南陽太守，委政於本郡的岑晊，因而當時出現了這樣的歌謠：「汝南『太守』范孟博（滂），南陽宗資主畫諾；南陽『太守』岑公孝（晊），弘農成瑨但坐嘯。」操縱了本州本郡政治的門閥大族，實際上統治了這些州郡。崔寔《政論》中記有這樣的歌謠：「州郡記，如霹靂，得詔書，但掛壁。」這表明地方官的文書，已超過皇帝詔書的力量。

清議和黨錮

東漢後期，官僚士大夫中出現了一種品評人物的風氣，稱為「清議」。善於清議的人，被目為天下名士，他們對人物的褒貶，在很大的程度上左右鄉閭輿論，影響察舉，對士大夫的仕途進退有很大的作用。郭泰就是這樣一個「清談閭閻」的名士，人物經他品評，即成定論，往往「先言後驗」。汝南名士許劭與從兄許靖，喜歡在一起核論鄉黨人物，每月初一進行品評，所以有「月旦評」之稱。大官僚和門閥大族為了操縱選舉，進退人物，也都尊重名士，提倡清議，這種清議在士大夫中間多少能起一些激勵作用。但是風氣所至，士大夫相率讓爵、推財、避聘、久喪，極力把自己裝扮為具有孝義高行的人物，以圖博得清議的讚揚。許多求名不得的人，不惜飾偽以邀譽，釣奇以驚俗，有些人以此身敗名裂。

安帝、順帝相繼擴充太學，籠絡儒生，順帝時太學生多至三萬餘人。太學生同官僚士大夫有着密切的聯繫，太學成為清議的中心。太學生為安帝以來風起雲湧的農民起義所震動，深感東漢王朝有崩潰的危險。他們認為宦官外戚的黑暗統治是引起農民起義、導致東漢衰敗的主要原因，所以力圖通過清議，反對宦官外戚，特別是當權的宦官，來挽救東漢統治。

在宦官外戚統治下，州郡牧守在察舉徵辟中望風行事，不附權貴的士人受到排斥。順帝初年，河南尹田歆察舉六名孝廉，當權的貴人勛戚交相請託，佔據名額，名士入選的只有一人。桓帝以後，察舉制度更為腐敗，時人語曰：「舉秀才，不知書。察孝廉，父別居。寒素清白濁如泥，高第良將怯如雞。」在士大夫中，有一部分人趨炎附勢，交遊於富貴之門，助長了宦官外戚的聲勢。這種情形，使太學清議在攻擊腐敗朝政和罪惡權貴的同時，讚揚敢於干犯權貴的人。桓帝永興元年（153），冀州刺史朱穆奏劾貪污的守令，打擊橫行州郡的宦官黨羽，被桓帝罰往左校服勞役。太學生劉陶等數千人詣闕上書，表示願意代替朱穆服刑勞作，因此桓帝不得不赦免朱穆。延熹五年（162），皇甫規得罪宦官，論輸左校，太學生張鳳等三百餘人，跟大官僚一起詣闕陳訴，使皇甫規獲得赦免。官僚、太學生的這些活動，對當政的宦官是一種巨大的壓力。郡國學的諸生，也同太學清議呼應。

太學諸生，特別尊崇李膺、陳蕃、王暢等人，太學中流行着對他們的評語：「天下模楷李元禮（膺），不畏強禦陳仲舉（蕃），天下俊秀王叔茂（暢）。」李膺的名望最高，士人與他交遊，被

譽為「登龍門」，可以身價十倍。李膺為司隸校尉時，懲辦不法宦官，宦官們只好小心謹慎，連休假日也不敢走出宮門。延熹九年，李膺殺術士張成，張成生前與宦官關係密切，所以他的弟子牢修誣告李膺與太學生及諸郡生徒結為朋黨，誹訕朝廷，疑亂風俗。在宦官慫恿下，桓帝收擊李膺，並下令郡國大捕「黨人」，詞語相及，共達二百多名。第二年，李膺及其他黨人被赦歸田里，禁錮終身，這就是有名的「黨錮」事件。

黨錮事件發生後，士大夫聞風而動。他們把那些不畏宦官勢力，被認為正直的士大夫，分別加上三君、八俊、八顧、八及、八廚等美稱，清議的浪潮更為高漲。度遼將軍皇甫規沒有被當作名士列入黨錮，甚至自陳與黨人的關係，請求連坐。

靈帝建寧元年（168），名士陳蕃為太傅，與大將軍竇武（竇太后之父）共同執政。他們起用李膺和被禁錮的其他名士，並密謀誅殺宦官。宦官矯詔捕竇武等人，雙方陳兵對陣，結果陳蕃、竇武皆死，他們的宗室賓客姻屬都被收殺，門生、故吏免官禁錮。建寧二年，曾經打擊過宦官勢力的張儉被誣告「共為部黨，圖危社稷」，受到追捕，黨人橫死獄中的共百餘人，被牽連而死、徙、廢、禁的又達六七百人。熹平五年（176），州郡受命禁錮黨人的門生、故吏和父子兄弟。直到黃巾起義發生後，黨人才被赦免。

官僚士大夫和太學生的反宦官鬥爭，在當時具有一定的正義性，博得社會的同情，因此張儉在被追捕時，許多人破家相容，使他得以逃亡出塞。官僚士大夫和太學生的反宦官鬥爭，只是為了緩和階級矛盾，維護東漢王朝的正常統治秩序。但是農民起義

不但沒有因此偃旗息鼓，而且還發展到從根本上危及東漢統治。
這時候，被禁錮的黨人獲得赦免，他們也就立刻同當權的宦官聯
合，集中力量來鎮壓起義農民。官僚士大夫與門閥大族息息相
通，總的說來力量比宦官強大。所以在農民起義被鎮壓下去後，
他們重整旗鼓，發動了對宦官的最後一擊，終於徹底消滅了東漢
盤根錯節的宦官勢力。

周邊各民族　東漢王朝同周邊各族的關係

南匈奴　北匈奴

　　東漢初年，當漢光武帝劉秀進行國內統一戰爭時，匈奴的勢
力有所發展。建武二年（26），漁陽太守彭寵反對劉秀，曾結匈
奴為援。割據三水（今寧夏同心境）的盧芳在匈奴的支持下佔據
北邊諸郡，同匈奴一起經常向南寇擾。光武帝也曾遣使與匈奴修
好，但是沒有取得結果，以後東漢派吳漢率軍抗擊匈奴，也經歲
無功而返。統一戰爭結束後，盧芳於建武十四年逃入匈奴，東漢
為了避免邊境衝突，罷省定襄郡（治今山西右玉南），徙其民於
西河（治今山西呂梁離石區），徙雁門（治今山西朔州東南）、
代（治今山西陽高）、上谷（治今河北懷來東南）等郡吏民六萬
餘口於居庸、常山以東。這樣，匈奴左部就得以轉居塞內。建武
二十年，匈奴一度進至上黨、扶風、天水等郡，成為東漢王朝嚴
重的威脅。

　　正在這時，匈奴人遇到連年的旱蝗，赤地數千里，人畜死耗很大。東面的烏桓乘機進擊，迫使匈奴北徙。接着，匈奴貴族中又發生了爭奪統治權的內訌。建武二十四年，匈奴日逐王比被南邊八部擁立為南單于，他襲用其祖父呼韓邪單于的稱號，率部眾到五原塞，請求內附，得到東漢的允許。從此以後，匈奴分裂為南北兩部。

　　建武二十六年，南單于入居雲中，不久又轉駐西河郡的美稷，分屯部眾於邊境各郡，助漢戍守。東漢王朝常以財物、糧食、布帛、牛羊等贈給南匈奴，供給之費，每年達一億錢以上。南匈奴同東漢和平相處，邊境安寧，原來內徙的邊郡居民，也多陸續回歸本郡。和帝初年，南匈奴領有三萬四千戶，二十三萬多口，包括軍隊五萬人。南匈奴人逐步轉向定居和農耕生活，並且逐漸向東向南遷徙。

　　北匈奴離漢邊較遠。他們控制着西域，常常侵擾河西和北方郡縣，擄掠南匈奴人和漢人。東漢王朝為了避免這種侵擾，答應與北匈奴「合市」，一些南匈奴貴族因此對東漢產生懷疑，他們同北匈奴貴族暗中聯絡，準備共同反對東漢王朝。東漢為了隔絕南、北匈奴的交通，設置度遼將軍，統度遼營，屯兵於五原曼柏（今內蒙古達拉特旗東南）。章帝時，北匈奴貴族驅牛馬到武威與漢人「合市」，得到郡縣的隆重款待和東漢王朝的饋贈。

　　北匈奴受到北面的丁零、東面的鮮卑、東南面的南匈奴的夾攻，又受到西域許多國家的反擊，勢力薄弱，部眾離散，大批地向東漢投降。東漢王朝為了保障河西四郡的安全，並相機恢復同

西域的交通，發動了對北匈奴的進攻。明帝永平十六年（73），漢軍四路出擊：祭肜（或作肜）、吳棠出高闕塞，竇固、耿忠出酒泉塞，耿秉、秦彭出張掖居延塞，來苗、文穆出平城塞。竇固、耿忠的軍隊追擊北匈奴至天山和蒲類海（今新疆巴里坤湖），奪得伊吾（今新疆哈密西），在那裏置宜禾都尉，留吏士屯田。和帝永元元年（89），竇憲、耿秉率師出擊北匈奴，北匈奴降者二十餘萬人。漢軍出塞三千餘里，直至燕然山（今蒙古杭愛山），命班固刻石而還。

永元二年，漢軍復取伊吾。永元三年，漢軍出居延塞，圍北單于於金微山（今阿爾泰山），匈奴戰敗後離開了蒙古高原，向西遠徙。從這時起，匈奴東面的鮮卑族逐步西進，佔據了匈奴的故地。

西域諸國　班超在西域的活動

王莽時期，西域分割為五十五個小國，其中北道諸國，復受制於匈奴。莎車在塔里木盆地西端，當匈奴入西域時，莎車王康保護着受匈奴攻擊的原西域都護吏士及其眷屬千餘人，並率領近傍諸國軍隊抵抗匈奴的侵犯。建武五年（29），莎車王康檄書河西，詢問中原情況，河西大將軍竇融承制立康為「漢莎車建功懷德王西域大都尉」。建武十四年，莎車王賢與鄯善王安遣使到漢，請派都護，光武帝沒有力量，只好拒絕。此後匈奴遇到連年旱蝗，勢力衰竭，莎車則逐漸驕橫，攻掠近傍小國。在這種情

勢下，車師前王、鄯善、焉耆等十八國，於建武二十一年遣王子
入侍，再請漢派都護，光武帝仍然沒有答應。莎車王賢見都護不
出，於是攻破鄯善，又殺龜茲王。鄯善王警告東漢朝廷：如果再
不置都護，各國將臣服於匈奴。光武帝回答說：「如諸國力不從
心，東西南北自在也。」這樣，車師、鄯善、龜茲先後投降匈
奴。此後，于闐攻滅莎車，勢力增強，稱雄南道，但不久也被匈
奴控制了。

明帝時，東漢開始發動了進擊匈奴的戰爭。永平十六年（73）
竇固、耿忠所佔伊吾，是西域東部門戶，宜於種植五穀桑麻葡
萄；其西面的柳中，也是膏腴之地。所以這一帶是東漢與匈奴爭
奪西域的關鍵。永平十七年，東漢恢復了西域都護，以陳睦充
任，並以耿恭、關寵為戊己校尉，分駐車師後王部和前王部。

竇固佔領伊吾後，派假司馬班超率吏士三十六人，出使西域
南道各國，爭取它們同東漢一起抗拒匈奴。那時西域各國的一部
分貴族，希望擺脫匈奴的野蠻統治，終止各國之間的糾紛，所以
願意幫助班超。也有一部分貴族受匈奴挾持，憑藉匈奴勢力，與
班超為敵。

班超先到鄯善。他夜率吏士燒匈奴使者營幕，殺匈奴使者，
控制鄯善。接着班超西至于闐，迫使于闐王殺匈奴使者，歸服
漢朝。

永平十七年，班超前往西域西端，遣人從間道馳入疏勒，廢
黜龜茲人所立的疏勒王，另立親漢的疏勒貴族為王。

當班超獲得進展的時候，匈奴所控制的焉耆、龜茲等國，在

永平十八年發兵攻擊東漢都護，都護陳睦被殺。匈奴圍困關寵，車師也發兵助匈奴圍攻耿恭。章帝建初元年（76），東漢援軍敗車師，擊退匈奴，救出耿恭和殘存的吏士二十餘人。東漢無力固守車師，於是撤銷都護和戊己校尉，召班超回國。建初二年，東漢撤退伊吾屯田兵，西域門戶重又暴露於匈奴騎兵之前。

　　南道諸國怕班超撤退後匈奴捲土重來，都苦留班超，疏勒、于闐最為懇切。在這種情況下，班超決心留駐西域。班超壓服了疏勒一部分親匈奴的勢力，並且用東漢前後兩次援兵千餘人以及于闐等國兵，迫使匈奴在南道的屬國莎車投降，又擊敗了龜茲援助莎車的軍隊，西域南道從此暢通。

　　和帝永元元年至三年（89～91），東漢竇憲率軍連破匈奴，匈奴主力向西遠徙，西域的形勢發生了有利於東漢的變化。永元二年，大月氏貴霜王朝發兵七萬，由其副王率領，逾蔥嶺入侵。班超堅壁清野，又遮斷其與龜茲的聯絡，迫使大月氏撤軍。永元三年，北道龜茲等國降於班超。漢以班超為西域都護，駐守龜茲，徐幹為長史，駐疏勒，並復置戊己校尉。永元六年，焉耆等國歸東漢，北道完全打通，西域餘國全部內屬，班超以此受封為定遠侯。

　　永元九年，班超派甘英出使大秦（羅馬帝國的東部地區），甘英達到條支的海濱（今波斯灣頭），臨海欲渡，為安息人所阻而還，漢與大秦的直接聯繫沒有成功。桓帝延熹九年（166），大秦王安敦（即羅馬皇帝 Marcus Aurelius Antoninus）遣使者來到洛陽，是中國與羅馬帝國的首次接觸。

　　班超在西域堅持奮鬥，幫助西域人解除匈奴貴族的束縛，使西域重新與內地聯為一體。永元十四年八月，班超回到洛陽，九月病卒。

　　班超東歸以後，繼任的都護任尚失和於西域諸國，受到諸國的攻擊。接着隴西羌人與東漢發生戰爭，隴道斷絕。安帝永初元年（107），東漢派班超之子班勇率兵西出，迎接都護段禧及屯田卒東歸。西域交通中斷後，殘留於天山與阿爾泰山間的北匈奴，又乘機佔領伊吾，寇掠河西，殺害出屯伊吾的敦煌長史索班。東漢朝廷經過激烈辯論後，於延光二年（123）決定，派班勇為西域長史，出屯柳中（今新疆鄯善西南）。

　　班勇進駐西域後，陸續逐退了殘餘的匈奴勢力，再一次打通了西域道路，保障了河西邊塞。班勇自幼隨父在西域成長，深悉西域道里、風土和政治情況。他編著《西域記》一書，是范曄撰《後漢書‧西域傳》的重要根據。

　　班勇以來，東漢不再置西域都護，而以西域長史代行都護之職。桓帝時，長史常駐于闐。西域長史和戊己校尉一直維持到靈帝末年。當時刺史權力日益提高，這兩個官職便成為涼州刺史的屬官，西域也就成為涼州的轄區了。建安年間，涼州大亂，西域始與中原暫時斷絕聯繫。

　　近幾十年來，發現不少兩漢時期西域的考古資料。在羅布泊附近的古樓蘭國、尼雅河流域的古精絕國以及沿絲綢之路的其他各處遺址中，陸續發現許多漢代的精美絲織物、刺繡服物、銅鏡、錢幣，還發現冶鐵遺址、鐵工具以及麥粒、青稞等農作物遺

存。這許許多多的遺物，表明兩漢時期中原與西域的經濟聯繫相當密切，也表明西域地區物質生活大有進步。西域是中亞、南亞商人薈萃的地方，塔里木盆地出有壓有漢文、佉盧文的大量「漢佉二體錢」，年代約當東漢晚期，即是證明。西域商人以及中亞、南亞商人沿着絲綢之路，向內地運來毛皮、毛織物、香料、珠璣等商品，交換內地盛產的絲織物和銅鐵器物。內地商人也經常遠到西域從事貿易。

烏桓　鮮卑　東北各族

東漢初年，烏桓常與匈奴聯結，朝發穹廬，暮至城郭，騷擾北方沿邊各郡。光武帝以錢幣、繒帛招服烏桓，建武二十五年（49）封烏桓渠帥八十一人為侯王君長，讓他們率領部眾入居塞內，為東漢偵察匈奴、鮮卑的動靜。東漢在上谷寧城（今河北萬全境）復置護烏桓校尉，兼領鮮卑，並管理與烏桓、鮮卑互市事務。此後百餘年，烏桓叛服不常。靈帝時，上谷、遼西、遼東、右北平烏桓大人皆稱王。中平四年（187），前中山太守張純叛入烏桓，為各郡烏桓元帥，寇掠今河北、山東一帶。稍後，烏桓王蹋頓強盛。河北地區的吏民為避豪強混戰之禍，投奔烏桓的達十餘萬戶。

東漢初年，鮮卑人常與烏桓、匈奴一起騷擾邊郡。光武帝末年，許多鮮卑大人陸續率部歸附東漢，東漢封他們為王侯，青、徐兩州每年給錢兩億七千萬以為常制。東漢擊走北匈奴後，

《寧城圖》（局部）

內蒙古和林格爾縣東漢烏桓校
尉墓葬出土的城市壁畫。圖
中的「寧市」用牆圍築成四
方形，這就是寧城與外地貿
易的「胡市」，也是寧城中
的商業區。這種市與民居用
牆垣隔開的建築布局圖，是
最早反映中國古代城市結構
特點的珍貴資料。

鮮卑逐步向西發展，殘留的北匈奴人十多萬落，也自號鮮卑，與
鮮卑人逐漸融合。從此以後，鮮卑趨於強盛。2世紀中葉，鮮卑
部落大人檀石槐統一鮮卑諸部，立庭於彈汗山歠仇水上（今山西
陽高北）。檀石槐南抄東漢緣邊，北拒丁零，東卻夫余，西擊烏
孫，盡據匈奴故地。他把領地分為東、中、西三部，右北平（今
冀東一帶）以東為東部，以西至上谷（今河北懷來）為中部，再
西至敦煌、烏孫為西部，各置大人主領。總屬於檀石槐。鮮卑兵
利馬疾，過於匈奴，連年寇擾幽、并、涼三州邊郡。光和四年
（181），檀石槐死，鮮卑分裂，力量漸衰。

在松花江流域，居住着以農業生活為主的扶余（即夫余）
人。扶余有宮室、城柵和監獄、刑罰，蓄養奴隸，盛行人殉，已
進入了奴隸制社會。光武帝時扶余遣使奉貢，順帝時扶余王來朝
京師。扶余東北，今烏蘇里江流域有挹婁人，受扶余貴族控制。
挹婁人穴居山林，以農業生活為主，好養豕，階級分化不明顯。

　　扶余東南鴨綠江流域的山地，聚居着能歌善舞的高句麗人，據說是扶余人向南發展的一支。相傳朱蒙在忽本立高句麗國，後人遷丸都城（或謂國內城，今吉林集安）。漢武帝時，設高句麗縣，屬玄菟郡。漢光武帝時，高句麗使臣曾至京師奉貢。高句麗人主要從事農業生產，其社會中已出現了明顯的階級分化。

羌　東漢王朝同羌人的戰爭

　　王莽末年，羌人大量入居塞內，散佈在金城等郡，與漢人雜處。他們苦於官吏和豪強的侵奪，常常起而反抗。東漢於涼州置護羌校尉，並屢次派兵鎮壓羌人的反抗，把一部分羌人向東遷徙於隴西、漢陽、扶風等郡。

　　安帝永初元年（107），東漢撤回西域都護和西域田卒，並徵發金城、隴西等郡羌人前往掩護。羌人害怕遠戍不還，行抵酒泉時紛紛逃散。東漢郡縣發兵邀截，並搗毀沿途羌人廬落，羌人多驚走出塞，相聚反抗。他們久居郡縣，沒有武器，只是用竹木當戈矛，用板當盾，屢次打敗了東漢軍隊。武都、北地、上郡、西河等地羌人一時俱起，東攻趙、魏，南入益州，進擊關中，截斷隴道。各地的漢軍和地主大修塢壁，企圖節節阻拒，但羌人仍然所向無敵。永初五年，一部分羌人進至河東、河內，迫近洛陽。東漢詔令魏郡、趙國、常山、中山修築塢候六百餘所，以備羌人。沿邊的隴西、安定、北地、上郡，紛紛把治所內徙，同時還割禾拆屋，強徙居民。被迫遷徙的人流離失所，隨道死亡，有

許多人同羌人合作，武裝抗拒東漢的官吏。漢陽（治今甘肅天水西北）人杜琦、杜季貢、王信等聯合羌人，起兵反對東漢統治，成為羌人隊伍的首領。羌人的反抗鬥爭持續了十二年。在這次戰爭中，東漢所耗戰費達二百四十多億錢。東漢王朝經過這次大震蕩，根基動搖，內地的農民暴動也此起彼伏地相繼爆發了。

順帝時，涼州、并州羌人又相繼發動反抗鬥爭，延綿十年之久，到順帝末始平息，東漢所耗軍費又是八十餘億錢。

桓帝延熹二年（159）以後，各地羌人又相繼對東漢進行了反抗鬥爭。東漢王朝用皇甫規、張奐、段熲等人領兵作戰。皇甫規、張奐主張招撫羌人，並且懲治羌人所怨恨的貪虐官吏，羌人先後歸服的達二十餘萬人。段熲殘暴異常，羌人被他殘殺的達數萬人。

在羌人的反壓迫鬥爭中，羌人貴族分子和東漢軍隊同樣燒殺搶掠，戰火所及，羌人漢人同受摧殘。漢人或被迫當兵，或死徙流亡，以致生產凋敝，造成了極其嚴重的惡果。桓帝初年的童謠

四川羊子山車漢墓出土的塢壁闕畫像磚

塢壁，中國古代為防禦而修建的小城堡，又稱塢堡，按照分佈的地區和設置的由來可分為兩類。一類分佈在內地，是地主豪強聚集宗族鄉黨，依山築壘，平地建塢，據以自守，割據一方。另一類是漢代為了屯戍在西北無險可守的地帶築城據守而修建的。

反映這次戰爭破壞的情況說：「小麥青青大麥枯，誰當獲者婦與姑，丈人何在西擊胡。吏買馬，君具車，請為諸君鼓嚨胡。」從此以後，農民暴動更為激烈，東漢王朝也日益臨近崩潰。

南方各蠻族

在洞庭湖和湘江以西的山嶺地區，居住着古老的以犬為圖騰的槃瓠蠻，又被稱為武陵蠻、五溪蠻。他們稱族中渠帥曰精夫，自稱曰姎徒。他們很早以前就從事農耕，但是沒有關梁符傳和租稅之賦。西漢向他們徵收「賨布」，大口每歲一匹，小口二丈。東漢初年，武陵蠻強盛起來，攻擊郡縣。東漢在那裏增置官吏，加強對蠻人的統治，因此蠻人反對東漢的鬥爭延綿不斷，屢伏屢起。

在今鄂西、川東地區，居住着以白虎為圖騰的廩君蠻，又被稱為巴蠻或巴郡南郡蠻。廩君人以巴、樊、瞫、相、鄭五氏為著，最早居住於今湖北清江流域，溯江向西發展。戰國末年秦惠王併巴中後，以廩君蠻的巴氏為蠻夷君長，巴氏歲出少量賦錢，並且世以秦女為妻。廩君民戶，則歲出「賨布」八丈二尺，雞羽三十鍭。東漢時，廩君各部常常起兵反抗東漢，東漢軍隊屢次強徙廩君部民，置於江夏郡（治今湖北武漢新洲區）界中，因此廩君蠻亦得以逐步向東發展。

四川嘉陵江流域的閬中一帶，住有愛好歌舞的板楯蠻。相傳板楯蠻應募射殺白虎，秦昭襄王與他們約定「頃田不租，十妻不

算，傷人者論，殺人者得以僦錢贖死」。楚漢之際，板楯蠻曾助漢高祖劉邦攻下關中，所以蠻中羅、朴、督、鄂、度、夕、龔七姓渠帥得以免除租賦，一般蠻戶則歲納「賨錢」四十。板楯蠻亦有白虎夷、白虎復夷、賨等稱呼。西漢初年，板楯蠻的巴渝舞，已成為漢朝廟堂的一種歌舞。東漢時期，板楯蠻經常被徵發作戰，屢著戰功。板楯人苦於賦役和酷刑，常常邑落相聚，反抗東漢統治。直到中平五年（188），他們還響應了巴郡黃巾的起義鬥爭。

在川西、川東、鄂西北、湘西等地，出土許多青銅器物，花紋形制具有濃厚的地方色彩，其中多數出於以獨木舟為葬具的船棺葬中。一般認為這些都是廩君蠻和板楯蠻的遺物。廩君蠻和板楯蠻都是先秦巴人的裔族，所以文化類型相同。

西南各族

東漢時期，西南地區除了夜郎、滇、嶲、昆明、徙、邛都、筰都、冉駹等族以外，還有哀牢及其他許多部落或民族，在那裏開山闢土，放牧種穀。

哀牢人住在今雲南瀾滄江流域及其以西地區，以龍為圖騰，主要經營五穀桑麻，生產精美的絲織物和麻織物。哀牢地區富有銅鐵鉛錫金銀等礦藏，還出產各種珠寶和奇禽異獸。光武帝時期，一部分哀牢人歸附東漢。明帝永平十二年（69），哀牢人內附的達五萬餘戶，五十五萬餘口，東漢在瀾滄江以西置永昌郡

（今雲南保山）。從那時起，東漢通過哀牢地區，同今緬甸境內的撣族，有了直接往來，發生了經濟文化聯繫。

東漢時期，西南邊徼以外的部落和民族，遣使貢獻方物和請求內屬的還有很多。明帝永平年間（58～75），汶山以西的白狼、槃木、唐菆等百餘部相率內附，人數很多，白狼王還用他們自己的語言作詩三章，紀念這一重大的歷史事件，稱作《白狼歌》。歌詞的漢字聲讀和意譯，保存在《後漢書·西南夷傳》和註中。

東漢後期的階級鬥爭和黃巾大起義

東漢後期的階級鬥爭

和帝、安帝以後，東漢統治集團腐朽，豪強勢力擴張，輪流當政的宦官外戚競相壓榨農民，農民境況日益惡劣。長期戰爭加重了農民的苦難。水旱蟲蝗風雹和牛疫連年不斷，地震有時成為一種嚴重災害。沉重的賦役和瘟疫、饑饉嚴重地破壞了農村經濟，逼使農民到處流亡。東漢王朝屢頒詔令，用賜爵的辦法鼓勵流民向郡縣著籍，但這不過是畫餅充飢，對流民毫無作用。流民數量越來越多，桓帝永興元年（153）竟達數十萬戶。地方官吏為了考績的需要，常常隱瞞災情，虛報戶口和墾田數字，這又大大增加了農民的賦稅負擔，促使更多的農民逃亡異鄉。

靈帝時，宦官支配朝政，政治腐敗達於極點。光和元年

（178），靈帝開西邸公開賣官，二千石官兩千萬，四百石官四百萬，縣令長按縣土豐瘠各有定價，富者先入錢，貧者到官後加倍繳納。靈帝又私賣公卿等官，公千萬，卿五百萬。州郡地方也多是豺狼當道。

　　流亡的農民到處暴動。早在安帝永初三年（109），就有張伯路領導流民幾千人，活動於沿海九郡。順帝陽嘉元年（132），章河領導流民在揚州六郡暴動，縱橫四十九縣。漢安元年（142），廣陵人張嬰領導流民，在徐、揚一帶舉行暴動，時起時伏，前後達十餘年之久。桓帝、靈帝時，從幽燕到嶺南，從涼州到東海，到處都有流民暴動發生，關東和濱海地區最為突出。流民暴動的規模也越來越大，從幾百人、幾千人擴展到幾萬人、十幾萬人。一些流民隊伍，還與羌人、蠻人反對東漢王朝的鬥爭相呼應。從安帝到靈帝的八十餘年中，見於記載的農民暴動，大小合計將近百次，至於散在各處的所謂「春饑草竊之寇」、「窮厄寒凍之寇」，活動於大田莊的周圍，更是不可勝數。那時，農民中流傳着一首豪邁的歌謠：「小民髮如韭，剪復生；頭如雞，割復鳴。吏不必可畏，民不必可輕！」這首歌謠，生動地表現了農民前赴後繼地進行鬥爭的英雄氣概。

　　東漢時期，起義農民首領或稱將軍、皇帝，或稱「黃帝」、「黑帝」、「真人」。前者表示他們無須假託當權集團人物來發號施令，後者表示他們懂得利用宗教組織農民。桓、靈之間流傳的「漢行氣盡，黃家當興」的讖語，是起義農民政治要求的一種表達形式。

分散的農民暴動，雖然在東漢軍隊和豪強武裝的鎮壓下一次又一次地失敗了，但是繼起的暴動規模越來越大，終於形成了全國性的黃巾起義。

黃巾大起義

順帝以後，以至於桓、靈時期，道教的一支 —— 太平道，在流民中廣泛地傳佈開來。鉅鹿人張角是太平道的首領。張角稱大賢良師，為徒眾畫符治病，並派遣弟子分赴四方傳道，得到農民的信任，歸附的人絡繹於途。張角還和洛陽的一部分宦官聯繫，利用他們作為內應。據說張角自己還曾潛伏京師，觀察朝政。

張角的活動，引起了東漢統治集團的注意。東漢王朝企圖以赦令瓦解流民群。但是流民群在張角影響下，仍然日益壯大。東漢王朝又準備用州郡武力大肆「捕討」。司徒楊賜深恐單純的鎮壓會加速農民起義的發動，因此主張責令郡國守相甄別流民，送歸本郡，以削弱流民群的力量，然後誅殺流民領袖。稍後，侍御史劉陶等人建言，要求漢朝下詔重募張角等人，賞以國土。東漢統治者所有這些策劃，都沒有達到破壞農民起義的目的。

張角的道徒，迅速發展到幾十萬，遍佈在青、徐、幽、冀、荊、揚、兗、豫八州。張角部署道徒為三十六方，大方萬餘人，小方六七千人，各立首領，由他統一指揮；並傳播「蒼天已死，黃天當立，歲在甲子，天下大吉」的讖語，向人民宣告東漢崩潰

在即，新的朝代將要代起。太平道徒廣為散佈「黃天泰平」的口號，並在各處府署門上用白土塗寫「甲子」字樣。經過這些醞釀和部署以後，大規模農民起義的形勢，在城鄉各地完全成熟了。

中平元年（184，甲子年）初，大方馬元義調發荊、揚等地徒眾數萬人向鄴城集中，又與洛陽的道徒相約，在三月初五日同時發動起義。但是，起義計劃由於叛徒告密而完全泄露，東漢王朝逮捕馬元義，誅殺洛陽信道的宮廷禁衛和百姓千餘人，並令冀州逐捕張角。張角得知計劃泄露，立即通知三十六方提前起義。中平元年二月，以黃巾為標誌的農民起義軍，在七州二十八郡同時俱起，中國歷史上第一次組織、準備比較嚴密的農民起義，就這樣爆發了。

勢力強大的黃巾軍，有如下幾個部分：波才領導的潁川黃巾，張曼成、趙弘、韓忠、孫夏等人相繼領導的南陽黃巾，彭脫等人領導的汝南、陳國黃巾，卜已領導的東郡黃巾，張角、張寶、張梁兄弟領導的鉅鹿黃巾，戴風等人領導的揚州黃巾，今

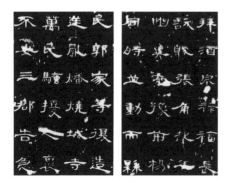

記有黃巾起義史實的曹全碑拓本（局部）

曹全碑立於東漢中平二年（185），明萬曆初年在陝西郃陽（今合陽）出土。

北京地區的廣陽黃巾，等等。黃巾人眾極多，聲勢浩大，東漢統治者誣稱為「蟻賊」。南陽黃巾殺太守褚貢，汝南黃巾敗太守趙謙，廣陽黃巾殺幽州刺史郭勳和太守劉衞。鉅鹿附近的農民也俘虜安平王劉續和甘陵王劉忠，響應黃巾。黃巾軍攻佔城邑，焚燒官府，趕走官吏，震動京師。同年七月，漢中爆發了五斗米道首領、巴郡人張修領導的起義，被統治者誣稱為「米賊」。此外，湟中義從胡（小月氏）和羌人，也在隴西、金城諸郡起兵，反對東漢統治。

東漢外戚何進受命為大將軍，將兵屯駐洛陽都亭，部署守備。洛陽附近增設了八關都尉。為了統一力量，東漢王朝宣佈赦免黨人，解除禁錮。東漢還詔敕州郡修理守備，簡練器械，並調集大軍，包括羌胡兵在內，對各部黃巾陸續發動進攻。

皇甫嵩、朱儁率軍四萬，進攻潁川波才的黃巾。波才打敗了朱儁軍，並在長社（今河南長葛境）把皇甫嵩軍圍住。波才缺乏戰鬥經驗，依草結營，在漢軍火攻下受挫，又被皇甫嵩、朱儁軍與曹操的援軍追擊，陷於失敗。漢軍接着向東進攻。擊敗了汝南、陳國黃巾。皇甫嵩又北上東郡，東郡黃巾領袖卜已不幸被俘。

南陽黃巾領袖張曼成戰死後，趙弘率十餘萬眾繼起，據守宛城。朱儁軍轉擊南陽，圍宛城三月，戰鬥非常激烈，趙弘戰死。十一月宛城陷落，這支義軍也失敗了。

鉅鹿黃巾領袖張角稱天公將軍，弟張寶、張梁分別稱地公將軍、人公將軍，號召力很大，是黃巾的主力。東漢先後以涿郡

大姓盧植和率領羌胡軍隊的董卓進擊張角。張角堅守廣宗（今河北威縣）。八月，東漢以皇甫嵩代董卓進攻鉅鹿黃巾。那時張角病死，義軍由張梁統率應戰。十月，漢軍偷襲張梁軍營，張梁陣亡；又攻張寶於下曲陽（今河北晉州），張寶敗死。東漢統治者對農民進行血腥的報復，對張角剖棺戮屍，又大量屠殺農民，在下曲陽積屍封土，築為京觀。

黃巾起義爆發以後，黃河以北的農民紛紛保據山谷，自立名號，反對東漢統治。他們是博陵張牛角（青牛角）、常山褚飛燕（張燕）以及黃龍、左校、郭大賢、于氐根、張白騎、劉石、左髭、丈八、平漢、大洪、司隸、緣城、羅市、雷公、浮雲、白雀、楊鳳、于毒、五鹿、李大目、白繞、眭固、苦蝤等部，大者二三萬，小者六七千。張燕聯絡太行山東西各郡農民軍，眾至百萬，號黑山軍，勢力最為強大。中平五年，各地農民又相繼以黃巾為號，起兵於西河、汝南、青州、徐州、益州和江南等地區。

黃巾起義發動之廣泛，計劃之周密，階級對立之鮮明，在中國歷史上是空前的；但是黃巾起義發生在封建割據傾向迅速發展，豪強地主擁有強大武裝的年代，這種地主武裝同官軍聯合，處處阻截和鎮壓農民軍，迫使農民軍不能集中力量發動大規模的進攻。起義高潮過去以後，黃巾餘部和黑山軍各部人數雖然很多，但是缺乏攻擊力量，在四面八方的敵人夾攻中相繼失敗。

黃巾起義取得了瓦解東漢王朝的偉大成果。極端黑暗的宦官、外戚集團失去了東漢王朝的憑藉，經過短暫反覆以後也就從歷史上消失了。

漢代的文化

儒學的獨尊

　　秦始皇統一六國，接着又統一文字，為文化學術的發展傳播提供了有利的條件。但是不到十年，秦始皇頒令焚書，禁絕私學，只允許以法為教，以吏為師，又使文化學術受到嚴重摧殘。以後，項羽入咸陽，焚秦宮室，連國家典藏的圖書也蕩然無存，文化學術再次受到破壞。

　　秦朝置博士官，多至七十員，諸子百家，包括儒家在內，都可以立為博士。博士的職掌是通古今，備顧問，議禮議政，並教授弟子。坑儒事件使博士、儒生受到打擊。有些博士、儒生後來投奔陳勝，參加了反秦活動。

　　西漢初年，漢高祖劉邦不廢秦代挾書之律，蔑視儒學和儒生。在這種情況下，儒家學術源流幾乎完全斷絕，除了叔孫通略定禮儀的事例以外，不見儒家有什麼活動。博士制度在漢初依然存在，高祖曾以叔孫通為博士，文帝曾以申公、韓嬰、公孫臣等人為博士，但是博士人數不多，不過具官待問而已，不受當世的重視，在傳授文化方面也沒有起多大的作用。

　　在學術思想發展的低潮中，道家的黃老無為思想為漢初統治者所提倡，居於支配地位。道家重視成敗存亡的歷史經驗，主張清虛自守，卑弱自持，所以它適應農民戰爭後的政治形勢，適合恢復生產、穩定封建秩序的需要。膠西蓋公好黃老之言，惠帝初

年應齊丞相曹參之請仕於齊國。蓋公認為治道貴清靜而民自定，這個見解比齊國儒生的議論切合實際，在幫助曹參安集百姓方面起了重要作用。道家奉老子的《道德經》，有可考的傳授源流，但是世無師說，學術內容可以在很大的程度上隨時損益，使之切合當時統治者的具體要求。所以漢初統治者把黃老之言當作「君人南面之術」加以利用，而各種不同流派的思想家也都樂於稱說黃老之言。

西漢初年陸賈的《新語》，包含了黃老的政治思想。陸賈針對漢初的政治經濟形勢，探討了「以寡服眾、以弱制強」的統治方法，認為「道莫大於無為，行莫大於謹敬」。馬王堆出土漢文帝時墓葬中的《經法》等多種帛書，是當時流行的黃老著作。系統地闡明道家哲學思想的著作《淮南鴻烈》，也叫《淮南子》，是武帝時淮南王劉安集賓客寫成的。《淮南子》問世時，黃老思想在政治上已不佔支配地位了。

在漢初特定的社會條件下，統治者無為而治，使農民生活比較安定，社會生產較易恢復，也使漢朝的統治秩序漸形鞏固。但是到了文、景時期，無為而治又產生了新的問題：王國勢力凌駕朝廷，商人豪強日甚一日地兼併農民，匈奴對漢無止盡地謾侮侵掠。因此，無為而治已不再適應經濟、政治的需要了。賈誼大聲疾呼，提出變無為為有為的要求，他在《治安策》裏說：「夫俗至大不敬也，至亡（無）等也，至冒上也，進計者猶曰毋（無）為，可為長太息者此也。」

文、景時期，出現了由無為到有為、由道家到儒家嬗變的趨

勢。那時候，挾書令已被禁止，留存於民間的一些古籍陸續為世人所知。舊秦博士伏生出其壁藏《尚書》二十餘篇，文帝曾使晁錯從他受業。博士之數達到七十餘人，百家雜陳而儒家獨多。儒家的《書》《詩經》《春秋》以及《論語》《孝經》《孟子》《爾雅》，都有博士，其中《詩》博士有齊、魯、韓三家，《春秋》博士有胡母生、董仲舒兩家。這種情形，為漢武帝劉徹獨尊儒術提供了有利的條件。

武帝建元元年（前140），武帝採納丞相衛綰之議，罷黜治申、商、韓非、蘇秦、張儀之言的賢良。好黃老的竇太后（武帝祖母）力加反對，借故把鼓吹儒學的御史大夫趙綰和郎中令王臧繫獄。儒家勢力雖然暫時受到打擊，可是建元五年，武帝設置五經博士，儒家經學在官府中反而更加齊備。建元六年竇太后死，武帝起用好儒術的田蚡為相。田蚡把不治儒家五經的太常博士一律罷黜，排斥黃老刑名百家之言於官學之外，並且優禮延攬儒生數百人。這就是有名的罷黜百家，獨尊儒術。獨尊儒術以後，官吏主要出自儒生，儒家逐步發展，成為此後兩千年間的正統思想。這種情況對於學術文化的發展是不利的，但是在當時卻有利於專制制度的加強和國家的統一。

取得獨尊地位的儒家，在先秦儒家仁義學說之外，吸取了陰陽家神化君權的學說，極力鼓吹封禪和改制。元封元年（前110），武帝舉行封禪大典。太初元年（前104），武帝頒令改制，以漢為土德，色上黃，數用五，定官名，協音律，並採用以正月為歲首的《太初曆》，代替沿用了百餘年的以十月為歲首的

《顓頊曆》。新的儒家也吸取了法家尊君抑臣的思想，並力圖用刑法加強統治。所以漢武帝一方面「外施仁義」，一方面又條定刑法，重用酷吏。董仲舒把儒學引入法律，以《春秋》經義定疑獄，為判例二百餘則，稱為《春秋決獄》，亦稱《春秋決事比》。以後，漢宣帝劉詢宣稱漢家制度是霸道（法）王道（儒）雜而用之，不主張純用儒家的德教。

儒家的獨尊，有董仲舒倡議其間，而且新儒學的思想內容，也由他奠立基石。董仲舒，廣川（今河北棗強境）人，習《公羊春秋》，景帝時為博士。武帝時，他上《天人三策》，系統地闡明了他的哲學思想和政治思想。他著有《春秋繁露》一書。

董仲舒認為人君受命於天，進行統治，所以應當「屈民而伸君，屈君而伸」。如果人君無道，天即降災異來譴告和威懾。如果人君面對災異而不思改悔，就會出現「傷敗」。因此人君必須「強勉行道」。這就是他的具有神秘色彩的「天人感應」學說。他認為《春秋》一書著錄了長時期的天象資料，集中了天人相與之際的許多解釋，所以後世言災異要以《春秋》為根據。

董仲舒主張「道之大原出於天，天不變道亦不變」。這是他的形而上學的宇宙觀和歷史觀。同時他又認為朝代改換，有舉偏補弊的問題。他認為秦朝是亂世，像「朽木糞牆」一樣，無可修治，繼起的漢朝必須改弦更張，才能「善治」，這叫作「更化」。更化不但應表現為改正朔，易服色，制禮樂，而且還應表現為去秦弊政。這就是他提出限民名田、禁止專殺奴婢等要求的理論根據。不過在他看來，「王者有改制之名，無易道之實」，所以改制

《春秋公羊傳》磚拓本
（局部）。《春秋公羊傳》
是儒家經典之一，為今
文經學的重要經典，歷
代今文經學家常用此書
作為議論政治的工具。

並不影響天道不變的理論，不影響封建統治的基礎。

董仲舒據《公羊春秋》立說，主張一統，認為《春秋》大一統是天地之常經，古今之通誼。他的所謂一統，就是損抑諸侯，一統乎天子，並使四海「來臣」。但是如果師異道，人異論，百家殊方，旨意不同，人君就無以持一統。因此他要求罷黜百家，獨尊儒術。

對於人君應當如何實行統治的問題，他主張效法天道。在他看來，天道之大者在陰陽，陽為德，陰為刑，所以人君的統治必須陰陽相兼，德刑並用。天道以陽為主，以陰佐陽，因此人君的統治也應當以德為主，以刑輔德。他的所謂德，主要是指仁義禮樂，人倫綱常。他以君臣、夫妻、父子為王道之三綱，並認為三綱可求於天，與天地、陰陽、冬夏相當，不能改變。他主張設學校以廣教化，因為這是鞏固封建統治的最可靠的堤防。

董仲舒的新的儒家學說，主旨是維護封建秩序。它適應文、景以來政治、經濟發展的要求，對於鞏固國家統一、防止暴政、緩和對農民的剝削壓迫，有其積極作用。

武帝以來，儒學傳授出現了一個昌盛的

局面。博士官學中不但經學完備，而且由於經學師承的不同，一經兼有數家，各家屢有分合興廢。甘露三年（前 51），宣帝召集蕭望之、劉向、韋玄成等儒生，在石渠閣會議講論五經異同，由他自己稱制臨決。宣帝末年，《易》有施、孟、梁丘，《書》有歐陽、夏侯勝、夏侯建（大、小夏侯），《詩》有齊、魯、韓，《禮》有后氏，《春秋》有公羊、穀梁，共十二博士。其中梁丘《易》、夏侯《尚書》、穀梁《春秋》等博士是新增加的。博士就是經師，他們的任務是記誦和解釋儒家經典。他們解經繁密駁雜，有時一經的解釋達百餘萬言。博士有弟子，武帝時博士弟子五十人，以後遞增，成帝時多至三千人，東漢順帝時甚至達到三萬人。經學昌盛和博士弟子眾多，主要是由於經學從理論上辯護漢朝的統治，因此統治者對儒生廣開「祿利之路」的緣故。

在儒學發展的同時，也出現了搜集與整理圖書的熱潮。漢武帝敕丞相公孫弘廣開獻書之路，還設寫書官抄寫書籍。當時集中的圖書數量頗多，外廷有太常、太史、博士之藏，宮內有延閣、廣內、秘室之府。以後成帝命陳農訪求天下遺書，又命劉向總校諸書。劉向校經傳、諸子、詩賦，任宏校兵書，尹咸校數術（占卜之書），李柱國校方技（醫藥之書）。每一書校畢，都由劉向條成篇目，寫出提要。劉向子劉歆繼承父業，完成了這一工作，並且寫出了《七略》一書。《七略》包括《輯略》（諸書總要）《六藝略》《諸子略》《詩賦略》《兵書略》《數術略》《方技略》，總共著錄圖書一萬三千二百六十九卷。它是中國第一部目錄書，它著錄的書目，大致都保存在《漢書·藝文志》中。

劉歆在校書的過程中，發現了一些經書的不同底本。原來西漢博士所用經書，是根據老儒口授，用當時通行的隸書寫成的，而民間卻仍有用秦以前古文字寫成的經書。劉歆宣稱他發現了古文《春秋左氏傳》，他還說發現了《禮》三十九篇（《逸禮》）《尚書》十六篇（《古文尚書》），這兩種書是魯共王壞孔子舊宅而得到，由孔子十二世孫孔安國獻入秘府的。劉歆要求把這些書立於學官，並與反對此議的博士進行激烈辯論，指斥他們「因陋就寡」「保殘守闕」「信口說而背傳記，是末師而非往古」。這場論戰之後，經學中出現了今文和古文兩個流派，各持不同的底本，各有不同的經解。王莽當政時，為了託古改制的需要，曾為《古文尚書》《毛詩》《逸禮》等古文經立博士。王莽還命甄豐是正經典文字。東漢初年，取消古文經博士，復立今文經博士，共十四博士。東漢時期民間立館傳經之風很盛，某些名學者世代傳授某經，形成了經書的「家法」，著錄生徒成千上萬人。在民間傳播的經學，有很多是古文經。

秦漢以來，出現了一種讖緯之學。讖是以詭語託為天命的預言，常附有圖，故稱圖讖。據說秦始皇時盧生入海得圖書，寫有「亡秦者胡也」，這是關於圖讖的最早記載。緯是與經相對而得名的，是託名孔子以詭語解經的書。當時的儒生以緯為內學，以經為外學。成、哀之際，讖緯流行。東漢初年，讖緯主要有八十一篇。儒生為了利祿，都兼習讖緯。讖緯的內容有的解經，有的述史，有的論天文、曆數、地理，更多的則是宣揚神靈怪異，其中充斥陰陽五行思想。這些內容，除包含一部分有用的自然科學

知識和古史傳說以外，絕大部分都荒誕不經，極便於人們穿鑿附會，作任意的解釋。王莽、劉秀稱帝，都曾利用過讖緯。漢光武帝劉秀把讖緯作為一種重要的統治工具，甚至發詔頒令，施政用人，也要引用讖緯，讖緯實際上超過了經書的地位。中元元年（56），光武帝頒佈圖讖於天下，更使圖讖成為法定的經典。漢章帝會群儒於白虎觀，討論經義，由班固寫成《白虎通德論》（又稱《白虎通義》《白虎通》）一書，這部書系統地吸收了陰陽五行和讖緯之學，使之與今文經學糅為一體。《白虎通德論》的出現，是董仲舒以來儒家神秘主義哲學的進一步發展。

讖緯的流行，今文經的讖緯化，使經學的內容更為空疏荒誕，一些較有見識的人如桓譚、尹敏、鄭興、張衡等，都表示反對讖緯。桓譚力言讖不合經，表示自己不讀讖書。桓譚提出精神居於形體，就像火在燭上燃燒這樣一個唯物主義見解。這個見解雖有重大缺陷，但在哲學史上還是很可貴的。

在反讖緯思潮的影響下，許多儒生專攻或兼攻古文經。古文經學治學重在訓詁，解經舉其大義，不像今文經學那樣重章句推衍。東漢古文經大師賈逵、服虔、馬融等人，在經學上都有過一定貢獻。古文經學家許慎為了反對今文經派根據隸定的古書穿鑿附會而曲解經文，於是編成一部《說文解字》，共收小篆文字九千三百五十三個，其他古文字重文一千一百六十三個，按部首編排，逐字註釋其形體音義。鄭玄兼通今古文經而以古文經為主，他網羅眾家之說，為《毛詩》《三禮》等書作出註解。許慎、鄭玄的著作，除起了抑制今文經和讖緯發展的作用外，對於古史

和古文字、古文獻的研究，也有貢獻。熹平四年（175），蔡邕參校諸體文字的經書，用隸書書寫五經（或云六經）經文，鐫刻石碑，立於太學，這是中國最早的官定經本，後世稱為「熹平石經」。這對於糾正今文經學家臆造別字、維護文字的統一，起了積極作用。

王充的唯物主義思想

在反讖緯的思潮中，思想家王充在哲學問題上跳出了經學的圈子，以唯物主義思想有力地攻擊了讖緯的虛妄，批判了經學的唯心主義體系。

王充，會稽上虞人，生於建武三年（27），死於和帝永元年間。王充出身於「細族孤門」，早年曾在太學受業，在洛陽書肆中博覽百家之言。後來，他做過短時期的州郡史，其餘的歲月，都是「貧無一畝庇身」，「賤無斗石之秩」，居家教授，專力著述，寫成了《論衡》八十五篇（今存八十四篇），二十餘萬言。

王充自稱其思想違背儒家之說，符合黃老之義。他以道家自然之說立論，而對自然作了唯物主義的解釋。他反對儒者的「天地故生人」之說，主張「天地合氣，人偶自生」。他認為儒家天人感應說是虛妄的，因為天道自然無為，如譴告人，是有為，非自然。在他看來，天之所以無為，可以從天無口目，不會有嗜慾得到證明。他認為六經中常說到天，不過是為了教化無道，警誡愚者。

　　王充認為精神依存於形體，形須氣而成，氣須形而知。根據這種道理，他反對人死為鬼之說。他說，人靠精氣生存，精氣靠血脈形成。人死後血脈枯竭，精氣消滅，形體腐朽而成灰土，哪有什麼鬼呢？他從無鬼論出發，反對厚葬，提倡薄葬。

　　王充對於傳統的學術和思想甚至對孔、孟和儒家經典，敢於獨立思考，提出懷疑。他在《論衡‧問孔》中反對世俗儒者信師而是古，因而對孔子的言論反覆提出問難。他在《論衡》的其他部分，還分別對孟子、墨子、韓非、鄒衍等人進行了批判，其中所涉及的問題，有許多與漢朝的政治、文化設施有直接關係。

　　王充受當時生產水平和知識水平的限制，對於他自己引為論據的某些自然現象，有時理解錯誤，他無法透徹闡明唯物主義思想並把它貫徹到社會歷史分析中去。他無法了解社會的階級構成，不能正確說明人的主觀作用。所以他不得不用天命來解釋社會事物變化的終極原因，用骨相來解釋個人的貴賤夭壽，因而陷入了宿命論。這是王充思想的重大缺陷。

　　由於《論衡》對漢代佔統治地位的思想進行了無情的打擊，所以這部卓越的著作在很長時間內無法公諸於世，直到東漢末年才流傳開來。

佛教和道教

　　佛教產生於印度，經由中亞傳入中國。佛教始入中國內地的年代，有各種不同的說法。一說西漢哀帝元壽元年（前2）博

士弟子景盧受大月氏（即月氏）王使伊存口授浮屠（佛）經，為佛教入中國內地之始。東漢明帝曾遣使者於大月氏寫佛經四十二章，即所謂《四十二章經》。其時楚王國內已有優蒲塞與沙門（在家的與出家的男性佛教信士），說明佛教已在中國內地傳播。

佛教入中國內地後，最早的信徒多為帝王貴族，如楚王英喜好黃老學，為浮屠齋戒祭祀，桓帝在宮中立黃老浮屠之祠。當時的人把佛當作一種祠祀，近於神仙方術；並且把佛教教義理解為清虛無為，省慾去奢，與黃老學說相似。因此浮屠與老子往往並祭，而且出現了「老子入夷狄為浮屠」的傳聞。

桓、靈之世，安息僧安世高、大月氏僧支婁迦讖（支讖）等相繼來中國，在洛陽翻譯佛經，規模較大。漢人嚴浮調受佛學於安世高，參與譯事。漢代所譯佛經，摻雜了許多祠祀的道理，佛教與道術仍然被聯繫在一起。所以東漢末年的中國佛教徒所寫佛學論文《牟子理惑論》雖然反對神仙方術，但仍用老莊無為思想來發揮佛教教義。

初平四年（193），丹陽人笮融為徐州牧陶謙督廣陵等郡漕運，他斷盜官運，大起浮屠祠，造銅浮屠像，用復免徭役來招致信徒，遠近前後至者五千餘人戶。浴佛（紀念佛誕生的活動）的時候，多設酒飯，佈席於路，經數十里，前來觀看和就食的達萬人，耗費巨大。這是中國佛教造像和大規模招致信徒之始。

東漢後期，民間流行的巫術與黃老學說的某些部分結合起來，逐漸形成了早期的道教思想和反映這種思想的著作。琅邪宮崇以其師于吉於東海曲陽泉水上所得「神書」即《太平清領書》

竺法蘭像

竺法蘭（約活動於 1 世紀）是印度來華僧人，譯經家。他與另一位印度來華僧人攝摩騰在今河南洛陽白馬寺譯成《四十二章經》，這是最早漢譯佛典。

呈上漢順帝，它的內容以陰陽五行為主，而多巫覡雜語。今存殘本《太平經》從《太平清領書》演化而來，是道教的主要經典。《太平經》推尊圖讖，多以陰陽之說解釋治國之道，還採撼佛教義理加以緣飾。《太平經》中的一些地方宣揚散財救窮，自食其力，這些經義易於為農民所理解和接受。東漢後期被統治者誣為「妖賊」的許多次農民暴動，就是農民用道教作為組織手段發動起來的。

靈帝時，鉅鹿張角奉《太平清領書》，在冀州傳教，號為太平道。他自稱大賢良師，收養弟子，跪拜首過，並以符水咒語為人治病。張角向四方派遣弟子，傳佈太平道，組織徒眾進行黃巾起義。

與太平道形成和傳佈同時，還出現了道教的另一派，即五斗米道。順帝時，張陵學道於蜀地鵠鳴山中，以符書招致信徒，信道者出米五斗，有病則令自首其過。張陵死，子張衡、孫張魯世傳其道。張魯為益州牧劉焉督義司馬，保據漢中。他自號師君，

置祭酒以治民，不置長吏。諸祭酒於途次作義舍，置義米肉，行路者量腹取足。民犯法，三原然後行刑。張魯保據漢中的二十多年中，漢中人民生活比較安定。建安二十年（215），曹操滅張魯。此後五斗米道繼續流傳，後世以張陵為教主的天師道，主要就是從五斗米道發展而來的。

史學

官府撰修本朝歷史的傳統，在秦漢時期被繼承下來了。漢武帝時政治、經濟和學術文化的發展，提出了「通古今之變」的要求，這就需要整理古今歷史，用以說明當代社會的各種問題。太史令司馬談次第舊聞，裁剪論著，開始了這一項繁重的工作，但是沒有完成。

司馬遷是司馬談之子，左馮翊夏陽（今陝西韓城）人，生於武帝建元六年（前135）或景帝中元五年（前145），死年不詳。司馬遷幼年從孔安國受《古文尚書》，二十歲後遍遊長江中下游和中原各地，還曾出使巴、蜀、邛、筰、昆明，並隨漢武帝四出巡幸，有很廣泛的社會見識。元封三年（前108），司馬遷為太史令。他繼承父業，遍閱國家藏書，收集了大量歷史資料，於太初元年（前104）開始撰修《史記》。天漢二年（前99）李陵敗降匈奴，司馬遷在朝廷為李陵辯護，被武帝處以腐刑。他效法古代一些著名人物在困厄中發憤著書的先例，完成了不朽的著作《史記》。

　　《史記》原名《太史公書》，包括十二本紀、十表、八書、三十世家、七十列傳，共一百三十卷。它是一部上起傳說中的黃帝，下迄漢武帝時期的中國通史，是中國歷史上第一部內容完整、結構周密的歷史著作。《史記》以人物傳記為主，以表、書為輔，合編年、記事等體之長，創造了歷史書籍的紀傳體新體裁，成為此後兩千年中編寫王朝歷史的規範。

　　《史記》作為一部不朽的名著，可貴之處首先是在當時認識水平的基礎上，盡可能如實地和多方面地勾畫社會歷史。《史記》一方面把歷史上的社會經濟、意識形態、天文曆法、水利工程等方面的制度與大事，同政治制度、政治大事併於一書，廣泛地反映了歷史面貌；另一方面，它又把醫生、學者、商賈、遊俠、農民領袖等人物的傳記，與帝王將相併於一書，反映了不同階級、不同階層的歷史動態。《史記》把許多少數民族的社會歷史寫成列傳，更增加了歷史的完整性。

　　《史記》在記載某些人物時所持的態度，表現了這一著作的傑出的思想價值。它把項羽同秦始皇、漢高祖劉邦一起列入本紀，把農民領袖陳涉（勝）同諸侯一起列入世家。它敢於斥責歷史上的暴君，還敢於極言景帝之短。它在稱讚武帝功德的同時，也斥責武帝「內多欲而外施仁義」。它讚揚了遊俠的某些俠義行為，揭露了酷吏對人民的殘暴統治。由於這種背離傳統的褒貶態度，《史記》曾經被誣為「謗書」。

　　《史記》概括了大量的經過選擇的歷史資料，包括司馬遷親身採訪所得的古老傳聞。《史記》寫作以敘事為主，講求實事求

是，不強不知以為知，不輕下斷語。《史記》中是非褒貶一般都寓於敘事之間，空泛論斷較少。

司馬遷的歷史觀是唯心主義的，他相信天命，認為秦的統一是「天所助焉」，劉邦是「受命而帝」。他相信歷史的循環論，認為「三王之道若循環，周而復始」。此外，《史記》在敘事上也有疏略之處。

東漢班固所撰《漢書》，是繼《史記》之後的又一部史學名著。班固的父親班彪作《後傳》數十篇，擬將《史記》續至西漢末年為止。班固繼承父業，用了二十餘年時間，完成了這一西漢歷史著作的絕大部分。班固由於外戚竇憲之獄的牽連，和帝時下獄死。據說和帝命班固之妹班昭補寫八《表》，馬續補寫《天文志》，最後完成了《漢書》的編撰。

《漢書》是中國第一部完整的斷代史，它基本上因襲《史記》的體裁，但比《史記》更為周密詳盡。《漢書》的《百官公卿表》《刑法志》《地理志》《藝文志》等，是《史記》的《表》《書》裏所沒有的。但是班固生活在儒家倫常完全定型的東漢時期，歷史觀受到儒家尊君思想的嚴密束縛，缺乏批判性，比《史記》遜色。

東漢時期修成的史書，還有官修《東觀漢記》、趙曄《吳越春秋》和佚名《越絕書》等。前一種係東漢當代的紀傳體史書，明帝以後各朝陸續編寫，至漢末修成一百四十三卷（現在只存輯本二十四卷），為後世各家後漢書的重要依據。後兩種專記一方之事，開後代地方史誌之端。此外，建安時的荀悅還把班固的《漢書》縮編成為編年體的《漢紀》。

文學

　　漢代的文學作品，主要有漢賦、散文、漢樂府詩三種形式。

　　賦是散文韻文並用、體物寫志的一種文體，是直接從騷體演變而來的，與戰國諸子的散文也有重要關係。西漢早期的賦，如賈誼的《弔屈原賦》《鵩鳥賦》等，都是借物抒懷，文辭樸實。枚乘的《七發》，開漢武帝時大賦的先河。

　　漢武帝之世，是賦的成熟時期，賦家接踵而出，其中最著名的是司馬相如。司馬相如的《子虛賦》《上林賦》，是這個時期賦的代表作。這些賦都是氣勢恢廓，景物迷離，詞藻華麗而奇僻，反映了西漢國家的宏偉遼闊和物質世界的豐富多彩。西漢後期，最著名的賦家是揚雄；東漢時期，則以班固、張衡最有名。除了他們之外，兩漢重要的思想家、文學家，幾乎都是賦的重要作者。但是漢武帝以來的賦，以文字雕琢和詞藻堆砌取勝，思想內容貧乏。賦家揚雄慨歎作賦是「童子雕蟲篆刻」。有些賦家企圖以賦作為諷諫的工具，但是往往是勸而不止。武帝好神仙，司馬相如作《大人賦》進行諷諫，武帝反而「飄飄有凌雲之志」。

　　東漢後期，大賦稍趨衰歇，各種抒情寫物的小賦代之而興，這類小賦多少擺脫了大賦的鋪張刻板的格式，意境較為清新，但是仍然缺乏充沛的生命力。

　　兩漢的散文文學，有很大的成就。西漢初年賈誼的《陳政事疏》《過秦論》和晁錯的《論貴粟疏》等政論文，都是言辭激切，有聲有色，感情充沛，富於文采，對後代散文的發展有深遠的影響。

　　漢代散文的最高成就，是司馬遷的《史記》一書。司馬遷在《史記》中刻畫了社會各方面許多人物的有血有肉的形象，貫注了他自己愛憎的感情。《史記》敘事帶有強烈的故事性，善於使用繪聲繪色的對話，來揭露人物的性格。司馬遷的這些文學手法，大大加強了他以敘事表現歷史的史學方法的效果。班固《漢書》也是一部文學名著。

　　漢代的樂府民歌，是中國文學寶庫中極有價值的遺產。樂府本來是政府的音樂機構，其設立當在漢武帝以前。漢武帝以李延年為協律都尉，編制廟堂樂歌，歌詞主要由文人寫作。同時，樂府廣泛地在民間採風配樂，代趙秦楚的歌謠，都在樂府採集之列，樂府採集的民歌，經過加工配樂，後來就稱為樂府詩或樂府。

　　樂府採集的民歌，大部分是「感於哀樂，緣事而發」的民間優秀作品，它們的內容，廣泛而深入地反映了當時的社會生活，如兵徭的痛苦，官府的掠奪，貧民的亡命生活，婦女的悲慘命運等。這一部分樂府，是兩漢詩歌的最大成就。建安年間的敘事詩《孔雀東南飛》，在樂府中屬於雜曲歌詞一類，是漢代樂府民歌發展的最高峰。樂府詩散佚很多，到現在只剩下四十來首了。

　　五言歌謠，西漢時已經有了。東漢時期，在樂府民歌的影響下，出現了一些模仿樂府寫成的五言詩。這些作品一般比樂府詩篇幅較長，敘事較曲折。《文選》所錄《古詩十九首》的大部分，都是東漢的五言詩（其餘是入樂的樂府歌詞），《古詩十九首》的思想內容複雜，一般說來很少接觸最尖銳、最根本的社會矛盾，

所反映的生活是狹窄的。至於其中一部分哀歎人生短促，要求早
獲榮華和及時行樂的作品，反映了一些士大夫的庸俗感情，是古
詩中的糟粕。從藝術價值看來，《古詩十九首》吸取了樂府的技
巧，詞句平易動人，意境雋永，可以和樂府媲美。

藝術

　　漢代繪畫藝術發達。今存馬王堆漢墓帛畫，畫幅長二百零五
厘米，畫面分為上中下三個部分，分別表現天上、人間、地下的
情景，描繪細緻，色彩絢爛，具有極其珍貴的藝術價值。

　　漢代以來，裝飾性的壁畫流行，宮殿邸舍和墓室多有壁畫。
宮殿壁畫題材，大抵如《魯靈光殿賦》所說：「圖畫天地，品類
群生，雜物奇怪，山神海靈。」以這類人物鬼神入畫，目的在於
彰善警惡。漢代黃門令（少府屬官）官署中有許多畫工。漢元帝
時，畫工毛延壽以人物畫稱著。東漢畫工種類更多，和熹鄧皇后
詔令中，曾提到畫工三十九種。

　　漢代的墓室壁畫，保存到現在的為數不少，其中以平陸、望
都、遼陽等處的東漢彩色壁畫藝術價值較高。這些壁畫的線條剛
勁有力，色彩濃淡有度，畫面的立體感很強。壁畫內容多為人物
車馬、樂舞狩獵、飲宴祭祀等，是東漢官僚地主生活的反映。

　　東漢時期，官僚地主常於墳墓或祠堂的石材畫像上，施以陰
線或陽線的雕刻，一般稱之為畫像石。現存的畫像石以今山東嘉
祥武梁祠、肥城孝堂山和沂南的石刻畫像最為著名。畫像石的顯

西漢《軑侯家屬墓生活圖》

此帛畫是湖南長沙馬王堆一號墓長沙國丞相軑侯利蒼之妻的隨葬品，表現了墓主人軑侯之妻的日常生活及祈頌墓主人升天等內容。

材豐富，有漁獵、耕織、宴饗、戰鬥、伎樂、舞蹈等場面，以及許多歷史故事。此外，近幾十年來在四川境內出土的一種畫像磚，表現了生產和生活的情景，線條清晰，形態逼真，與畫像石同是寶貴的藝術遺產和重要史料。

漢代的立體雕刻藝術也很可觀。陝西興平霍去病墓前的石獸群，是利用天然石的形態略為加工而成，製作古樸，渾厚有力。山西運城的西漢石虎，技法簡練，形象生動，可與興平石雕媲美。東漢時期，雕刻技術更為成熟，南陽宗資墓和雅安高頤墓前的石獸，都是神姿優美，氣魄雄偉。東漢陶俑出土也很多，其中以成都的說唱俑和洛陽的雜技俑造型最生動，是漢代藝術珍品。

西漢初年，盛行楚歌、楚舞，巴渝舞也傳入了長安宮庭。武帝以後，琵琶、箜篌等樂器從西域或他地陸續傳入中土，豐富了漢人的音樂生活。樂府在採風的同時，創造了不少新聲樂曲，按音樂類別，除了價值甚微的郊廟歌詞以外，主要有鼓吹曲詞、相和歌詞和雜曲歌詞三大類，中國古典樂舞比過去更為豐富多彩。漢朝民間酒會，祭祀喜慶，

都是載歌載舞。窟礧子亦云魁礧子，即今之傀儡戲，本來是喪家樂，漢末始用之於嘉會。

角牴之戲，戰國和秦朝已有，秦二世胡亥曾在甘泉宮作角牴優俳之觀。漢武帝時安息以黎軒（亞歷山大城）善眩人獻於漢。安帝時撣國（在今緬甸境內）國王雍由調向東漢獻樂及獻大秦國（羅馬帝國東部）的幻人。幻人能變化吐火，自支解，易牛馬頭，又善跳丸。中國原有的角牴、跳丸諸戲，至此又增添了許多新內容。據張衡《西京賦》和李尤《平樂觀賦》的描繪，東漢洛陽平樂觀的角牴，不但有角技、眩變、假面之戲，而且還敷衍仙怪故事，演員中並雜有俳優。在現存的東漢畫像石上，還可以看到栩栩如生的樂舞百戲場面。

天文曆算

天象的研究，同頒行正朔和推定農時直接聯繫，歷來比較發達。關於天體結構，曾有三種不同的學說，即宣夜說、蓋天說、渾天說。宣夜說以為無限的宇宙是由「氣」構成的，日月眾星飄浮於宇宙虛空之中。此說東漢時已失師傳，詳細內容不復為人所知。蓋天說以《周髀算經》一書為代表，認為天像蓋着的斗笠，地像覆着的盤，日月星辰隨天蓋而運動。據東漢末年的蔡邕說，這一學說「考驗天狀，多所違失」，所以史官不用。渾天說認為天地之象如卵之裹黃，天外地內，天動地靜。這種說法在科學上雖然仍有很大缺陷，但比上述兩說近於實際，所以被史官採用，

漢代史官觀象的銅儀，即是根據渾天說設計而成的。

渾天說的代表人物，是東漢的太史令張衡（78～139）。張衡是有名的文學家，反讖緯的思想家，也是傑出的科學家。他撰有天文著作《靈憲》一書，解釋天體演化的一些問題。書中正確地闡明了月光是日光的反照，月食是由於月球進入地影而形成的；還認識到行星運動的快慢與其距太陽的近遠有關。張衡在西漢天文學家落下閎、耿壽昌等人創造的渾天儀的基礎上，設計了一種新的渾天儀，以齒輪系統與漏壺相連，隨滴漏轉動，其中星宿出沒，與靈台觀象所見完全符合。張衡鑒於東漢地震頻繁，還創造了候風地動儀，以測定地震的方位。張衡的這些創造，被當時人目為神奇，所以崔瑗在張衡的碑銘上，盛讚張衡「數術窮天地，製作侔造化」。

《史記‧天官書》和《漢書‧天文志》都詳細記載了周天二十八宿的名稱和部位。漢人從星辰運行中推算出一年的二十四節氣，其名稱和順序與後世通行的完全符合。武帝征和四年（前89）關於日食的觀測記錄，成帝河平三年（前26）關於太陽黑子的觀測記錄，都是天文學史上的珍貴資料。

秦和漢初沿用《顓頊曆》、長沙馬王堆出土的《五星占》殘篇、臨沂銀雀山出土的元光元年（前134）曆譜，都用的是《顓頊曆》。但是這種曆法年代久遠，日月差數無法校正，甚至出現「朔晦月見」的現象。漢武帝命司馬遷與射姓、鄧平、唐都、落下閎等人造曆，於太初元年（前104）頒行，稱為《太初曆》，以正月為歲首（漢末劉歆調整太初曆為《三統曆》）。這是中國第一部記載完整的曆

法。東漢元和二年（85），改用新的《四分曆》。

　　最晚到漢武帝時期，出現了中國第一部天文曆算著作《周髀算經》。《周髀算經》主張蓋天說，它記載了用竿標測日影以求日高的方法，從而認識了勾股定理。除此以外，西漢張蒼、耿壽昌都整理過古代的算書，《漢書‧藝文志》中還著錄了許商和杜忠兩家《算術》，但都已失傳了。

　　漢代最重要的算學著作是《九章算術》。《九章算術》是出於眾手，經過長期修改和補充而成的著作，它最後定型，當在東漢和帝時期。這部書是二百四十六個算術命題和解法的匯編，分為方田、粟米、衰分、少廣、商功、均輸、盈不足、方程、勾股等九章。命題包括田畝計算、土地測量、粟米交換、比例分配、倉庫體積、土方計算、賦稅攤派等，都是從實際生活中提出的問題。在這些問題的解答中，應用了分數計算方法、比例計算方法、開平方、開立方、二次方程和聯立一次方程的解法，還提出了負數的概念和正負數的加減法，等等。《九章算術》的出現，標誌着中國古代數學的完整體系的形成，在世界數學史上，《九章算術》也佔有重要地位。

農學

　　兩漢時期，在農業生產經驗積累的基礎上，農學已成為一種專門的學科。《漢書‧藝文志》裏著錄了農學著作九種，至少有三種可以確認為西漢著作，其中以《氾勝之書》最為重要。

氾勝之，漢成帝時議郎，曾在三輔教田，據說關中因此豐穰。他所著的《氾勝之書》概括了豐富的農業生產經驗，是中國歷史上第一部完整的農學著作。氾勝之根據關中地區的自然條件，細緻地探索了精耕細作的生產方法。他提倡復種、間種以及兩種作物混合播種，以增加土地利用率，提高單位面積產量。他的最大貢獻，是總結出了著名的區種法。

區種法要求掘坑點播，按不同的作物決定不同的行距、株距和掘土深度，並且要求大力進行中耕、灌溉、施肥。這種方法把大田的耕作提高到園藝的水平，因此每畝收成高達二三十斛乃至百斛。區種法在科學上很有價值，但是由於它對技術條件和人力條件要求過高，所以不能普遍推行。

氾勝之對植物栽培的一般過程進行了總結，認為耕作的根本要求是「趣時，和土，務糞澤，早鋤早獲」。他掌握了各種不同作物的生長規律，確定了禾、黍、麥、稻以及桑、麻、蔬、果的不同栽種法。氾勝之提出的溲種法，即用肥料處理種子，以增加種子發育能力的方法，在農業科學上也很有價值。

東漢後期成書的崔寔《四民月令》，主要是地方經營田莊的家曆，記載了很多農業生產和管理經驗。《隋書‧經籍志》把這部書列入農家著作。

醫學

中國醫學的完整體系，也是在秦漢時期建立起來的。編撰於

戰國時期，西漢時最後寫定的《黃帝內經》，包括《素問》與《靈樞》（或稱《針經》）兩部分，是中國現存最早的一部醫書。《素問》假託黃帝與岐伯的對話，用陰陽五行思想闡述許多生理病理現象和治療原則。《靈樞》則記述針刺之法。漢代還有《難經》一書，用問難法解釋《內經》，對其中的脈法、針法內容，有所發揮。東漢出現的《神農本草經》，共收藥物三百六十五種，是中國第一部完整的藥物學著作。

西漢醫家，以淳于意（倉公）最有名。淳于意傳陽慶之方，治病多驗。《史記》所載倉公診籍二十餘例，是最早的病案。東漢時的涪翁、郭玉等，均以針灸見長。漢代太醫令還集中民間醫方，加以推廣。考古發現中有不少漢代醫藥方面的資料，如馬王堆漢墓出有《五十二病方》等，滿城漢墓出有醫具金針等，武威漢墓及居延均出有醫簡。

建安時期的張機、華佗，是當時病理、醫術造詣最高的人。張機，字仲景，南陽人，漢末長沙太守。建安中，南陽疾疫流行，張機宗族病死三分居二，其中死於傷寒（中醫所謂的各種熱病）的又十居其七。於是張機勤求古訓，博採眾方，撰《傷寒雜病論》，後人析為《傷寒論》和《金匱要略》二種。《傷寒論》對傷寒諸症分析病理，提出療法，確定藥方。《金匱要略》一書，則是雜病的病症、病方的匯集。張機被後世稱為醫聖，他的著作是後世醫家的重要經典。

華佗，沛人，精於方藥針灸。對於針、藥所不能治的疾病，華佗用外科手術加以治療。他先令病人用酒調服「麻沸散」進行

麻醉，然後施行手術。華佗認為人體必須經常活動，才能飲食消化，血脈流通，少生疾病。他提倡「五禽之戲」，即模仿虎、鹿、熊、猿、鳥的活動姿態以鍛煉身體。馬王堆出土有帛畫導引圖，五禽戲當和導引法類似。

化學的起源

兩漢時期，由於銅鐵冶煉和製陶、製革、染色、釀造等手工業生產的發展，人們觀察到生產過程中的一些物質的化學變化現象，積累了一些化學反應的知識。漢武帝時期，方士們一方面像戰國、秦代的方士一樣鼓吹入海求仙藥，另一方面試圖從丹砂中提煉出丹藥和金銀。方士煉丹術自然是無稽之談，但是他們通過煉丹的實踐，更多地了解到汞、鉛、硫黃等物質的屬性和它們在一定條件下的變化規律。東漢時會稽人魏伯陽根據自己煉丹的經驗，寫成《周易參同契》一書，是世界上最古的系統地論述煉丹的書籍，在化學史上有相當的地位。

紙的發明

中國古代的書寫材料有兩類，一類是竹簡木簡，一類是縑帛。秦漢時期簡帛並用，以簡用繩聯為冊的書籍稱為編，以縑帛曲捲成書，則稱為卷。但是簡編笨重，縑帛價貴，都不是合適的書寫材料。西漢末年出現了一種名叫赫蹏的薄小紙，是漂絮時

積留在箔上的殘絲。這種紙價格仍然昂貴，不能大量製造和廣泛使用。

在出現赫蹄紙以前，已有人用植物纖維造紙。1957 年，在西安灞橋的西漢早期墓葬中，發現過一些用麻類纖維製成的殘片，有人認為這是世界上已發現的最早的人造紙片，但是還有異說。

西漢末年和東漢初年的植物纖維紙的遺存，20 世紀以來在甘肅、新疆等地也常有發現。植物纖維造紙方法的大規模推廣，始於東漢和帝時。當時宦官蔡倫集中了前人的經驗，用樹皮、麻頭、敝布、破魚網造紙，價格低廉，質量適於書寫。以後全國普遍製造，產量增多，人們把這種紙稱作「蔡侯紙」。造紙技術經過二百多年的發展，漸趨完善，到東晉末年，紙完全代替了簡帛，成為通常的書寫材料。中國的造紙術後來逐步傳入朝鮮、日本和中亞各國，又經阿拉伯傳入歐洲，對世界文化的發展起了促進作用。

（田餘慶）